S. Eschler/H. M. Griese (Hrsg.)

Ritualtheorie, Initiationsriten und empirische Jugendweiheforschung

Ritualtheorie, Initiationsriten
und
empirische Jugendweiheforschung

Beiträge für eine Tagung der Europäischen Jugendbildungs-
und Jugendbegegnungsstätte Weimar

herausgegeben von Stephan Eschler und Hartmut M. Griese

Lucius & Lucius · Stuttgart · 2002

Anschriften der Herausgeber:

Stephan Eschler
Europäische Jugendbildungs-
und Jugendbegegnungsstätte Weimar
Jenaer Str. 2/4
99425 Weimar

Prof. Dr. Hartmut M. Griese
Universität Hannover
FB Erziehungswissenschaften
Institut für Psychologie und Soziologie
Bismarckstr. 3
30173 Hannover

Gefördert durch das Bundesministerium für Familie, Senioren, Frauen und Jugend

Die Deutsche Bibliothek – CIP-Einheitsaufnahme

Ritualtheorie, Initiationsriten und empirische Jugendweiheforschung : Beiträge für eine Tagung der Europäischen Jugendbildungs- und Jugendbegegnungsstätte Weimar / hrsg. von Stephan Eschler und Hartmut M. Griese.
– Stuttgart : Lucius und Lucius, 2002
ISBN 3-8282-0211-X

© Lucius & Lucius Verlagsgesellschaft mbH, Stuttgart 2002
Gerokstr. 51, D-70184 Stuttgart
www.luciusverlag.com

Das Werk einschließlich aller seiner Teile ist urheberrechtlich geschützt. Jede Verwertung außerhalb der engen Grenzen des Urheberrechtsgesetzes ist ohne Zustimmung des Verlages unzulässig und strafbar. Das gilt insbesondere für Vervielfältigung, Übersetzungen, Mikroverfilmungen und die Einspeicherung, Verarbeitung und Übermittlung in elektronischen Systemen.

Druck und Einband: Druckhaus Thomas Müntzer, Bad Langensalza

Printed in Germany

Ritualtheorie, Initiationsriten und empirische Jugendweiheforschung

Vorwort VI
  Stephan Eschler

Einleitung: Zur Renaissance von Ritualen und Ritualtheorie 1
  Hartmut M. Griese

I. Rituale und ihre jugendtheoretische Relevanz

Gefahr und Mut im Übergang 12
  Ulrike Brunotte

Mutproben als moderne Initiationsriten für Jugendliche? 34
  Jürgen Raithel

Jugend – der lange Marsch ins Erwachsenenalter 47
  Uwe Sander

Kinder und Jugendliche brauchen Rituale 65
  Charmaine Liebertz

Die Sehnsucht nach Ritualen 74
  Albrecht Döhnert

II. Empirische Studien zur Jugendweihe als Übergangsritual

Jugendweihe als Ritualtext 94
  Wilma Kauke-Keçeci

Jugendweihe als Erziehungsinstanz der DDR
  Intentionen politisch-ideologischer Erziehung
  in den Jugendstunden 110
  Maria-Theresia Münch

Funktion und Nachhaltigkeit der Jugendweihe/Jugendfeier
  aus Sicht der Jugendlichen –
  eine erziehungswissenschaftliche Perspektive 136
  Inga Pinhard

Ausblick: Jugendtheorie und/als Ritualtheorie 166
  Hartmut M. Griese

Anhang: Die „Feier der Lebenswende" im Erfurter Mariendom
  Der Versuch einer christlichen Alternative zur Jugendweihe 174
  Reinhard Hauke

Verzeichnis der Autorinnen und Autoren 190

Stephan Eschler

Ungehaltene Reden
zu „Übergangsritualen im Jugendalter"

Hintergrund, Idee und Konzeption einer Tagung und der Beiträge dieses Buches

Kaum ein anderes Detail der Jugendarbeit in der DDR löst bis heute mehr Diskussionen aus als die *Jugendweihe*. Dies spiegelt sich besonders in einer großen Zahl von Veröffentlichungen zum Thema in den letzten Jahren wider. An der Jugendweihe scheiden sich die Geister: Befürworter verweisen auf die nach wie vor hohe Zahl der Teilnahmen an den Feierlichkeiten und betonen den Wandel der Veranstaltungen nach 1989/90. Kritiker schauen besorgt auf eben diese Zahlen und werfen den Anbietern der heutigen Jugendweiheveranstaltungen Wertelosigkeit und Beliebigkeit vor. Die Debatte um die Jugendweihe ist gekennzeichnet von einem Reden *übereinander,* aber selten vom *miteinander*. Dabei wäre genau dieses wichtig – schließlich sprechen die verschiedenen Anbieter von so genannten *Übergangsritualen im Jugendalter* dieselben Menschen an: Jugendliche, die um die 14 Jahre alt sind. Eben aus diesem Grund hatte die Europäische Jugendbildungs- und Jugendbegegnungsstätte Weimar eine Tagung zu diesem Thema geplant. Gemeinsam mit Hartmut M. Griese von der Sektion Jugendsoziologie in der Deutschen Gesellschaft für Soziologie wurde ein Konzept entwickelt, bei dem es um grundsätzlichere als die Alltagsfragen in der Auseinandersetzung um die Jugendweihe gehen sollte.

Die Grundannahme für die Tagung war die Beobachtung, dass über *Rituale* in einer sich rapide verändernden Gesellschaft wie Deutschland viel diskutiert wird. Die Fragen der Notwendigkeit oder des Fehlens jugendgemäßer Rituale oder das neue Verlangen der Jugendlichen selbst, nach einer *ritualen Vergewisserung* im Jugendalter, standen im Zentrum der Überlegungen.

Vor allem das nicht nachlassende Interesse am Übergangsritual „Jugendweihe/JugendFEIER" regt immer wieder zur Debatte an: ob nun als Konkurrenzveranstaltung zu kirchlichen Angeboten wie Konfirmation und Firmung; als „ostalgisches DDR-Relikt", oder ein Anknüpfen an eine über 100-jährige Tradition der Arbeiterbewegung oder gar als eine „postsozialistische Innovation der Jugendarbeit". Seitens der Kirchen und einiger Parteienvertreter in Ostdeutschland wird immer wieder heftig und zuweilen polemisch debattiert.

Während in den alten Ländern der Bundesrepublik solcherart Feiern außerhalb der Kirchen zur absoluten Ausnahme gehören, kommen in den neuen Ländern mehrere tausend junge Menschen im Jahr zu den nichtkirchlichen

Feiern. Angeboten werden sie in der Hauptsache von der „Interessenvereinigung für humanistische Jugendarbeit und Jugendweihe" (Jugendweihe) und vom „Humanistischen Verband Deutschlands" (JugendFEIER). Außer in Berlin, wo der HVD ein großer Anbieter von JugendFEIERN ist, finden in den neuen Bundesländern die Jugendweiheveranstaltungen nahezu konkurrenzlos statt. Die Kirchen fühlen sich zum Teil provoziert durch die Tatsache, dass so viele Jugendliche v. a. zur Jugendweihe gehen, wirklich herausgefordert zum Nachdenken über Alternativangebote fühlen sich (leider) nur wenige. Seit dem Ende der DDR stehen sowohl die katholische und die evangelischen Kirchen gerade im Blick auf die Jugendarbeit (die immer ein wichtiges Standbein kirchlicher Arbeit in einer säkularen Gesellschaft war) vor neuen Herausforderungen. Wirklich aufgenommen wurden diese jedoch bisher nicht, sieht man von der Einführung des Religionsunterrichtes ab. Als neues Angebot kommen seit 1998 kirchlich angebotene „Feiern der Lebenswende für nichtchristlich(-getaufte) Jugendliche" z. B. im Erfurter Dom oder in Bernburg dazu, d.h. die Kirchen reagieren vorsichtig auf die Herausforderungen mit neuen Konzepten. Im Frühjahr 2000 wurde der Verein „maiglocke" in Berlin gegründet, mit dem Versuch, eine bürgerliche Alternative zwischen Jugendweihe/JugendFEIER und kirchlichen Angeboten zu schaffen. Damit sollte das Anbieterspektrum der jugendgemäßen Initiationsriten erweitert werden. Bisher jedoch sind die Aktivitäten kaum wahrzunehmen.

Doch nicht nur auf der Seite der Praktiker werden die Diskussionen geführt, auch in wissenschaftlichen Kreisen nimmt das Thema in den letzten Jahren in Studien, Arbeiten und Veröffentlichungen einen größeren Raum ein. Anders als in der Debatte zwischen den Veranstalter der verschiedenen Angebote, spielen hier soziologische Fragen naturgemäß eine größere Rolle:

Was bedeutet es, dass die (post-)moderne *Jugend* ein *extrem verlängerter Initiations-Ritus* ist, dass Jugend keinen eindeutigen Anfang und ein diffuses Ende hat und sich stark individualisiert? Sind damit, wie neue jugend- und ritual-theoretischen Erkenntnisse behaupten, *Übergangsrituale im Jugendalter* – mit 14 Jahren, als kollektive Veranstaltung, als kommerzialisierter Massen-Event, als nicht einklagbares Versprechen auf ein dann doch versagtes Erwachsensein und noch dazu ohne nachhaltige Inhalte und sinngebende Wertevermittlung – überhaupt noch zeitgemäß oder nicht eher überflüssig und obsolet geworden?

Sitzen vor dem Hintergrund dieser soziologischen Fragen die Veranstalter und Inszenierer von Übergangsritualen im Jugendalter gemeinsam in einem untergehenden Boot? Werden dadurch auch Chancen der jugendpädagogischen Bildungsarbeit mit „Lückekindern", d.h. am Übergang von der Kindheit ins Jugendalter (nicht ins Erwachsenenalter, wie suggeriert wird) in den Vorbereitungsstunden bzw. im Konfirmandenunterricht vertan? Was wäre angesichts der jugendsoziologischen Erkenntnisse pädagogisch angesagt?

Diese Fragen sollten auf der Tagung diskutiert werden: zuerst an Hand ritual- und jugendtheoretischer Beiträge, dann im Bezug auf empirische Studien zur Jugendweihe und mit Blick auf alternative Ansätze konkreter und zuletzt hinsichtlich der Konsequenzen für Jugendforschung und Jugendarbeit. Doch es blieb bei dem „sollten", denn obwohl bundesweit ausgeschrieben, kam die Tagung nicht zustande. Dem großen Interesse des Bundesministeriums für Familie, Senioren, Frauen und Jugend ist es zu danken gewesen, dass der Versuch die Tagung durchzuführen zweimal gewagt werden konnte. Dennoch hielten sich v. a. die Praktiker als potentielle Interessenten eines solchen Fachgesprächs zurück. Woran liegt es, dass ein Thema, das in der oben dargestellten halböffentlichen Debatte hin und wieder einen recht breiten Raum einnimmt, dann nicht greift, wenn zu einem offenen Dialog eingeladen wird? Diese Frage bleibt für die Veranstalter offen.

In der Vorbereitung auf die Tagung war es gelungen, neben bekannten Soziologen und Soziologinnen vor allem junge Wissenschaftler und Wissenschaftlerinnen zu gewinnen, um Ergebnisse aus aktuellen Studien vorzustellen. Dieser Band vereint die „ungehaltenen Reden" der geplanten Tagung. Damit sollen die Beiträge der Öffentlichkeit vorgestellt und der Versuch gewagt werden, auf diesem Wege die Diskussion zu führen.

In seinem einleitenden Beitrag geht *Hartmut M Griese* auf die aktuelle fachwissenschaftliche Debatte um Rituale und Ritualtheorie ein. Er eröffnet damit den Kontext der Themen, in dem die Tagung staffinden sollte und in dem die Beiträge dieses Bandes angesiedelt sind.

Ulrike Brunotte fragt in ihrem historisch orientierten Beitrag nach der Aktualität von Theorien und Ritualen der Initiation. Zunächst richtet sie den Blick auf den Beginn des 20. Jahrhunderts um sich dann vor allem dem von Männern dominierten Bereich der Gesellschaft „Männerbünde" und „Krieg" zuzuwenden. Beleuchtet werden einige Theorien der Initiation, die zugleich auf ihre Aktualität hin untersucht werden.

Im Beitrag von *Jürgen Raithel* liegt der Schwerpunkt Mutproben als einer Form selbstgewählter Initiationsriten junger Menschen. Ausgehend von Parallelen bei Initiationsriten in traditionalen Gesellschaften und den Mutproben moderner Jugendlicher beschreibt er die Bedeutung, die diese Formen der Selbstinitiation haben. Er kommt zu dem Schluss, dass die Mutproben Jugendlicher für sie die gleiche Funktion wie Initiationsriten haben, ungeachtet dessen, dass sie dabei einige bedeutsame Risiken einzugehen bereit sind.

Die Jugend als einen „langen Marsch" in das Erwachsenenleben beschreibt *Uwe Sander* in seinem Beitrag. Er geht von der Vermutung aus, dass die

Jugendphase in der heutigen Zeit mehreren grundlegenden Strukturveränderungen ausgesetzt ist. In dieser Situation müssen sich Jugendliche zurechtfinden. Jung sein heute bedeutet nicht mehr vor allem zu etwas Neuem und Unbekanntem aufzubrechen oder das eigene Leben innovativ zu verändern. Im Mittelpunkt steht der Spaß am Alltagsleben, Jugendlichkeit hat sich zu einer Habitusform entwickelt.

Mit der Bedeutung von Ritualen, die Menschen von Kindheit bis ins Alter begleiten und absichern, setzt sich *Charmaine Liebertz* auseinander. Ausgehend von der uns allen innewohnenden Sehnsucht nach Ritualen warnt sie eindringlich davor, diese Sehnsucht zu unterdrücken.

Am Beispiel der Jugendweihe stellt *Albrecht Döhnert* ritualtheoretische und empirische Beobachtungen an. Seinem Beitrag liegt eine umfassende Studie zur Jugendweihe nach 1989 zugrunde. Zunächst setzt er sich für einen qualifizierten Ritualbegriff ein, um dann vor diesem Hintergrund die Frage nach dem Übergangsritual ohne Übergang zu beleuchten. Abschließend beschreibt er als Schlussfolgerung seiner eigenen Studie die Bedeutung der ernsthaften Auseinandersetzung mit den wirklichen Bedürfnissen Jugendlicher im Zusammenhang mit den Übergangsangeboten.

Dieser letzte Beitrag im ersten Teil stellt zugleich den Übergang zum zweiten Teil des Bandes dar: hier werden einige aktuelle *empirische Studien* zur Jugendweihe vorgestellt, die in den letzten Jahren im Rahmen von Diplom- oder Magisterarbeiten und Dissertationen von jungen Wissenschaftlerinnen vorgelegt wurden.

Wilma Kauke-Keçeci unternimmt in ihrem Beitrag den durchaus spannenden Versuch, Jugendweihe als einen Ritualtext zu betrachten und zu interpretieren. Indem sie das Jugendweiheritual als einen komplexen Text aus sprachlichen und nichtsprachlichen Elementen betrachtet, wählt sie eine zunächst von ideologischen Belastungen freie Herangehensweise. Am Beispiel einer Jugendweihefeier und einer JugendFEIER wird in dem Beitrag die ritualtextliche Bedeutung der Veranstaltung entfaltet. Sie kommt zu dem Schluss, dass Jugendweihe als ein soziokultureller Text verstanden werden kann, der auf vielfältige Weise mit anderen Texten unserer Kultur verbunden ist und unsere Kultur durch seinen Beitrag zu dieser Vernetzung immer wieder neu schafft.

Einen Blick zurück auf die Jugendweihe in der DDR unternimmt *Maria-Theresia Münch* mit ihrem Beitrag. Besonders bei den Jugendstunden, an denen in Vorbereitung auf die Jugendweihe alle Jungen und Mädchen teilnehmen mussten, wird die ideologische Belastung der DDR-Jugendweihe deutlich. Die Jugendstunden werden als ein Erziehungsfeld dargestellt, das eindeutig der Indoktrination der Jugendlichen diente. Der Fokus ist dabei auf die Erziehungsziele und -inhalte sowie die Art und Weise ihrer Umsetzung gerichtet. Die Autorin stellt eine Eindimensionalität der Erziehung in den Jugendstunden fest, die sich eben nicht nur in den Inhalten, sondern gerade auch in der Umsetzung der Erziehungziele manifestiert hat. Damit ist in der DDR-Erziehung eine obrigkeitsstaatliche und autoritäre Pädagogik des Bewahrens, der Kontrolle und der Entmündigung der Subjekte, etabliert worden.

Mit der Funktion der Jugendweihe und ihrer Nachhaltigkeit bei den Teilnehmenden setzt sich *Inga Pinhard* auseinander. Für ihre Studie hat sie Interviews mit Jugendlichen im Vorfeld der Jugendweihe/JugendFEIER und einige Zeit nach der Feierveranstaltung geführt. Zudem beschreibt sie die Unterschiedlichkeit der beiden größten Veranstalter von Jugendweihe-/ JugendFEIERveranstaltungen in den neuen Bundesländern. Sie kommt zu dem Ergebnis, dass neben der Bedeutung der Familienfeier, deren Ausstattung und den Geschenken vor allem der Moment des „im Mittelpunkt der familiären und gesellschaftlichen Aufmerksamkeit stehen", bei den jungen Menschen eine wichtige Bedeutung hat.

Vor dem Hintergrund der Beiträge des Bandes versucht *Hartmut M. Griese* in seinem abschließenden Beitrag einen Ausblick auf den weiteren jugend- und/oder ritualtheoretischer Diskurs.

Als einer der auf der Tagung geplanten „Berichte aus der Praxis" beschreibt *Reinhard Hauke* das Projekt „Feier der Lebenswende" in Erfurt in einer aktualisierten Fassung eines bereits veröffentlichten Beitrages. Es handelt sich dabei um ein von der katholischen Kirche getragenes, in der Zwischenzeit mehrfach durchgeführtes und von besonderem medialem Interesse begleitetes Projekt.

In der Arbeit am Konzept der Tagung und für diesen Band hat sich die Zusammenarbeit zwischen dem wissenschaftlichen Theoretiker, der in den vergangenen Jahren einige Veröffentlichungen zu diesem Thema hatte, und dem Praktiker aus der Politischen Bildung bewährt – so wie es auch für die Tagung angedacht war: Praktiker und Theoretiker an einen gemeinsamen Tisch zu bringen. Nur dann, so unsere Annahme, kann der Dialog auch zu Konsequenzen führen. Die Beiträge dieses Bandes machen deutlich, welche spannenden Diskussionen möglich gewesen wären.

Unser Dank gilt den Autoren und Autorinnen, die ihre „ungehaltenen Reden" zur Verfügung gestellt haben. Ebenso danken wir dem Bundesministerium für Familie, Senioren, Frauen und Jugend, das die Herausgabe finanziert hat. Nicht zuletzt geht der Dank an Barbara Köhler und Ines Spangenberg, die während ihres Praktikums in der EJBW die Herausgabe des Buches begleitet haben.

Weimar/Hannover im Dezember 2001

Hartmut M. Griese

Einleitung:
Zur Renaissance von Ritualen und Ritualtheorie

Im „Ausblick" zu meinem Reader „Übergangsrituale im Jugendalter" (*Griese 2000b*, S. 251) habe ich geschrieben: „Obwohl gegenwärtig die Sinn- und Zweckleere von traditionellen Ritualen mehr und mehr erkannt ist, scheint das Bedürfnis nach rituellen Zeremonien ungebrochen oder gar anzusteigen. Unsichere Zeiten, eine unübersichtliche Gegenwart sowie diffuse persönliche und global-gesellschaftliche Zukunftsperspektiven, Pluralisierung und Relativierung von Werten und Wahrheiten, all das, was man ‚postmodern' nennen kann, scheinen ein Bedürfnis nach Ordnung, Orientierung und Sicherheit, zumindest im Lebenszyklus, zu befördern. *Rituale und deren Diskussion sind (wieder) en vogue*".

Genau hier will der vorliegende Band anknüpfen, denn die Epoche gegen Ende des 20. und Anfang des 21. Jahrhunderts wird in der sozialphilosophischen Gesellschaftstheorie und in der theoretischen Jugendforschung in der Regel mit Begriffen wie *„neue Unübersichtlichkeit"* (*Habermas*), *„postmoderne"* Ungewissheit sowie *„multioptionale"* und / oder *„pluralistische"* Deutungsangebote und zunehmende *„Individualisierungsschübe"* beschrieben, in der ein gesteigertes Bewusstsein von der *„Relativität"* und *„Konstruktion"* der sozialen Phänomene überhand nimmt. In dieser Zeit der Sinn-, Werte-, Orientierungs- und Deutungsvielfalt – man könnte durchaus von einem Überangebot sprechen – die gleichzeitig, und das macht ihre Ambivalenz aus, bisher ungeahnte und unbekannte *Chancen*, aber auch diffuse, nicht kalkulierbare *Risiken* für das Aufwachsen und Sich-Einrichten in der Gesellschaft, d.h. für die Herausbildung einer *Identität*, bedeutet, scheint eine unbewusste, aber starke Sehnsucht nach Verbindlichkeiten, Regeln und festen Orientierungen – gerade bei den Heranwachsenden – zu entstehen.

Da aber „Vorbilder und Idole" bzw. *„personale Orientierungen"* nahezu fehlen bzw. in ihrer Bedeutung für junge Menschen drastisch zurückgegangen sind und weiter abnehmen (vgl. dazu *Griese 2000*), können unter bestimmten Bedingungen des Aufwachsens relativ irrationale sowie eher unpersönliche, ideologische oder symbolische Deutungsangebote, Objekte, Traditionen und Konventionen (z.B. Fremdenfeindlichkeit, Rechtsradikalismus, Fundamentalismen, Sekten, Fußballvereine, Gurus, Rock-Stars, Werbefiguren etc.) für Identifikationen und Identitätsbildung an Relevanz gewinnen.

„Können komplexe Gesellschaften eine vernünftige Identität ausbilden?" fragte *Habermas (1974)* in seiner Rede zur Verleihung des Hegel-Preises der Stadt Stuttgart – die heutige Situation quasi antizipierend und prognostizierend. In den „entwickelten Hochkulturen", wie *Habermas* unsere Gesellschaft evolutionstheoretisch nennt, gelten starre bzw. „festgeschriebene (Gruppen-)Identitäten" tendenziell als überholt und müssten eigentlich in *„neue Identitäten"* „mit universalistischen Ich-Strukturen" analog zu einer „im Entstehen begriffenen Weltgesellschaft" mit *„universalistischer Moral"* übergehen. Gemäß den Annahmen dieses Theorie-Modells schwindet dann der Einfluss der traditionellen „Gruppen mit identitätsbildender Kraft" wie Familie, Stadt, Staat und Nation, so dass die Frage entsteht: Was aber kann in unserer Übergangsepoche an deren bisher privilegierte Stelle treten?

Die Annahme (bzw. das Prinzip Hoffnung) von *Habermas*, in Zeiten „universalistisch zu rechtfertigender Normen" bzw. in hochkomplexen (Welt-) Gesellschaften müssten sich neue Bedingungen zur Herausbildung einer *„weltbürgerlichen oder universalen Identität"* quasi wie von selbst aufdrängen und die „staatsbürgerliche oder nationale Identität" überwinden *(ebd., S. 32)*, scheint mir zu idealistisch. Denn: Eine Rückbesinnung auf weniger diskursive, weniger reflexive und eher nicht-rationale „nationale" bzw. „ethnisch-kulturell-religiöse" Identitäten ist in nahezu allen (über-) komplexen Gesellschaften in den letzten Jahren zweifellos zu beobachten – und auf der anderen Seite kann man eher eine Orientierung an traditionalen und regionalen Identitäten konstatieren.

Die Vermutung liegt also nahe, dass wir gegenwärtig in Bezug auf Verhaltens- und Orientierungsmuster, Identitäts- und Sinnangebote – empirisch, nicht unbedingt normativ-theoretisch wie bei *Habermas* – eher von einem neuen Rekurs auf bzw. vor allem von einer neuen Sehnsucht nach Traditionen, festen Regeln und angeblich bewährten Standards sprechen können.

Von daher ist die neue *„Sehnsucht nach Ritualen"* bzw. eine Renaissance von Ritualen und der daran ausgerichteten sozialwissenschaftlichen und auch pädagogischen *Ritualtheorie* nur allzu verständlich. Einen besonderen Stellenwert nehmen dabei *„Übergangsrituale"* (vor allem Initiationsriten) ein, zumal ein *„Abschied von der Normalbiographie"* oder die *„Entstrukturierung"* des Lebenslaufs (nicht nur der Jugendphase) konstatiert wird, was andererseits bei den Individuen ein verstärktes Bedürfnis nach Ordnung, nach Sinn, nach Orientierung, nach Übersichtlichkeit und nach Neu- (oder Alt-)Strukturierung ihrer Biographie aufkommen lässt.

„Übergangsrituale im Jugendalter", so hatte ich konstatiert *(Griese 2000c, S. 10f)*, „waren ehemals gedacht als von Erwachsenen für Heranwachsen-

de zu Zwecken der Erziehung, Beeinflussung und Integration in die Gemeinschaft (nicht Gesellschaft!) speziell initiierte standardisierte kollektive, kurzfristige und meist schmerzvolle Veranstaltungen, an deren Ende ein neuer (erwachsener) Status verliehen war. Die Betreffenden waren dann vollwertige Mitglieder eines (Stammes-) Gemeinwesens. Am meisten und vor allem kontrovers, heftig, polemisch und ideologisch aufgeladen, wird gegenwärtig, überwiegend in Ostdeutschland, das (post-)modern(isiert)e Übergangsritual ‚Jugendweihe/FEIER' diskutiert, ein altes und zugleich neues (gewandeltes) gesellschaftliches Phänomen (so mein neutraler Terminus) mit einer wechselvollen Geschichte unterschiedlicher Instrumentalisierungen im Spannungsfeld von divergenten weltanschaulich-politischen Traditionen und Meinungen und zuletzt wohl auch ökonomischen Interessen". Auch hinsichtlich dieses Phänomens „*Jugendweihe*" will der Reader anhand aktueller empirischer Studien und theoretischer Überlegungen und Reflexionen mehr Klarheit bringen.

Rituale sind bisher (vgl. *Griese 2000b*, S. 247ff) kein gängiges und intensiv diskutiertes Thema der Soziologie oder der Jugendforschung, obwohl es sich dabei m.E. um genuin soziologisch relevante Phänomene handelt, sind Rituale doch „sozial geregelte, kollektiv ausgeführte Handlungsabläufe ... festgefügte Modelle und Spielregeln des sozialen Verhaltens". Auch scheinen Rituale, das hat die Ethnologie gezeigt, als „*anthropologische Konstante*" bzw. „*kulturelle Universalie*" „überall auf der Welt" beobachtbar zu sein. So ist es m.E. nicht verwunderlich, dass es parallel zur Renaissance einer Ritualdiskussion auch zu einer Wiedergeburt der Debatte um „*kulturelle Universalien*" zu kommen scheint (vgl. zuerst *Brown 1991*, dann aktuell *Reichelt www.* sowie *Griese 2001*). Brown untersuchte ethnographische Berichte auf universale Muster, die dem Verhalten sämtlicher dokumentierter Kulturen – allerdings kulturell und individuell variiert – zugrunde liegen. „Interkulturelle Kommunikation", so die interessante und provokante These – auch im Hinblick auf eine konstruktivistische Erkenntnistheorie – ist nur über „kultureller Universalien" möglich.

„*Kulturelle Universalien*" sind „allen bekannten Kulturen zugrunde liegende Gemeinsamkeiten", „die in jeder Gesellschaft bzw. Kultur vorkommenden, im Kern ähnlichen Objekte", „zentrale kulturelle Elemente, die auf Grund gleichbleibender Bedingungen der menschlichen Gattung oder grundlegender Ähnlichkeiten menschlicher Aneignung der Natur allen Kulturen gemeinsam sind"; „a trait or complex present in all individuals ... all societies, all cultures, (or all languages) – provided that the trait or complex is not too obviously anatomical or physiological ... the universality of culture traits ... similarities in thought and action". Der Klassiker *Murdock*

(1945) versteht unter „kulturellen Universalien" „universal culture patterns ... present in all societies" (alles zitiert nach *Reichelt*). Bei *„kulturellen Universalien"* handelt es ich also um „universelle Bedingungen menschlicher Existenz", die in der biologischen und psychischen Natur des Menschen zu suchen sind, um „zentrale kulturelle Elemente, die auf Grund gleichbleibender Bedingungen der menschlichen Gattung oder grundlegender Ähnlichkeiten menschlicher Aneignung der Natur allen oder sehr vielen Kulturen gemeinsam sind" *(Fuchs u.a. 1973*, S. 709f).

Die Vermutung liegt demnach nahe, dass die epochenbedingte und konstatierte *„Sehnsucht nach Ritualen"* und die Renaissance der sozialwissenschaftlichen Ritualtheorie ihre Parallele haben in der *„Wiederkehr der universalistischen Frage"* (*Reichelt*, S. 5; vgl. dazu auch die aktuelle Diskussion um *„universelle* Menschenrechte" oder eine *„universalistische* Moral", die Kontroversen um „kultureller *Universalismus* versus kultureller Relativismus" oder „Differenz" und *„Universalität"* als grundlegende Erkenntnisparadigmen usw.). Kurzum: „Nachdem im zwanzigsten Jahrhundert von anthropologischen Universalien auszugehen lange Zeit gegen ein in der Ethnologie herrschendes Paradigma kultureller Differenz verstoßen hatte (Boas, Mead, Malinowski, Benedict, Geerts), wurde zuletzt wiederholt eine Revision dieses Leitbildes angemahnt" (*Reichelt*, S. 5f).

Es scheint so, dass die „Globalisierungsprozesse" in all ihren Verursachungen, Varianten und Facetten auch zu einer Renaissance der Frage nach der Existenz oder nach der Notwendigkeit von „Universalien" geführt haben, denn etliche Begleitphänomene der Globalisierung lassen sich nur universalistisch begründen bzw. kritisieren (Fundamentalismen, Menschenrechte, Weltethos bzw. Moral, Anti-Terror-Kampagnen, interreligiöser bzw. interkultureller Dialog etc.).

Dass (kleine) Kinder Rituale (feste Konventionen, Handlungswiederholungen) brauchen und sich im Alltag häufig danach sehnen (was bereits *Freud* vermerkt hat), gilt als Vermutung, die spätestens dann zur Realität und zur universellen Selbstverständlichkeit wird, wenn man (eigene) Kinder beobachtet oder verantwortlich zu betreuen bzw. zu erziehen hat. Und wenn zutrifft, wovon ich ausgehe, dass *„Jugend"* ein historisch-gesellschaftlich relativ junges Phänomen ist, das sich im Prozess der Ausdifferenzierung und des Komplexerwerdens der Gesellschaft quasi zwischen Kindheit und Erwachsenenstatus schiebt und sich ständig ausdehnt (vgl. *„Postadoleszenz"*), d.h. dass „Jugend" ein Produkt der Moderne bzw. „entwickelter Hochkulturen" ist, das gleichsam an die Stelle der *„Initiationsriten"* in einfach strukturierten Kulturen bzw. in „archaischen Gesellschaften" tritt, dass – nunmehr ritualtheoretisch formuliert – *„Jugend* *ein extrem verlängerter Initiationsritus"* ist, dann gewinnen Partial- und / oder Ersatzriten gegenwärtig in Bezug auf Orientierung, Sinnfindung, Ordnung der Biographie und Identitätsfindung für junge Leute an Bedeutung (vgl. Ausblick).

Ich gehe also von der Prämisse aus, dass in der *Epoche der Postmoderne* die „Unübersichtlichkeiten" zu- und die Gewissheiten abnehmen, dass dadurch ein Bedürfnis bzw. eine Sehnsucht nach Angeboten, festen Regeln und Ritualen zunimmt, die Klarheit, Ordnung und Struktur versprechen – vor allem in der eigenen Biographie und bei jungen Menschen – dass aber die komplexe, säkularisierte und pluralisierte Gesellschaft keine eindeutigen Regeln, Biographiestrukturen oder Initiationsriten anbieten kann, um Heranwachsenden eindeutige Orientierungen im Handeln und Sicherheit hinsichtlich der eigenen Identität zu gewährleisten. Die traditionellen sinn- und identitätsstiftenden Gruppen und Instanzen (vor allem Familie und Verwandtschaft einerseits sowie Staat, Nation, Kirche bzw. Religion andererseits) verlieren tendenziell an Relevanz und hinterlassen ein relatives *Vakuum*, das diskursiv-universalistische Angebote (Weltbürgertum, universalistische Identität – vgl. oben) bisher (noch) selten einnehmen (können) und in das vermehrt irrational-ideologische Angebote (vgl. oben) eindringen (können). Ferner treten an die Stelle eindeutiger und punktueller Rituale nunmehr – gestreckt über die gesamte, enorm verlängerte Jugendzeit – etliche gesellschaftliche *Partialangebote* (Prüfungen, Abschlüsse, Wahl- und andere Rechte) oder *selbst initiierte Rituale* (wie Mutproben, Gruppenriten) (vgl. dazu auch unseren Ausblick am Ende des Bandes).

Die Aktualität und Relevanz von Ritualen und der damit zusammenhängenden Renaissance der Ritualtheorie wurde z.B. dokumentiert in einer Serie *„Rituale"* in der Frankfurter Rundschau (August 1999 bis Februar 2000). Die Beiträge beginnen u.a. mit den Sätzen „In letzter Zeit mehren sich Stimmen und Texte, die dem ‚Ritual' wieder neue Bedeutung geben wollen" (*Brunotte 1999*) oder „Ohne Zweifel erfreut sich der Begriff des Rituals heute großer Beliebtheit" (*Rao / Köpping 1999*) oder „für die Ausbildung von sozialen und kulturellen Identitäten spielen Wiederholungen eine maßgebliche Rolle" (*Mersch 2000*). Es ist die Rede von der *„Sehnsucht nach orientierungsstiftenden Ritualen"* in Zeiten des „flexiblen Menschen im neuen Kapitalismus" (*Brunotte* bzw. *Sennett*), der sich „permanenten Übergängen" gegenübersieht sowie von der psychischen Funktion von Ritualen, in Übergangssituationen *„Sinnzusammenhänge zu vermitteln"*, die sich jedoch nur aus der „Innen-Perspektive" der Betroffenen und dem sozio-kulturellen *Kontext* erschließen lassen. Denn festzuhalten gilt: „Ein Ritual ist ein Ritual immer nur in dem Kontext, in den es Sinn gebend als solches eingebunden ist" (*Rao / Köpping*).

Interkulturell vergleichend können wir z.B. – idealtypisch – *jahreszeitliche Rituale* (Feste und Anlässe, welche die Jahreszeiten strukturieren), *„Umgangsriten"* (produktions- oder tauschbezogene alltägliche rituelle Handlungsmuster) sowie *religiöse Riten* (Opfer, Weihen, Zeremonien) und *biographische Zäsurrituale* (Taufe, Initiationen, Hochzeit, Tod) voneinander unterscheiden. Hierbei scheint es sich um ein *„anthropologisches Grundmuster"* zu handeln, das scheinbar *„universell verbreitet"* ist (*Baudy 2000*), aber jeweils aktuell sowie traditionsbedingt und kulturspezifisch unterschiedlich ausgeformt wird (sog. *„kulturelle Universalien"* – vgl. oben). Rituale dienen, so eine Erkenntnis des Kulturvergleichs (*Lang 2000*, mit Verweis auf den Ritualklassiker *Durkheim*), „letztlich dem selben Zweck: der Schaffung gesellschaftlichen Zusammenhalts" – auch in „höher entwickelten Kulturen". Der Rückgang religiöser Rituale in der Gegenwart (quantitativ sowie in seiner Bedeutung) wäre demgemäß gleichbedeutend mit einer Schwächung der Gemeinschaft sowie des solidarischen Zusammenlebens und des gesellschaftlichen Zusammenhalts.

Stößt man deswegen bei der Beantwortung der aktuellen Frage „Was hält die Gesellschaft (noch) zusammen?" (vgl. *Heitmeyer1997*) notgedrungen auf die Relevanz oder (scheinbare, reale oder notwendige?) Renaissance der Rituale? Erhalten Rituale neuerdings eine Art gesellschafts- bzw. sozialtherapeutische Funktion bzw. sind sie *„sozialer Kitt"*? In jedem Fall sind Rituale vielfältig, d.h. sie können integrierend wie konfliktfördernd wirken; sie sind *ambivalent*.

Sollten daher Rituale, vor allem Übergangsrituale im Jugendalter, pädagogisch angeleitet werden, um integrativ zu wirken (vgl. dazu *von der Groeben 1999*)? Aber immer mehr Jugendliche entziehen sich der pädagogischen, d.h. der Erwachsenen-Kontrolle und inszenieren ihre Rituale und Mutproben selbst. Und Jugendsozialisation war schon immer auch Peer-Group-*„Sozialisation in eigener Regie"* (*Tenbruck*; vgl. dazu *Griese 1987*, S. 124ff).

Die Renaissance der Rituale wirft, wie ich anzudeuten versucht habe, vielfältige theoretische und praktische *Fragen* auf. Entsteht ein Bedürfnis nach Ritualen, nach Ordnung im Lebenslauf, nach Orientierung und Regeln im Alltag und in der Gesellschaft auf Grund einer Art postmodernen Individualitätszumutung und / oder auf Grund fehlender oder zu diffuser säkularer oder religiöser Rituale zur Strukturierung des Lebenslaufs? Jedenfalls können Konfirmation, Firmung oder Jugendweihe ihre ursprünglichen Funktionen nur noch vereinzelt erfüllen und haben ihren Stellenwert und ihre Bedeutung im Leben von Jugendlichen enorm verändert (vgl. ausführlich dazu die Beiträge in *Griese 2000a*); weltliche (Rest-) Rituale werden dagegen von Heranwachsenden oft zu eigenen Zwecken subkulturell und stilgerecht umfunktioniert und modifiziert. So kann man zwar nach wie vor von einer *„stabilen Nachfrage nach Ritualen"* im Kontext der großen Kirchen sprechen („Amtshandlungen" bzw. Dienstleistungen wie Taufe, Kommunion, Firmung, Konfirmation, Trauung, Beerdigung), und *Hans Brandy*, zuständig u.a. für Gottesdienst in der Hannoverschen Landeskirche, meint auch: „Wir stellen fest, dass die Nachfrage nach kirchlichen Ritualen außergewöhnlich stabil ist" (Beilage „der 7. tag" in den SN vom 18.8.2001), aber ob damit noch „in Umbruchsituationen ... Halt gegeben" wird und die Rituale „uns einbinden in die Gemeinschaft und in einen größeren Sinnzusammenhang" (ebd.), scheint mir doch eher (frommer) Wunsch statt Fakt.

Soeffner nennt Rituale eine „Aktionsform des Symbols"; sie „repräsentieren damit Ordnungen ... formen und disziplinieren das Verhalten, machen es überschaubar und vorhersagbar und erlauben, dass wir uns nicht nur in Räumen, sondern auch im Handeln ‚zuhause' fühlen". Rituale verleihen Verhaltenssicherheit in Zeiten der Verunsicherung, da sie auf quasi „höhere Ordnungen" verweisen. „Nachdem man sie in ‚aufgeklärten' Gesellschaften – exemplarisch in der deutschen Nachkriegs-, besonders in der Nachachtundsechzigergesellschaft – für geraume Zeit als äußerliches, zwanghaftes, unaufrichtiges oder zumindest mechanisch-‚unhinterfragbares' Verhalten gebrandmarkt hatte, kommen sie nun erneut zu Ehren. Sie teilen damit das gleiche Schicksal wie die Institutionen, die nach langer Ächtung wieder zu Hoffnungsträgern werden, zu Deichen gegen die Brandung der Anomie" (Manuskript, S. 224).

Rituale sind also „*Orientierungsvorgaben in unsicherem Gelände*" (*Soeffner*), festgelegte Handlungs- und Reaktionsabfolgen mit symbolischer Signalwirkung, „Schlüsselreize für Mitglieder der gleichen Art". Rituale sind ambivalent; sie können „einerseits Verzweiflung bändigen und Trost erzeugen ... aber ebenso können sie Menschen in vorstrukturierte Aggressionsketten hineinreißen und Hemmungen beiseite schaffen ... Die Geschichte der Menschheit wird begleitet von Ritualen des Helfens, Aufopferns, Heiligens, Pflanzens, Bewahrens, Schützens und der Gastfreundschaft, aber ebenso von Ritualen des Kampfes, der Vernichtung, des Opferns, Mordens, Hinrichtens, Schlachtens, kurz: rituell geordneter und ‚geheiligter' Destruktion" (ebd., S. 225). (Post-) Moderne, d.h. eigentlich offene, antiritualistische Gesellschaften zeigen gegenwärtig eine Tendenz zur Entwicklung eines *„undurchschauten* (neuen) *Ritualismus"*, der vor allem den Alltag der Individuen erfasst, die dort sich als das präsentieren und inszenieren, „was sie sein wollen oder sollen: als jene sozialen Konstrukte, als die sie in alltäglicher Interaktion erscheinen" (ebd.).

Die Pluralisierung der Gesellschaft und der familialen Lebenswelten sowie die Individualisierung als Freiheit und Zwang in einer *„Multioptionsgesellschaft"* (*Gross*) und die darin eingebettete Konkurrenz diverser Weltanschauungen, Ideologien und Lebensstile führen „tendenziell zu einer inneren Pluralisierung der Individuen" mit anschließenden Versuchen neuer Gruppenbildungen bzw. „*Tribalisierung*". Dafür sind wiederum Rituale notwendig, welche die Kluft zwischen Gruppe (Stamm, Gemeinschaft) und Gesellschaft überbrücken sollen, zumal derlei intermediäre Institutionen der Vermittlung fehlen. Und „wo Gemeinschaften dieses Typs monadisch nebeneinander existieren (also vor allem innerhalb der „Jugend" als unterschiedliche Jugendkulturen, H.G.), kommt es an ihren Grenzen zu unkalkulierbaren Auseinandersetzungen: zu einem ‚Kampf' der Symbole, Rituale und Embleme" (*Soeffner* ebd., S. 235). Gesellschaftliche, d.h. möglichst viele junge Menschen erreichende Übergangsrituale wie Konfirmation, Firmung oder Jugendweihe könnten dann die aktuelle Funktion haben, gruppen- bzw. subkultur*übergreifende vermittelnde* und *allgemeine* sinn- und identitätsstiftende Angebote zu offerieren. Ein „Kampf" zwischen Firmung, Konfirmation und Jugendweihe – wie wir ihn gegenwärtig beobachten können – würde dann genau das Gegenteil dessen bewirken, was ihre vermittelnde Funktion sein könnte, nämlich das Bereitstellen eines übergeordneten allgemeinen (*universellen*) Rahmens in Zeiten der Pluralisierung, Segmentierung und Tribalisierung.

Wenn man anerkennt, dass Symbole und Rituale zum menschlichen Leben, d.h. zu unserer Wirklichkeitskonstruktion gehören, da sie in ungewissen Zeiten und bei Grenzüberschreitungen Ordnung stiften, Sicherheit verleihen und Harmonie offerieren können, dass Rituale ambivalent und von einer gewissen „*irreflexiven Moral*" (*Soeffner*) sind, dass gegenwärtig eine Sehnsucht nach Ritualen in einer scheinbar entritualisierten Gesellschaft zu beobachten ist, dann werden Rituale ihre (neue) identitätsverleihende vernünftige und weltgesellschaftlich sichernde Funktion nur erfüllen (können), wenn sie von einer öffentlich-diskursiven und „*reflexiven Vernunft*" kontrolliert werden.

Dies wäre m.E. nur möglich über intermediäre bzw. vermittelnde Instanzen wie Medien und Bildungssystem, z.B. in Form der Institutionalisierung einer konfessionsübergreifenden allgemeinen Religions- und Ideologienlehre, einer „*Ethik der Vernunft und Verantwortung*" – im Ausbildungssystem. Die Heterogenität, Multikulturalität und Pluralisierung der (Welt-) Gesellschaft und die daran gekoppelte Individualisierung und Atomisierung ihrer Mitglieder, vor allem der Jugendlichen in ihren entstrukturierten Biographien, bedürfen daher strukturell der Kompensation und psychisch der Stütze durch eine Homogenisierung, Universalisierung und Verallgemeinerung ihrer sinn- und identitätsstiftenden Angebote als Antworten auf diese Herausforderung der Postmoderne.

Literatur

Brown, Donald E.: Human universals. New York 1991.
Fuchs, Werner u.a. (Hrsg.): Lexikon zur Soziologie. Reinbek 1973.
Griese, Hartmut M.: Sozialwissenschaftliche Jugendtheorien. Eine Einführung. Weinheim und Basel 1987 (zuerst 1977).
Griese, Hartmut M.: Personale Orientierungen im Jugendalter – Vorbilder und Idole. In: *Sander, Uwe / Vollbrecht, Ralf* (Hrsg.): Jugend im 20. Jahrhundert. Neuwied 2000.
Griese, Hartmut M. (Hrsg.): Übergangsrituale im Jugendalter. Jugendweihe, Konfirmation, Firmung und Alternativen. Münster 2000a.
Griese, Hartmut M.: Ausblick: Übergangsrituale im Jugendalter – was ist das eigentlich? Einige theoretische Überlegungen und Angebote zur Selbst-Reflexion. In: Griese (2000a) (2000b).
Griese, Hartmut M.: Forschungen zur JugendFEIER und Jugendweihe. Ergebnisse und Trends. In: Humanismus aktuell, Heft 7 / Dezember 2000c.
Griese, Hartmut M.: Kulturelle Universalien. Unveröffentlichtes Manuskript zum Forschungsvorhaben „Kulturelle Universalien im interkulturellen Vergleich". Hannover 2001.
Habermas, Jürgen: Können komplexe Gesellschaften eine vernünftige Identität ausbilden? In: Habermas, Jürgen / Henrich, Dieter: Zwei Reden. Aus Anlass des Hegel-Preises. Frankfurt 1974.
Heitmeyer, Wilhelm (Hrsg.): Was hält die Gesellschaft zusammen? Bundesrepublik Deutschland: Auf dem Weg von der Konsens- zur Konfliktgesellschaft. Band 2. Frankfurt 1997
Reichelt, Gregor, unter Mitarbeit von *Bernhard Metz:* Universalien. Internet: www.sfb511.uni-konstanz.de/publikationen/universalien.html.
Rituale. Serie in der *FR* mit Beiträgen von *Ulrike Brunotte* (17.8.1999), *Ursula Rao / Klaus-Peter Köpping* (7.12.1999), *Dorothea Baudy* (18.1.2000*), Bernhard Lang* (1.2.2000) und *Dieter Mersch* (29.2.2000).
Soeffner, Hans-Georg: Die Ordnung der Rituale. Frankfurt 1995.
Soeffner, Hans-Georg: Zur Soziologie des Symbols und des Rituals. Manuskript 2000.
Von der Groeben, Annemarie: Einleitung. In: Zeitschrift Pädagogik, Heft 4 / 99.

I. Rituale und jugendtheoretische Relevanz

Ulrike Brunotte

Gefahr und Mut im Übergang

Theorien und Rituale der Initiation – ihre Aktualität und Variation[1]

I. Ritualisierung?

Als vor einigen Jahren die Zeitungsmeldung erschien, ein Ritualspezialist aus Samoa habe beim deutschen Patentamt seinen Anspruch auf Zahlungen angemeldet, weil er der eigentliche Erfinder des hierzulande beliebten Bungeespringens sei, glaubten viele an einen Scherz. Was in den westlichen Metropolen dem rasant wachsenden Markt des Risiko- und Abenteuersports zugeordnet werden kann und eine – freilich vor seiner Vermarktung durchaus risikoreiche – Möglichkeit darstellte, *thrill* zu erleben, das gehörte im gesamten ozeanischen Raum zu den gefährlichen Initiationsprüfungen der Jungen und war eine kollektive Veranstaltung. Wie der Südseeforscher *Horst Cain*[2] berichtet, hat sich der lianengefederte Sprung von einer Palme allerdings aus dem Ensemble der Initiationsrituale gelöst und ist zu einem beliebten Wettkampfsport geworden. An seine Stelle im Ritual ist auf Samoa freilich der ebenso risikoreiche Sprung von einem hohen Wasserfall getreten. Wie sehr auch diese Prüfung nicht allein den symbolischen Durchgang durch den Tod bedeutet, sondern mit ganz realen Qualen, ja tödlich enden kann, leuchtet sofort ein.

In den Übergangsriten formen und integrieren die indigenen Gesellschaften individuelle und kollektive Krisen, Umbrüche und Veränderungen. Auffällig, aber lange Zeit unbefragt, war und ist dabei die Tatsache, dass die Pubertätsrituale der Jungen weit komplexer und langwieriger sind, als die Riten der Mädchen. Sie liegen in der Hand der älteren Männer, bleiben für die Frauen tabu und sind eng mit der politisch-kultischen Machtinstitution des Männerhauses verknüpft. Nach *Mario Erdheim* erweist sich neben den Initiationsritualen das Männerhaus zudem als Schlüsselinstitution bei der „gesellschaftlichen Produktion von Unbewusstheit"[3], die, das „Potential der Sexualität in den Dienst der politischen Ordnung zu stellen vermag"[4]. Eine ihrer zentralen Funktionen ist demnach die kulturelle Herstellung herrschaftlicher Männlichkeit. Dabei spielen Angst- und Angstbeherrschung[5] eine nicht geringe Rolle. Denn im Gegensatz zu den meist weniger aufwendigen und oft individuell beim Eintritt der Menarche durchgeführten Initiationsriten der Mädchen zeugen die von allerlei Mutproben und Prüfungen bestimmten Initiationsrituale der Jungen, folgt man *David Gilmores* vergleichender Studie, „von der immer wiederkehrenden Auffassung, dass wahre Männlichkeit ein *David Gilmores* unsicherer oder künstlicher Zustand ist, ständig bedroht und nur durch harte Prüfungen zu erkämpfen."[6] So erzählen die, diese Rituale begleitenden Mythen immer wieder von Todes- und Tötungserfahrungen: wir hören von Unterweltsfahrten, von Verschlungenwerden, Zerreißung und Zerstückelung. Ebenso jedoch von den kosmosgründenden Chaos-Drachentötungen der heroischen Urahnen oder von einer Zeit der Frauen- und Mutterherrschaft, die durch eine tabubrechende Tat der männlichen Vorfahren beendet und verkehrt wurde.[7]

Als am Ende der achtziger Jahre der kulturwissenschaftliche Diskurs um die vermehrt unter Jugendlichen zu beobachtende Tendenz sich risikoreichen Extremerfahrungen auszusetzen, Schmerzen und körperliche Stigmatisierungen zuzufügen oder Gewalt auszuüben, einsetzte, wurde er von mehreren Problemkomplexen beherrscht:

Zum einen wurde die Frage verhandelt, ob es sich bei der zunehmenden Attraktivität von Relikten aus dem Inventar der Initiationsrituale, die zum Teil mit dem vermehrten Rückzug in exklusive Gemeinschaften, Stadtgangs und Banden einherging, vielleicht um eine dramatisch zugespitzte Form der all gemeingesellschaftlichen Tendenz zur Tribalisierung handele. Eine Form meist männlich-jugendlicher „Pseudoethnisierung" freilich, um einen Begriff *Hans-Georg Soeffners*[8] zu verwenden, die sich in den modernen Urwäldern, Sportstadien und Freizeitarenen gut inszeniert zur Schau stelle. Zum anderen diskutierten wohl besorgte, aber ohne Zweifel auch faszinierte Pädagogen und Medienwissenschaftler über die Zunahme fremdenfeindlicher Übergriffe von Hooligans, Skins und Neonazis und über die zur Nachahmung treibende Mediengewalt. Andere Beobachter wie beispielsweise *Hans Magnus Enzensberger* wollten gar eine sich global durchsetzende Tendenz zum autistischen Einzelkämpfer erkennen, an dem, so *Enzensberger* 1993, „besonders sein inszenatorisch-indifferenter Umgang mit traditionellen Symbolen und die Tatsache auffällt, dass er zwischen Zerstörung und Selbstzerstörung nicht mehr zu unterscheiden weiß".[9] *Peter Sloterdijk* entdeckte dagegen unter dem Eindruck von Camerons Terminator I und II[10], „in der reinen Aktion der 'Auslöschungszeremonie' einen neuartigen Rausch", einen Rausch, so *Sloterdijk*, in dem das männliche „Subjekt im Triumph über das getroffene und vernichtete Objekt zu sich kommt."[11] Der Autor phantasiert sich dabei gerne selbst „in archaische Wildformen ekstatischer Genugtuungen!"[12] und in „Imagines viriler Vollmacht"[13] von „Jäger- und Hordenzeit"[14] zurück. Selbst in weniger vom Gegenstand faszinierten und vor allem kulturanthropologisch ausgerichteten Vergleichsstudien wie dem Buch „Mythos Mann" von *David Gilmore*[15] oder den Feldforschungen von *Maurice Godelier*[16] und *Gilbert Herdft*[17] zur rituellen „Produktion von Männlichkeit" in Neuguinea, war der reflexive Ausgangspunkt die Frage nach der Bedeutung von Initiations- und Männlichkeitsinszenierungen in modernen Gesellschaften. So beobachtete auch *Stefanie von Schnurrbein* eine gewissermaßen symptomatische Attraktivität stammesgesellschaftlicher Initiationsrituale an der von *Robert Bly* in den achziger Jahren ins Leben gerufenen mythopoetischen Männerbewegung. „Hauptanliegen der Initiation in der Auffassung der Mythopoeten", so *Schnurrbein* 1997, „ist die Lösung des Jungen bzw. Mannes von der Mutter bzw. Frau. Erst diese Abgrenzung sei die unbedingte Voraussetzung für die Entwicklung einer männlichen Identität."[18] Die gegenwärtige Übermacht der Frauen habe zu einer „Krise der Männlichkeit" geführt, in der die Männer keine Autonomie dem Weiblichen gegenüber finden könnten. Das gelänge einzig durch Rückbezug auf die Figur des „archaischen Krieges" und Nachahmung der Mutrituale traditionaler Initiation.

Wofür steht nun kulturelle Männlichkeit, was repräsentiert der moderne Rückgriff auf angeblich archaische Muster? – und – worüber spricht die Gesellschaft eigentlich, auf welche Ängste und Veränderungen reagiert die Mehrheit, wenn sie sich fasziniert mit den gewaltsamen und sich selbst verletzenden Aktionen Jugendlicher beschäftigt? Stammesgesellschaftliche Initiationen, das sollte man nicht vergessen, waren kollektiv verbindliche Formen von Integration des Individuums und Selbstaffirmation der Gesellschaft. Die Initiation meint auch Einführung in eine anerkannte Position (Status), sei es im Rahmen der Generationenkette, die die Toten einschließt, sei es als Mann und Frau bei der Reproduktion und bei der Arbeit, sei es im kultischen Machtgefüge, das auf einen transzendenten Bereich verweist, sei es im Krieg.

2. Die 'Entdeckung' des Rituals um die Jahrhundertwende

Aufschlussreich für den hier zu untersuchenden Zusammenhang ist nun die Tatsache, dass die wissenschaftliche und kulturpolitische Suche nach neuen Ausdrucks- und Verarbeitungsformen von Krisen- und Veränderungserfahrungen bereits am Beginn des zwanzigsten Jahrhunderts zur Entdeckung des Rituals wie des Initiationsensembles geführt hat. Wir haben es somit nicht nur mit einer Aktualität, sondern mit unterschiedlichen Aktualitäten von Initiationsfaszination und Initiationstheorie im zwanzigsten Jahrhundert zu tun. Schon die erste Entdeckung des Rituals war jedoch unlösbar mit der Modernisierungsdynamik verknüpft. Folgen wir *Hans G. Kippenberg*, dann galt das für die wissenschaftliche „Entdeckung der Religionsgeschichte" allgemein, denn, so der Autor: „Die Erfahrungen, die Menschen mit ihr (der Moderne, U.B.) machten, bestimmten die Bedeutungen, die *Religion* damals angenommen hat."[19] Auf je spezielle Weise zeichneten die europäischen Forscher um Neunzehnhundert von den so genannten 'primitiven' Gesellschaften ein „ 'Vexierbild', das zwischen 'Verschiedenermachen' einerseits – wie *Levi-Strauss* betonte[20] - und 'Spiegelung' andererseits hin - und herkippen konnte".[21] *Fritz Kramers* Begriff einer „imaginären Ethnographie des 19. Jahrhunderts"[22] verweist mit Recht darauf, wie sehr in der „Darstellung der >fremden< Kultur" das ausgesprochen wird, „was in der bürgerlichen tabuisierte (oder sich erst ankündigende, U.B.) Wahrheit ist"[23].

2.1 Mänadischer Dionysos: Jane Ellen Harrison

Anhand von zwei höchst unterschiedlichen Beispielen soll nun zunächst diese frühe Aktualität von Initiationstheorien um Neunzehnhundert dargestellt werden. Wie *Sigmund Freud* folgt die Initiatorin der Cambridge Ritualists *Jane Ellen Harrison* dem archäologischen Modell und rekonstruiert die, von der, ihrer Überzeugung nach rationalen, olympisch-patriarchalen Poliskultur[24] verdrängten, gemeinschaftlichen Urformen „dionysisch-matrilinearer Religion"[25]. Ganz ein Kind ihrer Zeit, ist sie dabei auf der Suche nach „Ursprüngen". *Harrison* steht in der romantischen, aufklärungs- und evolutionskritischen Tradition, die bereits in den Arbeiten *Friedrich Creutzers*, *Karl O. Müllers* und *Johann Jakob Bachofens* nicht bloß ältere oder weniger entwickelte Schichten der (griechischen) Religion zu entdecken sich aufmachte, sondern unterdrückte mythische und rituelle Formen und Figuren wiederzufinden suchte.[26] Die bisher verschüttete mykenisch-minoische Religion steht in ihrer gruppenzentrierten und ekstatischen Ausrichtung nach *Harrison* in enger Beziehung zu tribalen Initiationsritualen. Der frühe religionspsychologische Ansatz der Forscherin wie er sich vor allem in *Prolegomena to the study of Greek Religion* von 1903 niederschlägt, ist freilich ohne *Nietzsches* Thesen aus der „Geburt der Tragödie" von 1872[27], dass die dionysische Erfahrung zugleich eine psychische und eine kollektive sei, und dass die Individuen während ihres orgiastischen „Zerbrechens" in der Rauscherfahrung[28] des Kultes zu einem neuen dionysischen Kollektivsubjekt verwandelt werden, undenkbar. Zentral sind für *Harrison* - sie lernt Nietzsches Text zuerst über den Religionswissenschaftler *Erwin Rohde* kennen - die autosuggestive Verwandlung in der Ekstase, das Einswerden mit dem Gott und die Bildung einer unentfremdet-harmonischen Gemeinschaft. Ihre nietzschekritische Abkehr von der mystischen Gemeinschaftsschwärmerei gelingt *Harrison* vor allem nach der Rezeption von *van Genneps* und *Durkheims* Ritualtheorien. Danach überträgt sie systematisch, darin *Tylor* und *Frazer* folgend, Vergleichsmaterial aus der ethnologischen Forschung auf die 'erhabene' Religion der Griechen. Mehr oder weniger im Alleingang radikalisiert die Autorin nun ihren ritualistischen Zugang und macht den Initiationskomplex für die Erforschung der antiken griechischen Mythen und Rituale fruchtbar[29]. Auch nach ihrer soziologischen Wende bleibt *Harrison* antiklassizistisch von dem wilden formzerstörenden Gott Dionysos – für sie im Gegensatz zu Nietzsche vor allem ein Gott der Frauen – fasziniert. Nun verortet sie jedoch dessen Zerreißungs- und Wiedergeburtsschicksal als Dionysos Zagreus sozial und verknüpft es mit dem symbolischen Sterben und Auferstehen des Neophyten im Initiationsritual. Anstoss für diese Konstruktion war der archäologische Fund des so genannten Kuretenhymnus auf Kreta, den die Forscherin in ihrem Buch Themis von 1912 als Beschreibung eines wirklichen Initiations- oder Waffentanzes deutete, der dann auch von den mythischen Kureten beziehungsweise den Titanen um das Knäblein getanzt wurde.

Hob *Nietzsche* noch 1872 ontologisierend von der griechischen Kultrealität ab, um einen „neuen" Kult im und um das Werk Richard Wagners begründen zu helfen, so versucht die Altertumskundlerin *Harrison* nicht allein durch Texte sondern auch auf den Spuren Pausanias - vor Ort - anhand von Vasenbildern und Skulpturen, die konkrete Ritualpraxis bis hinein in Gestik und Masken zu rekonstruieren. Bei *Harrison* werden Rituale besonders als Darstellungsmodi des gesteigerten kollektiven Lebens stark gemacht. Sie ermöglichen aber auch den Distanz-Raum - hier kommt sie *Aby Warburgs* Gedanken nahe - zwischen den Affekten und ihrer unmittelbaren - oft genug zerstörerischen - Realisierung: „It is out of delay, just the space between the impuls and the reaction, that all our mental life, our images, ideas (...) most of all our religion, arise."[30] Ganz in Durkheimscher Tradition stellt für sie der rituelle Fest- und Tanzraum Medium und Ursprung der religiösen Vorstellungen dar. Dionysos, der im Kureten-Hymnus zum Erscheinen und Mittanzen aufgefordert wird, bedeutet dann zuerst die Verkörperung der Gruppenaffekte. Das ist er freilich - hier bleibt *Harrison* religionskritisch - sowohl als Opfer, das von den Titanen zerrissen und gekocht wird, wie auch als „Größter der Koureten", also als junger Mann im Prozess der Initiation. *Harrison* provozierte mit ihrem exzentrischen Auftreten als weibliche Forscherin und ihrem ritualistischen Blick auf die Religion der Griechen die vom

Puritanismus und durch den Klassizismus geprägte nachviktorianische Gesellschaft. Es ist daher kein Zufall, dass Themis weniger in England und Deutschland dafür aber in Frankreich und dort im Umkreis des Collège de Sociologie rezipiert wurde.[31] Einen gewissen kulturellen Einfluss hatte *Harrison* in England jedoch auf die Herausbildung von Intellektuellen- und Künstlerkreisen, wie etwa den *Bloomsbury Kreis* mit *Virginia Woolf*[32], in denen sich auch für Frauen die enge viktorianische Konvention zu lockern begann.

2.2. Die Erfindung des Männerbundes: Heinrich Schurtz, Hans Blüher und die deutsche Kulturdebatte

Ganz anders verlief die „Entdeckung" des Initiationsensembles im wilhelminischen Deutschland. Hier war es zunächst der liberale Bremer Volkskundler und Ethnologe *Heinrich Schurtz*, der in seinem Buch Altersklassen und Männerbünde von 1902 das reiche ethnographische Material zum Thema Initiation aus den Kolonien sammelte und auswertete. Weitaus bedeutsamer jedoch als seine wissenschaftliche Rezeption war die immense kulturpolitische Wirkung, die das von Schurtz untersuchte stammesgesellschaftliche Organisationsmodell des „Männerbundes" in der deutschen Kulturdebatte ausüben sollte. Männerbund[33] nannte Schurtz den Zusammenschluss gleichaltriger Jungen, der sich während der Initiation bildete. Aus dieser ursprünglich vorübergehenden Institution hatte sich in den meisten indigenen Gesellschaften die feste Institution einer frauenlosen männlichen Vereinigung entwickelt, von der in der Folge und das bis in die Gegenwart hinein, so die Schurtzsche These, alle kulturelle Höherentwicklung ausgehe. Der von Schurtz geprägte Begriff des Männerbundes fand begeisterte Aufnahme in seiner Zeit. Mitten im Modernisierungsprozess, der die patriarchale Institution der Ehe ebenso erschütterte, wie er den Generationenkonflikt zuspitzte und die paternalistischständischen Strukturen der Arbeit aushöhlte[34], beginnt die rigorose stammesgesellschaftliche Geschlechtertrennung und das initiatorische Modell reiner Knaben- und Männergemeinschaften an Faszination zu gewinnen. Dieses jedoch außerhalb der sozialen Organisation von Arbeit, vielleicht sogar als eine Reaktion auf ihre extrem beschleunigte Kapitalisierung. So verbanden sich in der frühen Jugendbewegung die Flucht aus dem väterbeherrschten bürgerlichen Dasein, seiner rationalen und traditionalen Organisationsformen, mit der Hinwendung zum Außeralltäglichen, vermeintlich „Natürlichen", „Idealischen" und „Ursprünglichen". Freilich war es nicht *Heinrich Schurtz*, der selbst keinem aktuellen Pendant zum

stammesgesellschaftlichen Männerbund nachstrebte, sondern der jugendbewegte *Hans Blüher*[35], der den Begriff des Männerbundes, ebenso jedoch seine homoerotische Basis zu einem zentralen Bestandteil der deutschen Kulturdebatte machte. Blüher bezog sich zwar direkt auf Schurtz, löste dessen liberale Geselligkeitstheorie jedoch auf, indem er die Bildung des Männerbundes zu einer Schicksalsangelegenheit erklärte. So schreibt er 1918 in „Familie und Männerbund" eine direkte Antwort auf Schurtz, die zugleich als Baustein zu seiner 'männerbündischen' Staatstheorie gelten kann: „Ein Gesellungstrieb - falls es so etwas als ursprüngliches, triebhaftes Element überhaupt geben könnte - trüge in sich das Zufällige, Gelegentliche, Unverbindliche;
(...). Wir spüren es diesem Begriff aber von weitem an, dass er nicht ausreicht, jenes schwer wiegende Schicksal zu erklären, das die Menschen-Tierart getroffen hat. (...) Die Spur der Staatsbildung beim Menschen reicht vielmehr ganz in den Eros hinab (...). Die Männerbünde (...) sind Produkte der Sexualität, und zwar der mann-männlichen." [36] Nach *Blüher*, ist es „ein irrationales Element" des mann-männlichen Eros, das den Männerbund zu einem Organismus mache und ihn vom bloß „rationalen Interessen- und Zweckverband" oder einer bloß „organisatorischen" Assoziation wie dem Verein[37], unterscheide. Im Männerbund „verpfändet", so Blüher 1918, „der Mann sein bestes Wesen dem Manne."[38]. Im Gegensatz zu den vorübergehenden Männerbünden der Altersklassen bilde der Männerbund in der modernen Gesellschaft zudem die Basis des Staates. Für viele Beobachter verkörperte sich zuerst im Wandervogel eine entscheidende Entwicklung der Zeit: die Selbstdarstellung der Jugend als eigener Stand und nicht länger als bloße Vorbereitungszeit für das Alter, das sollte am 1913 „Hohen Meißner" Programm werden. *Blüher* sah in den „Baccanten unter Führung *Karl Fischers*"[39] auch die Keimzelle eines sozialen Organisationstyps, der sich um einen charismatischen Führer, den sogenannten „Männerhelden" schart. In seiner Autobiographie notiert er:

„Die Existenz der Männer-Jugendbünde - sofern sie nicht bloße Zweckverbände sind und den Namen Bund nicht verdienen - ist verursacht durch die Männerhelden und ihre Varianten. Nimmt man diese heraus, so bricht alles zusammen."[40] Dieser neue Organisationstyp grenzt sich in radikaler Form von der Familie und den rationalen Zweckverbänden so *Blüher* 1918 ab, wie sie eine Frauen einschließende demokratische Kultur auszeichne, denn: „Einem Zweckverbande können (...) mit vollkommener Gleichberechtigung auch Frauen angehören, was bei den Männerbünden naturgemäß unmöglich ist. "[41]

2.3 Krieg als Initiation

Weder die Blutsverwandtschaft und Tradition wie bei Familie und Gemeinschaft, noch die rationale zweckgerichtete oder vertraglich geregelte Assoziation Einzelner wie in der modernen Gesellschaft, um den von *Ferdinand Tönnies* gebildeten Begriffsgegensatz zu verwenden, sondern das Ergriffensein des Einzelnen im Kollektiv durch „aktuelle Gefühlserlebnisse sind für den Bund konstitutiv"[42], so der Soziologe und George-Anhänger *Herman Schmalenbach* 1922. Durch sie werden die Individuen „zusammengeschweißt"[43] Der Männerbund, sein charismatischer Herrschaftsstil und sein „Führer" erhalten in der Folge ein religiöses Gepräge. Die Religionsforschung hat nicht wenig zur kulturpolitischen Karriere des Initiationsensembles beigetragen. Besonders ist hier *Lily Weiser* zu nennen, die in ihrer Habilitation mit dem Titel „Altgermanische Jünglingsweihen und Männerbünde" 1927 die Jungen-Initiation völlig aus ihrer funktional-konkreten gesellschaftlichen Verankerung löst, um in ihr vor allem, ich zitiere, das „prälogische Erlebnis des Ergriffenseins" zu entdecken. *Weiser* führt aus: „Der Kern dieser Erlebnisse ist ekstatischer Art; ein Berührtwerden (...) von einer übermenschlichen Macht."[44] Diese rauschhafte Macht verkörpere sich vor allem in den kriegerischen Ahnen, mit denen die neuen, noch lebenden Krieger während der Initiation verschmelzen. An die Stelle einer romantisch überhöhten Natur als jenseitiger Verwandlungsraum im frühen Wandervogel trat nun mit aller Macht der Krieg.

Es war jedoch *Ernst Jünger*, der in seiner ritualistischen Lesart des Krieges die Sphäre des Kultes wieder mit der der Arbeit und damit der technischen Rationalität verband. Das macht neben der mythisierenden die modernediagnostische Potenz seiner Werke aus. Im Zentrum der Umdeutung des Krieges zu einem „Kampf" und „inneren Erlebnis" steht das Opfer des bürgerlichen Individuums. Aus seiner Asche erhebt sich eine neue „Rasse", so *Jünger*, die es gelernt hat, ich zitiere weiter, die „Todeszone zu beherrschen"[45] im „Typus des Arbeiters", so der Kommentar *Helmut Lethens*, realisiert sich „der Traum von der Synchronisation des Organismus mit der Gerätewelt."[46] Um seiner initiatorischen Interpretation der tödlichen Kriegserfahrung zusätzliche Bedeutung zu verleihen, greift *Jünger* auf den damals national hochbesetzten Topos der „Jugend von Langemarck" zurück. Vor seiner völligen Vereinnahmung durch den nationalen Opferdiskurs, diese Dimension betont *Thomas Macho*[47], halten vor 1933 unzählige Sänger des Mythos von Langemarck an dem klassischen Ritualmodell fest und erzählen davon, wie Langemarck, es folgt ein exemplarisches Beispiel, „unserer ganzen Zeit als Feuerprobe gegeben ist, um uns alle zu

Männern reifen zu lassen."[48.] Ernst Jünger hingegen funktioniert in seiner Deutung des Kriegserlebnisses das Initiationsmodell in der Weise um, dass aus dem 'Stahlbad' und der 'Feuertaufe' nicht ein Individuum als reifer Mann ersteht, sondern eine gleichsam aus Organischem und Anorganischem zusammengesetzte posthumane Gestalt, ein Revenant und Doppelgänger des neuen Todes, der von nun an immer im Kampf arbeitet und arbeitend kämpfen wird und nicht nur gegen jede Bedrohung, sondern gegen jedes Gefühl, von der Tötungswut einmal abgesehen, gefeit ist. Das bürgerliche Individuum soll ausgelöscht werden. *Jünger* schreibt: „Was stirbt, was abfällt, ist das Individuum als der Vertreter geschwächter und zum Untergang bestimmter Ordnungen. Durch diesen Tod muss der Einzelne hindurch, gleichviel ob seine dem Auge sichtbare Laufbahn durch ihn beendet wird oder nicht, und es ist ein guter Anblick, wenn er ihm nicht auszuweichen, sondern ihn im Angriff aufzusuchen strebt."[49] Der Rückgriff auf Initiationspattern und -mythen geschieht hier wie ein Reflex auf Schock und Trauma. Am Beispiel Jüngers wird jedoch auch deutlich, wie sehr die Spuren der Umdeutung des Grauens in ein Mysterium selbstzerstörerische Fluchtwege aus den „Schrecken der Geschichte" bezeichnen - Fluchtwege, die zur Wiederholung oder gar Übertrumpfung des Schreckens geführt haben.

Was hat vor dem Hintergrund dieser frühen Interdependenz zwischen wissenschaftlichen Initiationstheorien und politischer Kultur nun der Rückgriff auf Fragmente aus Initiationsritualen inmitten einer vollends dynamisierten Gesellschaft zu bedeuten, einer Gesellschaft, in der sich nicht allein die Arbeitswelt in ständigen Übergängen befindet. Im Folgenden sollen aus der Gegenwart heraus neuere Theorien der Initiation nach Begriffen und Modellen befragt werden, mit deren Hilfe die Initiationsfaszination in der Moderne verstehbar wird.

3. Turner, Burkert, Bettelheim, Eliade: Theorien der Initiation

Nach seiner ersten Konjunktur am Anfang des zwanzigsten Jahrhunderts wurde der Initiationskomplex ungefähr zeitgleich von vier Autoren in den sechziger Jahren wieder in die Debatte um Mythos und Ritual gebracht: dem Religionswissenschaftler und Gräzisten *Walter Burkert*, dem Religionsphänomenologen *Mircea Eliade*, dem Psychoanalytikern *Bruno Bettelheim* und dem Ethnologen und Kulturwissenschaftler *Victor Turner*. Vor allem in Victor Turners Werk entwickelte sich der Inititationskomplex zum Nucleus einer von den Stammesgesellschaften bis in die modernen Gesellschaften ausgreifenden Kulturtheorie[50]. Seiner immensen Wirkung auf die Kulturwissenschaften gilt das Interesse der Autorin im Folgenden. Es stehen also vor allem die Werke und theoretischen Modelle Turners im Zentrum der Diskussion, von denen diese Breitenwirkung[51] seit rund zwanzig Jahren ihre Dynamik erhielt und nicht die frühen im engeren Sinne ethnologischen Fallstudien.

Der Blick, den Turner auf rituelle Prozesse richtete, war nicht in erster Linie auf ihre statischwiederholende und sozial stabilisierende Funktion gerichtet, sondern auf ihre Veränderungspotenz. Das kollektive Spiel der Rituale bot für ihn einen Erfahrungsraum, in dem das, was in der Normalität alltäglicher Beziehungen und im Ensemble sozialer Positionen nicht verhandelbar war, ausgedrückt wurde. Der Ethnologe Turner untersuchte zuerst vornehmlich Stammesgesellschaften, die ihrem Selbstverständnis gemäß eher an einem zyklischen Zeitverständnis und einer auf die Stillstellung von Geschichte zum Erhalt stabiler Formen und Ursprungsnähe orientierten mnemotechnischen Option festhalten. Selbst diese „kalten" Gesellschaften, um einen Begriff von Levi-Strauss zu zitieren, deren Ziel die Fixierung möglichst gleich bleibender Sozialstrukturen ist, erfahren, so Turners These, Veränderung und Formlosigkeit nicht allein als Bedrohung, sondern als Potentialität. Refugium dieser, mit Turners Worten, „experimentellen Sphäre der Kultur"[52] sind die Übergangsrituale. *Turner* knüpft an *van Genneps* dynamistisches Ritualkonzept der dreiphasigen Rites de Passages von 1909 an und konzentriert sich auf die soziale und religiöse Bedeutung von Liminalität als eines unstrukturierten, intermediären Zwischen- und Mischungsraums. Die Qualitäten von Liminalität werden nun modellartig in mehreren Texten von Turner anhand der Initiationsrituale der Jungen vorgeführt, weil es dort eine relativ reich ausgestaltete und lang andauernde Schwellenphase gibt und weil ihre zumeist kollektive Durchführung einen exemplarischen Experimentierraum alternativer Sozialformen biete. Ich folge in meiner Darstellung zunächst diesem Turnerschen Ansatz aus „betwixt and between" und verhandele die übrigen Initiationstheorien im Prozess der Rekonstruktion selbst.

Im Grenzraum zwischen dem mütterlich-weiblich dominierten Zustand des Kindseins und dem meist von den alten Männern repräsentierten Formen des Erwachsenseins befindet sich der Initiand „betwixt and between", so der Titel eines berühmten, 1967 publizierten Essays von *Turner*[53]. Er ist nicht mehr Kind und noch nicht Mann, formlos, wild, im Grunde sozial unsichtbar. In der Schwellenphase steht das rituelle Subjekt somit in einem leeren Raum zwischen allen Axiomen und vorgegebenen Polaritäten und Hierarchien der Gesellschaft: zwischen den Geschlechtern, zwischen Herrschaft und Knechtschaft, ja selbst, und das ist entscheidend, zwischen Leben und Tod. Der Initiand ist von Ambiguität gekennzeichnet. Die Symbolisierungen dieser Ambiguität weisen nun eine kulturübergreifende Ähnlichkeit auf, die bereits in beeindruckender Fülle in der vergleichenden Studie von *Mircea Eliade* zur Initiation von 1958[54] zum Ausdruck kommt. Der Novize ist ein marginalisierter Grenzgänger. Als sozial gestorbenes „Übergangs-Geschöpf" tritt er in den Bereich des Todes und der Verwesung d.h. der Schrecken erregenden Formauflösung ein. Diese, von Eliade auch als Chaos-Unterwelt bezeichnete Sphäre ist oftmals mütterlich-weiblich konnotiert. Neben dem weiblich bestimmten Reich tödlich-lebendiger Formlosigkeit tritt das rituelle Subjekt in eine zweite Verbindung zum Tod, die es dem männlich konnotierten Herrschaftsraum der Ältesten annähert und diesen zugleich transzendiert: der Initiand tritt in Beziehung, ja er verschmilzt mit den heiligen Toten. Er hat vielfältige Prüfungen zu bestehen und imitiert die Gründungstaten der heroischen Ahnen. Oft genug ist der Neophyt im mythischen Ausdruck und im Geschehen der Rituale der heroische Ahn, der Jäger und das wilde Tier, Opfer und Täter zugleich. Diese kulturübergreifend auffällige „Ambiguität (ritueller) Rollen"[55], so *Klaus-Peter Köpping*, hat in der Geschichte des Aktaion, der sich vom wissbegierigen Jäger in das von den eigenen Hunden zerfetzte Wild verwandelt, einen abendländischen Protagonisten. Ganz passives Opfer wird der Novize jedoch während der rituellen Prozesse, die ein Wiedereintauchen in den oft als animalisches Ungeheuer dargestellten Todesraum symbolisieren. Das verschlingende Maul-Bauch-Monstrum zeichnet sowohl fressend verdauende als auch wiedergebärende Qualitäten aus. Unter der Regie der männlichen Initiationsmeister wird dieser animalisch-mütterlich bestimmte Vorstellungs- und Angstkomplex, Eliade spricht gar von einem regressus ad uterum[56], zuweilen auf die Figur eines nicht minder gierigen großväterlichen Urahnen übertragen. Dieser verschlingt in den Mythen seine Kinder, gibt sich jedoch im Kult glücklicherweise auch mit Schweinen oder anderen Opfertieren als Ersatz zufrieden. Falls ein Junge während der Prozeduren sterben sollte, ist er versehentlich, so eine Erklärung, in den für Schweine reservierten Magen geraten. Im Inneren der Initiationshütte werden die Neophyten von maskierten Männern auf vielfältige Weise gemartert, meist beschnitten und belehrt. Nach *Mary Douglas* ist das, „was in das menschliche Fleisch geschnitten wird, ein Bild der Gesellschaft."[57] Am Ende der manchmal Jahre dauernden Seklusionszeit ist der Initiand, kultisch gesprochen, als Stammesmitglied durch die männlichen Gemeinschaft „wiedergeboren". Die Bindung an die mütterliche Welt ist gelöst, die Geburtsqualität auf die Männergesellschaft übertragen und die kulturell herrschende Geschlechterdifferenz in der nächsten Generation verankert. Turner unterschlägt bei der rituell inszenierten Übernahme weiblicher Potenzen und bei der initiatorischen Androgynie in seinem modellartigen Text „betwixt and between" die Dimension von Macht und Geschlechterkonflikt und das, obwohl er gerade die Konfliktreflexion in seinen frühen Fallstudien, aber auch in „The Ritual Process" von 1969 sehrwohl herausgearbeitet hat. Er betont 1967 einzig die theatral-schöpferische Dimension von Liminalität und resümiert: „Liminality may be partly described as a stage of reflection. During the liminal period, neophytes are alternately forced and encouraged to think about their society, their cosmos, and their powers that generate and sustain them. (...) Liminality is the realm of primitive hypothesis, where there is a certain freedom to juggle with the factors of existence."[58] *Turner* ist gleichwohl kein Romantiker. Er ist sich als Ethnologe darüber im Klaren, wie eng die Grenzen im Rahmen der liminalen Phase eines stammesgesellschaftlichen Pubertätsrituals gezogen sind. Letztlich, so betont er, ist die Verkehrung der Welt in der Schwellenphase „zugleich kollektiv verbindliche Pflicht"[59] sie mündet in mechanische Solidarität und die Bestätigung der gegebenen Geschlechter- Arbeits- und Sozialstruktur ein.

Dennoch, so ganz ohne verändernde Spuren bleibt die Erfahrung der Liminalität, besonders dort, wo sie von einer Altersklasse kollektiv erlebt wird, für die Gesellschaft als ganze nicht. Ausgesprochener theoretischer Kern der Turnerschen Darstellungen ist daher das, was er das zweite Modell menschlicher Sozialbeziehungen nennt. Im Gegensatz zu „»Gesellschaft«, verstanden als System sozialer Positionen", so der Autor in „Das Ritual" von 1969, meint communitas „die andere Dimension von Gesellschaft", in der Individuen, in einer „konkreten, historischen" und unmittelbaren" Beziehung aufeinander zugehen: „Diese Individuen sind nicht in Rollen oder Statuspositionen aufgeteilt, sondern stehen sich eher in der Art des Martin Buberschen 'Ich und Du' gegenüber. Mit dieser direkten, unmittelbaren und totalen Konfrontation menschlicher Identitäten geht ein Modell von Gesellschaft als homogener, unstrukturierter Communitas einher, deren Grenzen sich idealerweise mit denen der Menschheit decken." [60] Fern jeder Sozialstruktur sei „existentielle Communitas", so träumt der Autor 1969 in den USA wohl eher mit Blick auf die Protestbewegungen seiner Zeit als auf die 'ideale' Stammesgesellschaft weiter, die Begegnung gleichberechtigter Individuen, Männer und Frauen. Sie ist „spontan, konkret und vor allem flüchtig." [61]

Im Gegensatz zu Turner deutet der Gräzist *Walter Burkert* das symbolische Sterben im Initiationsritual als rituelle Kanalisierung realer Gewalt, die von den erwachsenen Männern auf die heranwachsende Generation gerichtet sei. In Homo necans schreibt er: „...nicht weniger dramatisch wird der Generationenkonflikt ausgestaltet in den Initiationsritualen (...) der Initiand kann selbst zum Opfer (ge)macht (werden), auf ihn konzentriert sich die Aggression der Gruppe, er wird getötet - symbolisierend freilich nur; schließlich wird doch ein Opfertier substituiert, doch höchst reales Blutvergießen und ausgesuchte Arten von Quälereien garantieren den Ernstcharakter des Ritus".[62] *Walter Burkert* beschäftigt sich in diesem Zusammenhang auch ausführlich mit der, im Schicksal der Persephone sich ausdrückenden, „Mädchentragödie". Für ihn sind die mit den Initiationsritualen beider Geschlechter verbundenen Mythen von Raub und Mord, „kollektive Phantasien, die das Realgeschehen der Rituale mörderisch zu Ende denken."[63]

Zu dem rituell gerahmten Spielraum 'betwixt and between' im Initiationsgeschehen gehört die Mimesis ans andere Geschlecht. Neben Margaret Mead ist es vor allem der Psychoananlytiker *Bruno Bettelheim*, der in seinem 1954 erschienenen Buch „Die symbolischen Wunden" die Bedeutung der Geschlechterbeziehung für die Dynamik von Pubertätsritualen hervorhebt. Für ihn sind Initiationsrituale, wie noch in der Deutung von Theodor Reik, keine väterlich-kastrierenden Agenturen des Generationenkampfes. Sie sind vielmehr aus dem Bedürfnis entstanden, „die gegenseitige Sexualangst und den daraus erwachsenen Neid zwischen den Geschlechtern zu bewältigen".[64] Ihr Anliegen sei es, 'Ordnung' in die 'chaotischen Triebwünsche und -ängste' zu bringen." Auch andere, nun weniger funktionalistische nachfreudianische Initiationstheorien heben hervor, dass es „im Kampf um Maskulinität", so zusammenfassend bei *Gilmore*, „nicht nur um einen Kampf gegen die ödipalen Inszest- und Tötungswünsche, sondern um einen Kampf gegen die regressiven Wünsche und Phantasien (...) gehe, die mit der frühen Mutterbindung"[65] verbunden waren.

In völlig anderer Weise setzt sich *Mircea Eliade* in seinen kulturvergleichenden ontologischen Studien mit der Initiation auseinander. Für ihn ist die moderne Angst vor Tod und Weltuntergang, wie er sie vor allem bei den Atomkraftgegnern zu erkennen glaubte, Ausgangspunkt für ein Heilungsangebot an die Moderne aus dem Geist archaischer Religionen denn, so der Autor „... in den Augen eines Primitiven und eines gläubigen Menschen ist das schreckliche Angsterlebnis unerlässliche Voraussetzung für die Geburt eines neuen Menschen."[66] Eliade verbleibt in seiner Theorie in religiöser Binnensicht. Wie *Klaus Heinrich* schreibt, geht es hier „um die romantisierende Rückbindung an den Glauben von der ewigen Wiederkehr - =bis zur kulturellen „Einordnung" und Verharmlosung der Angst vor dem Weltende in unserer heutigen Zivilisation als einer Wiedergeburts- und Initiationsangst."[67] Der in den Ritualen eingetragene symbolische und reale Gewalt- und Opferzusammenhang interessiert *Eliade* wenig. Wenn er ihn benennt, dann deutet er ihn als eine besondere „spirituelle Erfahrung", die, den archaischen Menschen im Tode „die Heiligkeit der menschlichen Existenz"[68] offenbare und zu einer wahrhaften „Verwandlung 'im Geiste'"[69] führe. Insgesamt wird dem modernen Menschen nahe gelegt, die Weisheit von Tod und Wiedergeburt neu zu entdecken, besonders weil er damit ein exzellentes Medium in den Händen halte, so *Eliade*, den „Schrecken der Geschichte"[70] zu entfliehen.

4. Aktualität: Selbsinitiation und Erlebnisgesellschaft

Vor welchem Schrecken fliehen, auf welche einschneidenden Veränderungen antworten und wogegen protestieren nun die selbstinszenierten Stigmatisierungen, Mutproben und Todesbegegnungen Jugendlicher in unserer Gegenwart? Allgemein steht die heutige Verwendung und 'Erfindung' von Ritualen und Inititionsfiguren im beschleunigten Prozess der Auflösung sozialer Netze und damit unter dem Zeichen der Individualisierung: Die 'Sorge um sich selbst' hat sich aus der selbstreflexiven Innerlichkeit heraus über die Suche nach Selbstverwirklichung in den siebziger Jahren zu einer neuen Expressivität permanenter Überschreitung verwandelt. Ausgehend von der sozial hochbedeutenden Funktion klassischer Übergangsrituale haben wir es gegenwärtig mit einer durch den Prozess der Entzauberung hindurchgegangenen Gesellschaft zu tun. Einer Gesellschaft, deren vertikales Generationen- und Traditionsgefüge nur noch marginale Bedeutung hat, in der Geburt und Tod in Formen medizinischer Rationalität und als solche manipulierbar erscheinen und deren traditionale Geschlechterrollen porös geworden sind. Mehr denn je ist das Individuum dazu aufgefordert, Krisen und Übergänge, sowie seinen Eintritt ins Erwachsenenleben selbst zu meistern, kurz gesagt, sich selbst zu erschaffen.

Andererseits haben sich Initiationssuggestionen auf den gesamten Bereich unserer Erlebnis- und Ereigniskultur ausgedehnt und sich weitgehend aus der Sphäre der Arbeit und der Politik gelöst. Entbehren Ritualisierungen heute einerseits ihre sozial synthetisierende Rolle, so scheint in unserer Gesellschaft andererseits alles erst als Inszenierung und (mediales) Ereignis eine Bedeutung zu erhalten. Nicht allein, dass eine „in Ereignisketten zerlegte" Realität, ja „ >Ereignis< selbst einen „gewalttätigen Zug hat", so *Klaus Heinrichs* Diagnose der gegenwärtigen Konsum- und „Suchtgesellschaft", auch bei der Darstellung realer Katastrophen wird „jede Möglichkeit der visuellen Steigerung ausgeschlachtet, die Phantasmagorien laufen der Realität (...) davon."[71] Im Gegensatz zu den kollektiv verbindlichen Initiationsritualen zeigen die zum Teil völlig isoliert 'veranstalteten' heutigen Selbstinszenierungen Jugendlicher Suchtcharakter. Glaubt man den wenigen empirischen Studien[72] zum Thema, dann müssen die 'Prüfungen' immer risikoreicher und gefahrvoller werden, um den nötigen thrill auszulösen. Die Magie von Grenzgängertum und Gefahr, thrill, Schmerz und Rausch ist dabei heute nicht allein in homogenen Männergruppen zu entdecken, sondern bestimmt in steigendem Maße in Form von Extrem- und Abenteuersport die aktuelle Freizeitkultur. Von der Gefahr einer Wiederverwandlung des Staates in einen ritualistischen Ordens- und Männerbund sind wir angesichts dieser Tendenzen, meines Erachtens, weit entfernt. Auf eine Verunsicherung männlicher Identität deutet die inszenierte Virilität durch Skins und ähnliche Gruppen jedoch allemal hin. Neben androgyner Zeichen in der Mode kann man zudem von einer vermehrten Attraktivität viriler Muster durch Mädchen und Frauen sprechen und das nicht allein angesichts zunehmender Beteiligung von jungen Frauen an Risikosportarten sowie sich mehrender weiblicher Heroinen und Drachenkämpferinnen auf der Leinwand und in Computerspielen, sondern auch angesichts des Eindringens von Frauen in ehemals männlich-homogene Institutionen, nicht zuletzt das Militär.

Im 19. Jahrhundert bestimmten vor allem nationale Symbole und Mythisierungen die kollektiven Selbstinszenierungen auch solche männlichen Heldenmutes. Zudem war der Modernisierungsprozess in Preußen immer wieder vom erfolgreichen Widerstand konservativer Machteliten gesellschaftspolitisch gebremst und romantisch verinnerlicht worden. Diese speziell deutsche Ungleichzeitigkeit gesellschaftlicher Entwicklung gipfelte in den politischen Mythisierungen des Zweiten Kaiserreichs. Gleichzeitig erfuhr Deutschland in dieser Zeit einen radikal dynamisierten, alle Beziehungen und soziale Formen erschütternden Industrialisierungsprozess. Aktuell beobachten wir im Zusammenhang einer erneut gesteigerten Veränderungsdynamik des globalisierten Kapitalismus die Marginalisierung produktiver Industriearbeit und die zunehmende Auflösung verbindlicher Arbeitsformen. Zuletzt wiesen vor allem *Richard Sennetts* Studien zum flexiblen Kapitalismus eindrücklich auf die Leerstelle hin, die sich für das Individuum auftut, wenn die originär protestantische Methode seiner Rechtfertigung durch die innerweltliche Askese der Arbeit erschüttert und entwertet wird. Das Individuum gerät in den Sog des Drift. Drift nennt Sennett das Gefühl emotionaler Auflösung, das mit der Verflüssigung von Berufsarbeit in Jobs einhergehe. „Wenn das 'Pathos der Arbeit' und die vermittelnde Bedeutung der Symbole verschwindet", so folgert *Sigrun Anselm*, „werden private Erlebnis-Momente zur Gnadenerfahrung erhoben"[73] Der Kultursoziologe *Gerhard Schulze*, der den treffenden Begriff von der „Erlebnisgesellschaft" prägte, ordnet daher zu Recht die geschlechterübergreifende Faszination von Gefahr, Schmerz und Rausch in die allgemeine Erlebniskultur unserer Zeit ein. Was „Noch zum Ende der fünfziger Jahre, so *Schulze*, allenfalls Merkmal halbstarker Subkulturen war, ist heute zu einem dominanten Muster der Massenkultur (geworden)."[74]

Schaut man sich die genannten Ritual- und Initiationstheorien an, dann fällt ihre unterschiedliche Aktualität auf. Wohl haben fast alle Theorien den Moment ober die Phase der „Verwandlung" das „Erlebnis" des Durchgangs durch den Tod und die Wiedergeburt thematisiert, das jedoch auf recht verschiedene Weise. Eliade begrüßt das Verschwinden des Individuums im Ursprungsgeschehen als „Absterben der profanen, historischen Existenz" und „Erhebung ins Heilige", damit hat er bis heute viele so genannte Mythopoeten und selbst ernannte Neoschamanen angeregt. Die Ritualtheorie *Turners*, der der Autor kurz vor seinem Tod noch, unter Bezug auf Dilthey, den Titel „Erlebnisanthropologie" gab, erhält auf die Moderne ausgeweitet, einen ins Beliebige verschwimmenden Zug[75]. Der Rekurs auf und der Einsatz von Liminalität gewinnt jedoch Brisanz, das betont *Erika Fischer-Lichte*[76], als Potential einer 'subjektiven Kultur' nicht allein für Performance- und Theaterexperimente, sondern für einen neuen Blick auf die gesamte Kultur der modernen Gesellschaften[77]. Darüberhinaus erhalten Figuren der Marginalität, des Übergangs und der Übergangsräume, so Homi *Bhabha*[78], vor dem Hintergrund der Globalisierung neue heuristische Relevanz in den Kulturwissenschaften. Bruno Bettelheim meint auch mit Blick auf moderne Gesellschaften, dass Jugendliche symbolische Initiationen ebenso brauchen wie Kinder Märchen, um ihre zerstörerischen Trieb- und Angstregungen zu integrieren. *Mario Erdheim* sieht hingegen in der verlängerten modernen Adoleszenz selbst ein für die Gesellschaft entscheidendes liminales Veränderungs- und Experimentierpotential[79]. Mit *Walter Burkert* andererseits schärft sich der Blick für die zentrale Rolle von Opfer, Tod und realer Gewalt hinter und in Ritualisierungen. Angesichts moderner Kriegsgewalt warnt er jedoch davor, „uns in humanem Fortschritt über die blutigen Riten der Vergangenheit leichthin zu erheben."[80]

Glaubt man den aktuellen Film-Mythen des science fiction, dann ist es die imaginäre Riesenkatastrophe, mit der das beliebte survival training in der Wildnis ebenso jedoch alle inszenierten Todesbegegnungen inmitten unserer Risikogesellschaft insgeheim kommunizieren. Könnte es nun sein, dass die jugendliche Faszination von Extremrisiko, Gewalt und Selbstverstümmelung nicht nur eine radikale Variante des allgemeinen Erlebnishungers ist, sondern darüber hinaus und zugleich dagegen einen unbewussten Gewaltzusammenhang zum Ausdruck bringt? Einerseits hat *Slavoj Zišek* recht, wenn er in einer in Dezember 1999 in Essen gehaltenen Rede behauptet, dass heute alle, „schockierenden Exzesse (...) und Grenzüberschreitungen teil des Systems selbst geworden (und damit domestizierbar) sind", andererseits aber ist unverkennbar, dass Tabuverletzungen dieser Art nach wie vor enorme Diskursanstrengungen in der Gesellschaft und ihren Medien hervorrufen. Das liegt meines Erachtens daran, dass hier ein Impuls bis in ein real, das heißt körperlich verletzendes Extrem geführt wird, welcher der Sucht nach dem ergreifenden Erlebnis allgemein unterliegt: die Sehnsucht nämlich, im Rausch des Schwindel erregenden Sprungs sich selbst auszulöschen und - darin dem Malstromfahrer Edgar Allan Poes folgend - für einen Moment die Spannung zwischen Innen und Außen, ja sogar die zwischen Leben und Tod zu überwinden. Von den Akteuren selbst aber auch von literarischen Autoren wie den jungen englischen Dramatikern *Mark Ravenhill* und *Sarah Kane*[81] hört man, dass es bei der Suche nach Todesnähe, Schmerz und Gewalt, vor allem darum gehe, sich überhaupt noch als „real" zu erfahren. Der soziale Raum wird in die eigene Regie genommen und scheint auf den einsamen Rauschpunkt oder die rauhe körperliche Berührung mit der Wirklichkeit geschrumpft. Die Implantation von Eisenkugeln unter die Haut, das Einbrennen von Schmucknarben, der Sprung in den Abgrund oder das Schlagen eines Körpers gegen Eisenwände sind dann zugleich Symptome aufgelöster symbolischer und sozialer Vermittlung und zirkulär-paradoxe Selbstinitiationsversuche. In den erschütternden Darstellungen von Erfahrungen des Zerstückeltwerdens, des Tötens und der Selbstverletzung, wie wir sie in den letzten Jahren im Theater einer Sarah Kane, besonders in Cleansed (Gesäubert) von 1998 sehen konnten, wird dieser Zusammenhang reflektiert und in schneidende Spannung zu sexuellen und erotischen Wünschen gesetzt. Hier werden nochmals die gewaltsamen Zurichtungen vorgeführt aber auch das Versprechen benannt, das in Initiationen liegt, der Wunsch nämlich, nicht nur angenommen zu werden, sondern auch nehmen zu können.

Anmerkungen

[1] Der vorliegende Text erschien (im Dezember 2000) unter dem Titel „Ritual und Erlebnis" in der Zeitschrift für Religions- und Geistesgeschichte.

[2] In einem Gespräch über seine neuesten Feldforschungen, das die Autorin im Dezember 1999 mit Horst Cain geführt hat.

[3] *Mario Erdheim*, Die gesellschaftliche Produktion von Unbewußtheit. Eine Einführung in den ethnopsychoanalytischen Prozeß, Frankfurt/M. 1982; Ders., Psychoanalyse und Unbewußtheit in der Kultur, Frankfurt/M. 1988.

[4] *Mario Erdheim/Brigitta Hug*, Männerbünde aus ethnopsychoanalytischer Sicht, in: Gisela Völger (Hg.), Katalog Männerbünde-Männerbande, zweibändige Materialsammlung zur gleichnamigen Ausstellung des Rautenstrauch-Joest-Museums für Völkerkunde, Bd.I, Köln 1990, S. 49-58.

[5] Mit reichem Beispielmaterial behandeln Matthias Laubscher und Pierre Clastres die Rolle von Angst und Gewalt im Initiationsritual. Allerdings zielt ihre Analyse eher auf Affirmation der -teils zeichentheoretisch teils pädagogischlegitimierten Initiationsleiden. Matthias Laubscher, Angst und ihre Überwindung in Initiationsriten", in: *Heinrich Stietencron* (Hg.), Angst und Gewalt. Ihre Präsenz und ihre Bewältigung in den Religionen, Düsseldorf 1979, S. 61-77; Pierre Clastres, Staatsfeinde. Studien zur politischen Anthropologie, Frankfurt/M. 1974.

[6] *David Gilmore*, Mythos Mann. Wie Männer gemacht werden. Rollen, Rituale, Leitbilder, München 1993, S. 11.

[7] In beindruckender Fülle hat zuerst Mircea Eliade religionsvergleichend mythische Zeugnisse darüber gesammelt. *Mircea Eliade*, Das Mysterium der Wiedergeburt. Versuch über einige Iniliationstypen (engl. Birth and Rebirth 1958), Frankfurt/M. 1988. Neuere Mythendeutungen im Rahmen ethnologischer Initiationsforschung bei: Maurice Godelier, Die Produktion der großen Männer, Frankfurt/M. 1990.

[8] Georg Soeffner diskutiert die aktuelle Reritualisierung Und das moderne -globalisierte- Inszenierungsarsenal jugendlicher Gemeinschafts- und Gangbildung vor allem. *Georg Soeffner*, 'Auf dem Rücken des Tigers' - Über die Hoffnung, Kollektivrituale als Ordnungsmächte in interkulturellen Gesellschaften kultivieren zu können, in: Wilhelm Heitmeyer (Hg.), Was hält eine multiethnische Gesellschaft zusammen?, Frankfurt/M. 1997.

[9] *Hans Magnus Enzensberger*, Aussichten auf den Bürgerkrieg, Frankfurt/M. 1996, S. 22 und 20.

[10] Vgl. eine detaillierte Analyse der Dramatisierung von Männlichkeit in Terminator I und II vgl. *Ulrike Brunotte*, Helden Cyborgs und Rituale. Inszenierungen der Männlichkeit jenseits der Geschlechterspannung, in: *Erika Fischer-Lichte/Doris Kolesch* (Hg.), Kulturen des Performativen, Paragrana. Internationale Zeitschrift für Historische Anthropologie, Band 7: Heft 1 München 1998, S. 197-214.

[11] *Peter Sloterdijk*, Sendboten der Gewalt. Zur Metaphysik des Action-Kinos. Am Beispiel von James Camerons •Terminator 2•, in: Andreas Rost (Hg.), Bilder der Gewalt, Frankfurt/M. 1994, S. 13-34, S. 24 ff.

[12] Ebd., S. 27.

[13] Ebd., S. 25.

[14] Ebd., S. 23.

[15] Gilmore, Mythos Mann 1990, (wie Anm. 5)

[16] Godelier, Große Männer, 1990, (wie Anm. 6)

[17] *Gilbert Herdt*, The Sambia. Ritual and Gender in New Guinea, New York/Chicago 1987.

[18] *Stefanie von Schnurrbein*, Mütterkult und Männerbund. Über geschlechtsspezifische Religionsentwürfe, in Richard Faber/Susanne Lanwerd, Kybele-Prophetin-Hexe. Religiöse Frauenbilder und Weiblichkeitskonzeptionen, Würzburg 1997, 249-270, S. 260.

[19] *Hans G. Kippenberg*, Die Entdeckung der Religionsgeschichte. Religionswissenschaft und Moderne, München 1997, S. 265. Insbesondere durch Burkhard Gladigows Bestimmung einer „Europäischen Religionsgeschichte" wird zudem die Frage nach der kulturpolitischen Aneignung ritueller, mythischer und kultischer Elemente und Figuren in der Moderne nicht mehr allein mit Blick auf die positiven Religionen und den Prozeß ihrer „Aneignung" über die „traditionellen Diffusions- und Enkulturationsprozess" gerichtet, „sondern vor allem auch" auf ihre Vermittlung „über Philologien, Wissenschaften und später >Literatur<„. Burkhard Gladigow, Europäische Religionsgeschichte, in: Hans G. Kippenberg /Brigitte Luchesi, Lokale Religionsgeschichte, Marburg 1995, S. 21-42, S.27

[20] Vgl. *Claude Levi-Strauss*, Das Ende des Totemismus, (Original 1962), Frankfurt/M. 1968, S. 7.

[21] Erhard Schüttpelz, Wunsch, Totemist zu werden. Robertson Smiths' totemistische Opfermahlzeit und ihre Fortsetzungen bei Emile Durkheim, Sigmund Freud und Elias Canetti, in: Annette *Keck/Inka Kording/Anja Prochaska* (Hg.), Verschlungene Grenzen, Anthropophagie in Literatur und Kulturwissenschaften, Tübingen 1999, S. 273-295, S. 275.

[22] *Fritz Kramer*, Verkehrte Welten. Zur imaginären Ethnographie des 19. Jahrhunderts, Frankfurt/M. 1977.

[23] Ebd., S. 8.

[24] In Themis heißt es beispielsweise: „The Olympians (...) were really creations of what Professor William James called 'monarchical deism'. Such deities are (...) a late and conscious representation, a work of analysis, of reflection (...)". xii. „Undoubtedly they represent that form of society which are ourselves most familiär, the patriarchal family. Zeus is the father and head (...)." *Janes Ellen Harrison*, Themis. A Study of the Social Origins of Greek Religion, (zuerst 1912), lxmdon 1977, xii und S. 490.

[25] Harrison beginnt ihre Arbeit an Themis mit der Forschungshypothese, welche durch die Funde von Kreta Nahrung erhält, daß „the Great Mother is prior to the masculine divinities" und daß die frühesten Figuren griechischer Religiosität, wie man u.a. am Dionysoskult rekonstruieren könne, Mutter und Sohn seien: „In his social structur the important features are Mother and Son ...". Zitate aus, Harrison, Themis, (wie Anm.23), S. ix und xx.

[26] Vgl. besonders das ausführliche Kapitel zu Harrison in: *Renate Schlesier*, Kulte, Mythen und Gelehrte. Anthropologie der Antike seit 1800, Frankfurt/M, S. 145-192.

[27] Vgl. dazu auch *Albert Henrichs*, Loss of seif, suffering, violence: the modern view of Dionysos from Nietzsche to Girard, in: Harvard Studies in Classical Philology, 1984, S. 205-241. Eine detaillierte vergleichende Studie zum Verhältnis Nietzsche -Harrison wird von Ulrike Brunotte unter dem Titel, Das Ritual als Medium 'göttlicher Gemeinschaft'. Die Entdeckung des Sozialen bei Robertson Smith und Jane Ellen Harrison, im DFG-Sonderband" Wahrnehmung und Medien" erscheinen.

[28] Vgl. dazu: *Hubert Cancik* (Hg.), Rausch-Ekstase-Mystik. Grenzfonnen religiöser Erfahrung, Düsseldorf 1978.

[29] Auf diese wissenschaftliche Pionierleistung von Harrison hat im deutschsprachigen Raum zuerst Walter Burkert aufmerksam gemacht, dessen ritualtheoretischer Zugang zur griechischen Religion zum Teil an die Arbeiten von Harrison anknüpft. *Walter Burkert,* Homo

Necans. Interpretatioen altgriechischer Opferriten und Mythen, Berlin/New York 1972 und programmatisch zu Harrison, in: Ders, Griechische Mythologie und die Geistesgeschichte der Moderne, in: Les Etudes Classiques aux XIX et XX Siecles. Leur Place dan L'Histoire des Idees, Fondation Hardt, Entretiens tome XXVI, Vandeuvres-Geneve 1979; S. 159-207. Zu Hamsons wissenschaftshistorischer Rolle vgl. auch: *Henrik S. Versnel*, Transiüon and Reversal in Myth and Ritual; Leiden/New York/Köln 1993 und Schlesier, Kulte, Mythen (wie Anm. 24).

[30] Harrison: Themis, (wie Anm. 23), S. 44.

[31] Vgl. zur Rezeptionsgeschichte in Frankreich: *Henrik S.Versnel*, Transition and Reversal in Myth and Ritual, Leiden/NewYork/Köln 1993.

[32] Über die Rolle von Jane Ellen Harrison im Leben und Werk von Virginia Woolf, vgl. Sandra Peacock, Jane Ellen Harrison: The Mask and the Seif, New Haven/London 1988.

[33] Umfassend und interdisziplinär wurde die Institution des Männerbundes und ihre Ubiquität bisher wissenschaftlich dokumentiert in den zwei Materialienbänden: *Gisela Völger/K. v. Weick* (Hgg.), Männerbünde/Männerbande. Zur Rolle des Mannes im Kulturvergleich, Rautenstrauch-Joest-Museum 2Bde., Köln 1990.

[34] Vgl. die bis heute informativen und historisch genauen Essays zur Jugendbewegung in: *Thomas Koebner/Rolf-Peter Janz/Frank Trommler*, 'Mit uns zieht die neue Zeit'. Der Mythos der Jugend, Frankfurt/M. 1985.

[35] Zur Ambivalenz der Figur Hans Blühers und seiner Rolle in der deutschen Jugendbewegung und Kulturdebatte, vgl. Julius H. Schoeps, Sexualität, Erotik und Männerbund. Hans Blüher und die deutsche Jugendbewegung", in: *Ders./Joachim H. Knoll*, Typisch deutsch: Die Jugendbewegung. Beiträge zu einer Phänomengeschichte, Opladen 1988, S. 137-154.

[36] *Hans Blüher*, Familie und Männerbund, Leipzig 1918, S. 21f.

[37] *Hans Blüher*, Characktcr der Jugendbewegung, Lauenburg 1921, S. 5. Hier werden wie bereits 1918 die frühe Wandervogelbewegung und der 'ideale' Männerbund gleichgesetzt. Beide zeichnen sich durch ihre erotische Basis aus, die sie zu einem „Organismus" mache und vom bloß „Organisatorischen" unterscheide.

[38] Blüher 1918, (wie Anm. 35), S. 35.

[39] Blüher, Der Charakter der Jugendbewegung, (wie Anm. 36), S. 6.

[40] Hans Blüher, Werke und Tage. Geschichte eines Denkers, Berlin 1953, S. 231.

[41] Ebd., S. 22.

[42] *Herman Schmalenbach*, Die soziologische Kategorie des Bundes, in: Die Dioskuren. Jahrbuch für Geisteswissenschaften, Erster Band, München 1922, S. 35-105, S. 59.

[43] Ebd.

[44] *Lily Weiser*, Altgermanische Jünglingsweihen und Männerbünden. Ein Beitrag zur deutschen und nordischen Altertums- und Volkskunde, Bühl 1927, S. 17. Zur aktuellen Diskussion von Weilers Buch, vgl. zuletzt: *Mischa Meier*, Zum Problem der Existenz kultischer Geheimbünde bei den frühen Germanen, ZRGG, 51 (1999), Heft 4, S. 322-341.

[45] *Ernst Jünger*, Der Arbeiter. Herrschaft und Gestalt (1932), Hamburg 1982, S. 111.

[46] *Helmut Lethen*, Verhaltenslehren der Kälte. Lebensversuche zwischen den Kriegen, Frankfurt/M. 1994, S. 202.

[47] Vgl.Thomas Machos Kommentar zum Verhältnis von „Jugendkult" und „Kriegsästhetik" im NS: „Die 'Eigentlichkeit' der ehemaligen Wandervögel wurde zur Bereitschaft umgedeutet, den Heldentod - eben die 'Hauptsache' -zu sterben; sie wurde anläßlich von

Langemarck-Feiern zelebriert als die widerholte Begegnung 'der lebenden Jugend mit den Geistern der Gefallenen', als ein 'Fest des Wiedersehens' zwischen der 'Hitler-Jungend' und den toten Soldaten von 1914." *Thomas Macho*, Jugend und Gewalt. Zur Entzauberung einer modernen Wahrnehmung, in: M. Wimmer/C. Wulf/B. Dieckmann (Hgg.), Das zivilisierte Tier. Zur Historischen Anthropologie der Gewalt, Frankfurt/M. 1996, S. 221-244, S: 233.

[48] Tagebuchaufzeichnung eines Kriegsfreiwilligen von 1914, zitiert aus: *George L. Mosse*, Gefallen für das Vaterland. Nationales Heldentum und namenloses Sterben, Stuttgart 1993, S. 82.

[49] Jünger, Arbeiter (wie Anm. 44), S. 110.

[50] Sein Gesamtwerk würdigende aktuelle Darstellungen und Dokumentationen: *Bobby C. Alexander*, Victor Turner revisited. Ritual äs social change, Atlanta (Ga), 1991; *Peter J. Bräunlein*, Victor Witter Turner (1920-1983), in: Axel Michaels (Hg.), Klassiker der Religionswissenschaft, Darmstadt 1997, S.324-342.

[51] Einen Überblick über die Wirkung von Turner in den Kulturwissenschaften gibt: *Peter J. Bräunlein*, Victor Witter Turner (1920-1983), in: Axel Michaels: Klassiker der Religionswissenschaft. Von Fridrich Schleiermacher bis Mircea Eliade, S. 324-342, S..338 ff.

[52] *Victor Turner*, Vom Ritual zum Theater, Frankfurt/M. 1989/1995, S.42.

[53] *Victor Turner*, Betwixt and Between: The Liminal Period in Rites de Passage, in: Ders.: The Forest of Symbols. Aspects of Ndembu Ritual, Ithaca/London 1967, S. 93-111.

[54] Mircea Eliade, Birth and Rebirth (wie Anm. 6).

[55] *Hans-Peter Köpping*, Ritual Transgression between Primitivsm and Surrealism, in: Max Peter Baumann/Lindo Fujie/Martin Zenck, Music.the Arts and Ritual, he worid ofmusic, vol. 40(1), Berlin 1998, S. 17-36, S. 25.

[56] Ebd (dt.), S. 97ff.

[57] *Mary Douglas*, Reinheit und Gefährdung, Berlin 1985, S. 153. Sie führt weiter aus: „Die Rituale wirken durch das symbolische Medium des physischen Körpers auf den politischen Körper." Ebd., S. 169.

[58] Turner, Betwixt (wie Anm.51), S.105f.

[59] Turner, Theater (wie Anm. 50), S. 82 und S. 188. Auf die engen Grenzen von stammesgesellschaftlicher Liminalität weist der Autor bereits 1967 (wie Anm. 51), S. 106 hin.

[60] *Victor Turner*, Das Ritual. Struktur und Anti-Struktur, Frankfurt/M. 1989, S. 128f.

[61] Ebd., S. 219.

[62] *Walter Burkert*, Homo Necans. Interpretationen altgriechischer Opfernten und Mythen, Berlin/New York 1972, S. 57.

[63] Walter Burkert in Gnomon 44 (1972), S. 16; zitiert aus: Versnel, Transition (wie Anm. 31), S. 75 und Anm. 152.

[64] *Bruno Bettelheim*, Die symbolischen Wunden. Pubertätsriten und der Neid des Mannes, (1954), Frankfurt/M. 1990, S. 25.

[65] David Gilmore, a.a.O., S. 31.

[66] *Mircea Eliade*, Religiöse Symbolik und Aufwertung 4er Angst, in: derselbe, Mythen, Träume und Mysterien, Salzburg 1961, S. 65-87, S.

[67] Klaus Heinrich, Die Funktion der Genealogie im Mythos, in: Derselbe, Pannenides und Jona. Vier Studien über das Verhältnis von Philosophie und Mythologie, Frankfurt/M. 1982, S. 9-28, Anm. 19, S. 166.

[68] Eliade, Mysterien der Wiedergeburt, (wie Anm. 6), S. 49

[69] Ebd., S. 43

[70] Ders., Kosmos und Geschichte. Der Mythos der Ewigen Wiederkehr, Düsseldorf 1966, S. 144.

[71] Klaus Heinrich, Sucht und Sog. Zur Analyse einer aktuellen gesellschaftlichen Bewegungsform, in: Ders., anfangen mit freud, S. 39-68, S. 54. Die folgenden Ausführungen basieren auch auf meiner eigenen Auseinandersetzung mit der Katastrophenfaszination in der Moderne.

[72] Vgl. Ulrike Brunotte, Hinab in den Maelstrom. Das Mysterium der Katastrophe im Werk Edgar Allan Poes, Stuttgart/Weimar 1993. [72] Vgl. David Le Breton, Lust am Risiko. Von Bungee-jumping, U-Bahn-surten und anderen Arten, das Schicksal herauszufordern, Frankfurt/M. 1995.

[73] Sigrun Anselm, Erlebniskult als Religionsersatz, in: Zukunft schreiben. Science Fiction und andere Zeitmaschinen, Ästhetik & Kommunikation Heft 104, 30. Jahrgang, März 1999, S. 111f.

[74] Gerhard Schulze, Die Erlebnisgesellschaft. Kultursoziologie der Gegenwart, Frankfurt/M. 1997, S. 153.

[75] Victor Turner schreibt 1983: „Al these (...) ritual processes contain within themselves a liminal phase, which provides a stage (...) for unique structures of experience (Dilthey's Erlebnis) in milieus detached from mundane life ..." Victor Turner, Dewey, Dilthey, and Drama: An Essay in the Anthropology of Experience, in: Ders./Edward M. Bruner (Hg.): The Anthropology of Experience, S. 33-44, S. 41

[76] Ganz besonders programmatisch und durch detaillierte Einzelanalysen untermauert: Erika Fischer-Lichte/Friedemann Kreuder/Isabel Pflug (Hgg.), Theater seit den 60ei Jahren. Grenzgänge der Neo-Avantgarde, Tübingen/Basel 1998.

[77] Nicht zuletzt der Theaterwissenschaftlerin Erika Fischer-Lichte ist die Etablierung eines interdisziplinären Schwerpunktbereiches der Deutschen Forschungsgemeinschaft mit dem Titel „Theatralität - Theater als kulturelles Modell in den Kulturwissenschaften" zu verdanken.

[78] Homi Bhabha, The Location of Culture, London 1994, bes. S. 38ff.

[79] Zuletzt besonders, Mario Erdheim, Zur Entritualisierung der Adoleszenz bei beschleunigtem Kulturwandel, in: Günther Klosinski (Hg.), Pubertätsriten. Äquivalente und Defizite in unserer Gesellschaft, Bem/Stuttgart/Toronto 1991, S.79-88.

[80] Walter Burkert, Anthropologie des religiösen Opfers, Carl Friedrich von Siemens Stiftung, Themen XL, München 1983, S. 41.

[81] Interviews mit den Autoren in: Nils Tabert (Hg.), Marina Carr/Martin Crimp/Sarah Kane/Mark Ravenhill. PLAYSPOTTING. Die Londoner Theaterszene der 90er , Hamburg 1998, S. 8-22 und S. 66-78.

Jürgen Raithel

Mutproben als moderne Initiationsriten für Jugendliche?

Spätestens seit der Jugend-, Studenten- und Frauenbewegung der 60er und 70er Jahre gelten Rituale als antiquierter Ballast, dessen sich eine moderne Gesellschaft zu entledigen habe. Aufgrund ihrer unterstellten Nutzlosigkeit und ihrer nicht-rationalen Eigenschaften werden sie auch heute noch zum Teil als kulturelle Restbestände betrachtet, die gedankenlos tradiert werden, ohne dass ihnen ein aktueller Sinn zugeschrieben werden könnte. Diese ritualkritische Haltung hat sich allerdings zum Ende der neunziger Jahre nur noch zu einem geringen Teil erhalten, da Rituale immer noch existieren (vgl. *Steuten* 2000). *Soeffner* (1995) berichtet in diesem Zusammenhang von einem „ritualisierten Antiritualismus" und einem „naiven, inflatorischen Ritualismus" (S. 103). Hier schließt sich die Frage an, ob Mutproben Jugendlicher in modernen Gesellschaften als eine Form von Initiationsritus verstanden werden können. Um sich dieser Frage zu nähern, wird in einem ersten Teil der Initiationsritus in traditionalen Gesellschaften in seiner Bedeutung und Ausprägung behandelt, dann in einem zweiten Teil die Funktionalität von Mutproben für Jugendliche in modernen Gesellschaften beleuchtet, um in einem abschließenden Teil Äquivalenzen und Parallelen wie auch Divergenzen zwischen Initiationsriten und Mutproben zu diskutieren.

Die Unterscheidung zwischen traditionalen und modernen Gesellschaften kann als Analogie zu der Differenzierung von *Margaret Mead* (1971) zwischen postfigurativen und präfigurativen Kulturen oder auch jene von *Levi-Strauss* (1972) zwischen „kalten" und „heißen Kulturen" verstanden werden, wobei die Bezeichnungen von *Levi-Strauss* besonders aufgrund ihrer Metaphorik die Unterschiedlichkeiten veranschaulichen. Kalte Kulturen sind jene Gesellschaften, die sich gegen den Kulturwandel abschirmen und die Adoleszenz mittels Initiation einfrieren. Kalte Gesellschaften fallen durch ihr Traditionsbewusstsein und ihre Stabilität auf und sind sehr darum bemüht, soziale Unterschiede weitestgehend zu vermeiden. Hingegen bauen heiße Kulturen die Initiationsriten ab, um das in der Adoleszenz liegende Veränderungspotential freizusetzen (vgl. *Erdheim* 1984). Initiationsriten kommt also nur in jenen Gesellschaften eine stabilisierende Funktion zu, in welchen der Wechsel in eine andere Gruppe als Krise empfunden wird und wenn zur Überwindung der Krisen Riten notwendig sind (vgl. *Popp* 1969).

In allen Kulturen geht es hierbei um den Umgang mit dem biologischen Faktum der sexuellen Entwicklung. Das Einsetzen der Pubertät bestimmt einen individuellen wie gesellschaftlichen Schnittpunkt. Die nach der Kindheit folgende Lebensphase der Jugend ist allerdings eine „Erfindung" moderner Gesellschaften (vgl. *Gillis* 1980), denn in traditionalen Gesellschaften bzw. kalten Kulturen existiert eine Lebensphase Jugend so nicht. Die kalten Kulturen gefrieren regelrecht die Jugend als Lebensphase ein, um so die „Krise", die sich aus der Pubertät ergeben kann, für die Gesellschaft nicht als Gefahr entwickeln zu lassen.

I. Initiationsriten in traditionalen Gesellschaften

Der Eintritt der Kinder in das Pubertätsalter stellt einen zwar immer wiederkehrenden, aber nicht unproblematischen Veränderungsprozess für das Individuum wie auch die Familie und die Gesellschaft dar. Der physiologische Umwandlungsprozess und soziale Übergangsprozess während der Pubertät birgt vielfältige Probleme, aber ebenso große Potentiale. Die Jugendlichen befinden sich auf dem Weg zur Höchstentfaltung ihrer physischen Kraft und Reife. Mit der Entfaltung ihres Leistungsvermögens können sie zu den Erwachsenen in Konkurrenz treten, denen die Bedrohung der eigenen Stellung und möglichen Gefährdung der traditionalen Ordnung bewusst ist. Gerade in kleinen, weitgehend geschlossenen und homogenen Gemeinschaften, in denen man einander täglich sieht, bestens kennt und alle eng aufeinander angewiesen sind, birgt jede Veränderung die Gefahr, das Beziehungsganze, und damit auch seine Funktionsfähigkeit, zu stören, wenn nicht gar ernstlich zu erschüttern. Dieses Risiko stellt sich natürlich nicht in allen Gesellschaften gleich, gewinnt jedoch in sesshaft lebenden, größeren Lokalgemeinschaften an Relevanz (vgl. *Müller* 1996). Die Problematik der kritischen Phase von der Pubertät bis zur Eingliederung in die Erwachsenenwelt gewinnt um so mehr an Explosionskraft, je unterschiedlicher und widersprüchlicher die zu wechselnden „Seinssphären" sind. Im besonderen Maße trifft das auf moderne Gesellschaften zu, doch hier stehen gleichzeitig auch immer entsprechende Mittel zur Abschwächung bereit: ein mehrfach gestufter Zugang zur Erwachsenenwelt, sozialstrukturelle Segmentierungen, aber auch „Ordnungsorgane" wie nicht zuletzt auch die Schule (ebd).

Da die Pubertät deutlich genug einen drastischen Einschnitt in der Entwicklung der Jugendlichen und für das Leben der Gruppe darstellt, sahen sich die Erwachsenen resp. Älteren unausweichlich vor die Aufgabe gestellt, die Jugendlichen sicher durch die kritische Phase zu führen und möglichst bruchlos in die Erwachsenenwelt zu integrieren. Denn jede Verletzung der traditionellen Seinsordnung bedeutete in kalten Kulturen ein, unter Umständen, unkalkulierbares Risiko.

Das Potential und die positive Bedeutung der Pubertät liegt in dem, für die Funktions- und Existenzfähigkeit der Familie wie Gesamtgesellschaft letztlich allein ausschlaggebenden, Zeugungs- bzw. Konzeptionsvermögen. So stellte sich vor allem die Aufgabe, dafür zu sorgen, dass die Jugendlichen lernten, sowohl richtig im Sinne der Verwandtschafts- und Sozialordnung als auch verantwortungsvoll damit umzugehen. Da die „Fruchtbarkeit" aber als Gabe von Jenseitsmächten galt, mussten die Jugendlichen zu diesem Zeitpunkt mit den Zusammenhängen des sakralen Wissens der Gruppe und mit Sinn und Praxis der Rituale und Kulte vertraut gemacht werden. Dieser Prozess war für die Existenz der Gruppe von elementarer Bedeutung und es konnte hier nichts dem Zufall überlassen werden. Aus diesem Grund wird bzw. wurde der Übergang vom Jugendlichen- zum Erwachsenendasein in vielen naturvölkischen Kulturen in institutionalisierter Weise in Form von Initiationsriten vollzogen. Initiationen lassen sich ganz allgemein als in der Regel bei Einsetzen der Pubertät durchgeführte Ritualhandlungen – teils profanen, teils sakralen Charakters – zur Überführung des Pubertären in den Erwachsenenstatus definieren (vgl. *Müller* 1996). Initiationsriten als Stammesinitiationen haben in traditionalen Gesellschaften eine makrostrukturelle Funktion und werden gesellschaftlich standardisiert vollzogen. Es handelt sich dort um Übergangsrituale („*rites de passage*"), die als Individual- oder Kollektivinitiationen für Jungen und/oder Mädchen zelebriert werden, bei welchen die soziale Identität abgelegt und eine neue zuteil wird. Mit Initiation sind hier rituelle Feierlichkeiten gemeint, die den Übergang von der Kindheit ins Erwachsenenalter lenken (vgl. *van Gennep* 1909). Mit den Reifefeiern wird die Aufnahme der Jungen, seltener der Mädchen, in die Gruppe der Erwachsenen vorbereitet. In dieser Zeit erwirbt ein junger Mann oder eine junge Frau die Kennzeichen der Erwachsenen. Während des Statuswandels wird ihnen die Kleidung der Erwachsenen zugestanden, sie erhalten die physischen Merkmale der Erwachsenen (z. B. Beschneidung, Inzision, Exzision oder Manipulationen an den Zähnen). Initiationsfeiern können sich über einen längeren Zeitraum hinziehen, wobei die Initianten für diese Zeit abgesondert von der Gesellschaft in einem Lager leben und für ihre einstmalige Umwelt als gestorben gelten. Wenn ihnen alle Kenntnisse und Bedeutungen für ihr Verhalten in der Gruppe der Erwachsenen vermittelt worden sind, kehren sie als Wiedergeborene in die Gesellschaft zurück. Das Merkmal des Sterbens der Initianten, ihrer Neuschaffung und

Wiedergeburt als vollständige Menschen sind charakteristisch für alle Initiationen in traditionalen Gesellschaften.

Je nach den kulturellen Voraussetzungen bzw. dem Organisationsgrad der Gesellschaft und nach Art der Problematik, die durch die Initiation gelöst werden soll, variieren die Formen der Riten. Ethnologisch betrachtet lassen sich eine Vielzahl von Pubertätsriten bzw. „Reiferiten" (*Grohs* 1980, 163) unterscheiden, da die einzelnen Völker entweder mehr Gewicht auf den physiologischen oder auf den sozialen Aspekt des Reifeprozesses legen. Knabenkollektivinitiationen waren typisch für Pflanzerkulturen und besaßen dort ihre weiteste Verbreitung und „klassische" Ausprägung. Die Dauer der Initiation betrug im Durchschnitt sechs bis zwölf Monate. Kollektivinitiationen für Mädchen kamen ebenfalls am häufigsten in Pflanzerkulturen vor, allerdings deutlich seltener und weniger elaboriert als Knabenkollektivinitiationen. Kollektivinitiationen für beide Geschlechter kannten nur einige wenige Wildbeutergesellschaften. Individualinitiationen für Jungen sind für Wildbeutergesellschaften typisch, allerdings kamen sie keineswegs durchgängig vor, wenn aber, dann hauptsächlich in Form der Jägerweihe. Individualinitiationen für Mädchen kannten dagegen fast alle naturvölkischen Gesellschaften; gewöhnlich wurden sie anlässlich der Erstmenstruation als Menarcheriten vorgenommen. Die Initiationsphase für Mädchen in Pflanzerkulturen dauerte eine bis mehrere Wochen, früher auch bis zu einem Jahr und länger (vgl. *Müller* 1996).

Merkmal für den Initiationsritus ist immer die Beherrschung: wer die Qualen nicht aushielt, galt nicht als Mann bzw. nicht als Frau (vgl. *Erdheim* 1984). Mit dem Pubertätsritual wurde die sexuelle Rollenidentität bestimmt (vgl. *Whiting* et al. 1958) und damit erwachsenenbezogene Rechte und Pflichten übertragen. Nach dem Vollzug der Initiation erhalten die Heranwachsenden die Heiratsfähigkeit und werden Mitglieder der Erwachsenenwelt mit all den dazugehörigen Verantwortlichkeiten und Anforderungen. Nach *Whiting* (1962) dient die Initiation der Lösung des Konfliktes, der bei der Annahme der von der Gesellschaft zugewiesenen Geschlechterrolle auftritt. Nach ihrer Auffassung entwickelt sich bei jedem Kind, das die viel größeren Möglichkeiten der Eltern wahrnimmt, ein Gefühl des Neides, der zur Nachahmung der Eltern anreizt. Ist nun der Kontakt zwischen Junge und Mutter über Jahre hinweg besonders intensiv, so neigt der Junge zur Annahme der weiblichen Geschlechtsrolle. Da dies aber die meisten Gesellschaften vermeiden wollen, greift hier die Reifefeier regulierend ein. *Young* (1962; 1965) verweist auf einen anderen Funktionsaspekt der Initiationszeremonien für Jungen: Da durch die männlichen Heranwachsenden die Solidarität innerhalb der Männergemeinschaft ge-

fährdet ist, stellen die Reiferiten den Versuch dar, eine Gefährdung dieser geschlechtsbezogenen Solidarität zu vermeiden (vgl. auch *Popp* 1969).
Zusammenfassend lassen sich als die Hauptziele der Initiationen benennen (vgl. *Müller* 1996):
- Begleitende Unterstützung und kontrollierte Überwachung des physiologischen Umwandlungs- und Reifeprozesses durch verantwortliche Repräsentanten der Erwachsenengemeinschaft, vor allem zur Vervollständigung der sexuellen Differenzierung und Stärkung der Zeugungs- bzw. Konzeptionsvermögens.

- Dramatisch prononcierte Verdeutlichung zentraler Werte der Kultur, Bewusstmachung der Bedeutung der Aufgaben und Pflichten Erwachsener zur Existenzerhaltung der Gesellschaft und der traditionellen Seinsordnung inklusive der Erläuterung religiöser Überlieferungen.

- Förmlich-feierlicher Abschluss der Erziehung und öffentliche Anerkennung ihres erfolgreichen Verlaufs sowie magisch-rituelle Sicherung der erworbenen Fertigkeiten und Kenntnisse.

- Abwehr der „Adoleszenzkrise" durch Disziplinierung und Integration der Jugendlichen in die Erwachsenengesellschaft.

All diese Ziele tragen zu einer Stabilisierung und Sicherung der überkommenen Lebens- und Seinsordnung bei, um das Dasein der Gruppe auch für die Zukunft verlässlich zu gewährleisten. Die Funktion der Initiation liegt also in der Existenzsicherung der Gesellschaft und der Initiationsritus stellt eine dramatisierte Zelebrierung des Generationenvertrags dar.

2. Mutproben im Jugendalter

Dass Mutproben quasi par excellence für das Jugendalter stehen, wurde spätestens mit dem Filmklassiker „...denn sie wissen nicht, was sie tun" (Original: *„Rebel without a Cause"*) aus dem Jahr 1955 von Nicholas Ray (Regie) insbesondere durch den Hauptdarsteller James Dean eindrucksvoll filmisch umgesetzt. Wenngleich Jugendliche heute in der hoch diversifizierten und technisierten Gesellschaft vielfältige Möglichkeiten haben, sich ihres Mutes zu beweisen, so ist doch das Praktizieren von Mutproben keineswegs ein Phänomen unserer modernen Gesellschaft, sondern es lässt sich viel mehr von einer Art „anthropologischer Konstante" für das Ausüben von Mutproben annehmen. Denn nicht nur unsere Eltern- und Urelterngeneration haben als Jugendliche Mutproben ausgeführt, sondern der Akt des Mutbeweisens ist bereits in traditionalen Gesellschaften in

Form von Initiationsriten existent. Mutproben sind dadurch charakterisiert, dass ihre Ausübung eine Überwindung des Akteurs erfordert. Die Überwindung bezieht sich auf Angst, Scham, Normen oder beispielsweise Ekel. Die Überwindung von Normen in Form von Gesetzen oder von Angst bedeuten gleichzeitig meist ein Eingehen von Risiko. Das Risiko kann für den Akteur das unbekannte Verhalten darstellen oder eine objektive bzw. evidente Gefährdung, die aus dem Verhalten potentiell resultieren kann.

Die Breite der unterschiedlichen Mutproben lässt sich prinzipiell in zwei Gruppen unterscheiden:
- riskante Mutproben und
- normbrechende bzw. konventionsverletzende Mutproben.

Die riskanten Mutproben, welche zumeist unter Jungen anzufinden sind, zeichnen sich durch verhaltensimmanente Gesundheitsrisiken, juristische Risiken oder finanzielle Risiken aus. Die körperliche Vulnerabilität stellt ein Hauptüberwindungsmerkmal für diese Mutproben dar. Die Elemente sind vorwiegend aggressiv-kraftvoll und es wird von den Jungen eine gewisse Fähigkeit, Schmerzen zu ertragen, erwartet (vgl. *Hugger* 1991). Die Risiken der Mutproben erstrecken sich auch auf einen juristischen Bereich. Hier sind Ladendiebstahl und andere delinquente Handlungen zu benennen. Mit dem juristischen Risiko ist gleichfalls ein finanzielles Risiko in Form der Strafe oder Ausgleichszahlung verbunden, wobei je nach Tat die rein rechtliche Sanktion oder die finanzielle Entschädigung das höhere Risiko darstellen kann (vgl. *Raithel* 2001a).

Bei den normbrechenden bzw. konventionsverletzenden Mutproben stehen keine objektiven Risiken im Mittelpunkt des Überwindungsbeweises, als viel mehr das Brechen von Verhaltensnormen und gesellschaftlichen Konventionen. Bei diesen, vor allem unter Mädchen ausgeübten Mutproben, liegt der Mutbeweis in der Überschreitung von Normen. Hierbei kann es sich entweder um spezifische (mikro)soziale Gruppennormen oder um gesellschaftliche oder kulturelle Werte handeln.

Als Funktionen von Mutproben lassen sich Selbstüberwindung, Gruppenintegration, Gruppenkonsolidierung sowie Beeindrucken/Übertrumpfen benennen (vgl. *Raithel* 1999; 2001b). Mutproben werden von Jugendlichen insbesondere im Kontext von Peer-Groups ausgeführt. Hier dienen die Mutproben der Aufnahme in Peer-Groups bzw. Cliquen sowie auch der Gruppenkonsolidierung. Der gruppenintegrierende Aspekt stellt eine Hauptfunktion für die Ausübung von Mutproben dar, und das sowohl für Mädchen als auch für Jungen gleichermaßen. Mutproben dienen allerdings auch des Beweises der Gruppenzugehörigkeit und werden aus einem gewissen Gruppenzwang heraus praktiziert. Hier kommt der Mutprobe ebenfalls eine gruppenkonsolidierende Funktion zu. Verweigert währenddessen ein Jugendlicher die Mutprobe, läuft er sehr schnell Gefahr, ausgegrenzt zu werden.

Neben den gruppenbezogenen Funktionen übernimmt die Mutprobe eine selbstbeweisende und konkurrierende Funktion, wobei der Selbstbeweis stärker im Vordergrund steht.

Mutproben zum Selbstbeweis werden etwas häufiger von Jungen ausgeführt, aber dennoch sehen auch die Mädchen in Mutproben eine Möglichkeit, sich ihres Muts zu versichern. Hier stehen Mutproben für eine symbolische Selbstinitiation in Form des Selbstbeweises. Die Mutprobe hilft bei der Überwindung einer entwicklungsspezifischen Schwelle, beispielsweise bei dem Ablösungsprozess von den Eltern und dem Zuhause oder für die Geschlechtsidentitätsverortung.

Ein weiteres Motiv für die Ausübung von Mutproben, insbesondere unter männlichen Jugendlichen, ist das des Beeindruckens bzw. Übertrumpfen der Gleichaltrigen. Hier ist im Gegensatz zum Selbstbeweis nicht eine Eigendemonstration „für mich", sondern eine Fremddemonstration bzw. (dramaturgische) Selbstinszenierung „für andere" Absicht des Handelns. Die beschriebenen Motive für die Ausübung von Mutproben sind als „Bewältigungsfunktionen" gegenüber Entwicklungsanforderungen zu verstehen.

Entsprechend dem Ansatz des Problemverhaltens (vgl. *Jessor/Jessor* 1977) übernehmen Mutproben entwicklungsfunktionale Aspekte. Die Herausforderungen und Probleme, die sich für Jungen und Mädchen durch die Entwicklungsaufgaben stellen, können zu einem Teil durch die Ausübung von Mutproben gelöst werden. Dies zum einen in Bezug auf eine Peer-Group-Integration und Gruppenstabilisierung und zum anderen in Hinsicht auf die Geschlechtsidentitätsentwicklung. Die Mutprobe dient über den Modus der Selbstinitiation der Entwicklung sowie Reproduktion der Geschlechtsidentität und der geschlechtlichen Selbstpräsentation.

Die geschlechtsspezifischen Differenzen bei den Mutprobenarten sind auf die soziale Codierung des Körpers zurückzuführen, über welche die Geschlechtszugehörigkeit symbolisiert wird (vgl. *Bilden* 1991). Dem Körper kommt ein besonderer Symbolwert für die Begründung der Geschlechtlichkeit im Jugendalter zu. Mädchen entwickeln und reproduzieren ihre Geschlechtsidentität über ein integrierendes Körperverständnis, während Jungen dies über ein instrumentelles Körperverständnis tun (vgl. *Baur* 1988).

Die Herstellung der eigenen Männlichkeit erfolgt gegenüber Gleichgeschlechtlichen in modernen Gesellschaften über Konkurrenz, Wettkampf und Rivalität. D. h., der Junge benutzt die Mutprobe zum Beeindrucken und um sich seiner Selbst zu beweisen.

In der kulturellen Symbolik ist der Bereich der Extremkategorien, in dem insbesondere Jungen dominieren, als „hart" gelabelt. Dabei lässt sich ein quasi-linearer Zusammenhang feststellen:

Je qualitativ „härter" und quantitativ exzessiver das Verhalten ist, desto mehr sind Jungen und desto weniger Mädchen beteiligt. Die Qualifikation des Verhaltens als „hart" steht als symbolische Dimension im Zusammenhang mit Männlichkeitskonstruktionen. Der Zusammenhang zwischen der Konnotation von Härte und dem Konstrukt von Männlichkeit ist mehrfach beobachtet worden (vgl. *Helfferich* 1997). Die Charakteristik von Mutproben, ihre geschlechtsspezifischen Unterschiede und die entwicklungsbezogene Inanspruchnahme verweisen auf gewisse Analogien zu Initiationsriten.

3. Mutprobe und Initiationsritus

Zwischen Initiationsriten in traditionalen Gesellschaften und Mutproben in modernen Gesellschaften zeigen sich aus soziologischer Sicht gewisse strukturelle und funktionale Parallelen. Der dreiphasige Prozess der „rites de passages" (*van Gennep* 1909), bestehend aus Trennung (Separation), Übergang („*marge*") und Einfügung („*agregation*"), findet sich ansatzweise auch bei der Praktizierung von Mutproben, wenngleich in Zeitraffergeschwindigkeit. Die Trennung erfolgt symbolisch von den Eltern, indem ein Verhalten gezeigt wird, welches sich gegen die Besorgnis und Vorsicht der Eltern richtet. Der Jugendliche wendet sich von seinen Eltern aktiv ab und missachtet die Regeln der Erwachsenenwelt. Der Vollzug der Mutprobe folgt einer Dramaturgie und einem detaillierten „Drehbuch" und markiert den Übergang in Form einer Selbstinszenierung. Die Einfügung erfolgt par excellence bei dem Peer-Group-Eintritt. Doch auch über die selbstinitiierende Schubkraft der überwundenen Mutprobe vollzieht der Jugendliche einen Statusgewinn und inkorporiert einen entwicklungsbezogen höheren Status. Die Mutprobe als Lebenslauf-Ritus setzt eine Zäsur und verleiht den Jugendlichen eine identitätsbildende Struktur und Ordnung, wie dies auch bei den Initiationsriten traditionaler Gesellschaften der Fall ist. Der Peer-Group-Eintritt ermöglicht einen symbolischen Geschlechtsidentitätsbeweis und verhilft so auch zur Bestimmung der Geschlechtsidentität, was in traditionalen Gesellschaften gleichzeitig mit der Übernahme des Erwachsenenstatus zusammenhängt.

Eine Parallele kann auch in der übergangesbezogenen Kompetenz – von einem relativ Unerwachsenen zu einem relativ erwachsenen Status –, die sowohl mit den Initiationsritualen als auch mit den Mutproben verbunden ist, gefunden werden. Denn aus beiden Handlungen erlangt der Jugendlichen eine Berechtigungs-Kompetenz, welche von einer Fähigkeits-Kompetenz zu unterscheiden ist (vgl. *Flammer* 1991). Die mit der Praktizierung von Initiationsritus oder Mutprobe zusammenhängenden Intentionen und Bedeutungsinhalte müssen hier allerdings unterschieden werden. Denn der Initiationsritus ist auf die Integration in die Erwachsenengruppe gerichtet und hat eine gesamtgesellschaftliche Bedeutung, während sich die Jugendlichen durch die Ausübung von Mutproben gegen die Erwachsenen aufgrund von Nichtbeachtung entsprechender Regeln wenden.

Doch übernehmen die Mutproben eine mikrostrukturelle Funktion, indem sie dem Jugendlichen zur Aufnahme in eine Gruppe verhelfen. Somit haben auch die Mutproben in modernen Gesellschaften für Jugendliche eine soziale Funktion der Integration. Auf mikrosozialer Ebene der Peer-Groups kann für die Mutproben von einer Quasi-Institutionalisierung gesprochen werden, während es sich bei dem Initiationsritus um einen öffentlichen, institutionalisierten, makrostrukturell festverankerten Modus handelt. Die Regeln der Mutproben werden allerdings nicht von Erwachsenen vorgegeben, sondern von den Jugendlichen selber definiert. Die Jugendlichen in der Peer-Group bestimmen unabhängig von Erwachsenen, was als Mutprobe gilt und regeln den Rahmen für die Ausführung selbständig.

An dieser Stelle drängt sich die Frage auf, ob Peer-Groups die modernen Gemeinschaftsformen von traditionalen Gesellschaften sind. Dies mag auch auf den ersten Anschein zutreffend sein, doch ist die Peer-Group ja gerade durch ihre Altershomogenität gekennzeichnet, während die traditionale Gesellschaft gerade davon geprägt ist, dass sie das gesamte Lebensalter umspannt und dabei sehr integrierend wirkt. Die Peer-Group stellt eine Subkultur dar und zeichnet sich durch Abgrenzung aus. Hier zeigen sich schon viel eher Parallelen zu der Gruppe der Initianten in traditionalen Gesellschaften, die für die Zeit der Reifefeier – quasi fremdbestimmt – abgesondert wird. Besonders hervorzuheben sind in einer vergleichenden Absicht neben den sozialintegrativen Funktionen m. E. die psychologischen Effekte in Hinsicht auf die Identitätsentwicklung bzw. Individuation. Vor allem sind hier geschlechtsidentitätsentwickelnde Potentiale sowohl von Initiationsriten als auch von Mutproben in den Blick zu nehmen. Es geht hier um eine geschlechtsrollenbezogene (finale) Selbstverortung, die durch eine Handlung erlangt werden kann, bei der die Manifestation (vor anderen) eine maßgebliche Rolle spielen kann. In dieser Perspektive lassen sich zentrale Entwicklungsaufgaben mit Initiationsritualen in eine vergleichende Beziehung setzen.

Es ist zwar nahe liegend, risikogesellschaftliche Prozesse und damit verbundene sozialstrukturelle Veränderungen, Unsicherheiten und Gefährdungen, deren Folgen sich als Sinn- und Orientierungs-Vakuum moderner pluralistischer Gesellschaften interpretieren lassen, als Nährboden für ein verstärktes Bedürfnis nach insbesondere institutionalisierten Riten zu deuten, doch steht für den Heranwachsenden viel eher der symbolische Identitäts- und Statusgewinn im Vordergrund, welcher als eine anthropologische Konstante verstanden werden kann. Solch ein Fixum ist dann auch eher als resistent gegenüber gesellschaftlichen Wandlungsprozessen zu sehen. Auch wenn die Initiationsriten von den Erwachsenen vorgegeben wurden, da sie ja kausal die Existenz der Gesellschaft sichern sollen, dienen sie den Initianten final zur geschlechtsrollenbezogenen Selbstverortung. Heute verhelfen die Mutproben zu einer symbolisch statusverändernden Identitätsinitiation. Fehlende Sinn- und Deutungsmonopole moderner Gesellschaften sind nicht die Antriebskraft für die Ausübung von Mutproben, wenngleich dieses Vakuum die Peer-Group zu füllen in der Lage ist.

Neue Formen von Mutproben sind eher der Versuch, in einer reizüberfluteten und reizgesättigten, aber auch reizdesensibilisierten Gesellschaft dennoch neue Reize zu finden, die dem Charakter einer Mutprobe weiterhin entsprechen. Dies ist allerdings nicht als ein Anzeichen für einen quantitativen Anstieg von Mutproben zu werten. Viel mehr ist davon auszugehen, dass sich der qualitative Charakter der Mutproben analog den Veränderungen im Freizeitverhalten geändert hat.

Mutproben sind aber nicht nur in der Form von jugendlichen bzw. pubertären „Beweisproben" anzufinden, sondern auch als „Bewährungsproben", mit welchen männliche Heranwachsende die Aufnahme in die Männergemeinschaft erlangen können. Diese Bewährungsproben weisen im besonderen Maße Parallelen zu Initiationsritualen auf, da sie vor allem der Integration in die (männliche) Erwachsenengesellschaft dienen, ohne hierbei allerdings die statusverändernden Identitätspotentiale der geschlechtsbezogenen Selbstpräsentation und Geschlechtsidentitätsreproduktion, die basal für das jeweilige Identitätsverständnis sind, absprechen zu wollen.

Bei dem „Eichen" der Jungen in der Gruppe der Männer geht es entsprechend den Initiationsriten um eine Art von Weihe: Die Jugendlichen müssen die Fähigkeit, eine körperliche Zumutung zu vertragen und zu verkraften sowie den Widerwillen zu überwinden, nachweisen. In diesen Bewährungsproben lebt der Gedanke bzw. die Vorstellung weiter, eine (Aufnahme) Initiation müsse mit Schmerzen verbunden sein. Die Mut- bzw. Bewährungsprobe wird zu einem unwiderlegbaren Beweis von „Männlichkeit" und steht so als Symbol für die Überwindung einer entwicklungsspezifischen Statusschwelle. Das Eingehen des Risikos bzw. die Überwindung erhält dabei den Stellenwert eines Übergangsrituals, wobei der Ritus zu einem Teil auch zur individuellen Angelegenheit wird. Diese Form der Bewährungsprobe findet sich auch bei der Pisuvage, mit welcher sich die jungen Studenten und teilweise auch jungen Studentinnen an französischen Universitäten – meist an den Elite-Hochschulen – konfrontiert sehen. Die Pisuvage gilt unter den Studierenden höherer Semesters und unter den Lehrenden als reife- und disziplinfördernd und weist somit eindeutige Ritusbezüge auf.

Es lässt sich an dieser Stelle festhalten, dass Bewährungsproben eben genannter Art in viel stärkerem Ausmaß funktionale Äquivalenzen zu Initiationsriten kalter Kulturen aufweisen als dies bei den Beweisproben der Fall ist. Die Erfüllung von Entwicklungsaufgaben qua Mutproben ist keinesfalls identisch mit Initiationsritualen. Allerdings erfüllen sie in modernen Gesellschaften in unterschiedlichem Ausmaß Funktionen, die in traditionalen Gesellschaften den Initiationsritualen vorbehalten sind (vgl. *Flammer* 1991). Strukturelle Äquivalenzen sind neben dem Momentum der „Mutdemonstration" bzw. der Beherrschung, vor allem bei den eichenden Bewährungsproben in der Aufnahme in die Gruppe der „Älteren" (z. B. Männerbünde, Gruppe der älteren Studenten) zu sehen. Auch bei den Peer-Group-bezogenen Mutproben steht die Integration als Ziel der Handlung im Mittelpunkt, auch wenn der Jugendliche hier keinen so deutlichen altersspezifischen Statusgewinn erlangt. Der symbolische Statusgewinn hingegen ist immens und wird keinesfalls in Abrede gestellt. Deshalb ist auch besonders von symbolischen Äquivalenzen zwischen den einzelnen Formen von Mutproben und den Initiationsriten auszugehen. In diesem Bedeutungskontext sind auch die Mutproben als moderne Formen ritueller Initiationshandlungen zu sehen.

Literatur:

Baur, J. (1988): Über die geschlechtstypische Sozialisation des Körpers. Ein Literaturüberblick. In: Zeitschrift für Sozialisationsforschung und Erziehungssoziologie, 8, 2. S. 152 – 160.

Bilden, H. (1991): Geschlechtsspezifische Sozialisation. In: Hurrelmann, K./Ullich, D. (Hrsg.): Neues Handbuch der Sozialisationsforschung. Weinheim. S. 279 – 301.

Erdheim, M. (1984): Die gesellschaftliche Produktion von Unbewusstheit. Eine Einführung in den ethnopsychoanalytischen Prozess. Frankfurt.
Flammer, A. (1991): Entwicklungsaufgaben als Rituale? Entwicklungsaufgaben anstelle von Ritualen? In: Klosinski, G. (Hrsg.): Pubertätsriten. Äquivalente und Defizite in unserer Gesellschaft. Bern. S. 89 – 101.
Gennep, A. van (1909): Rites de passage. Paris: Emile Nourry. (dt.: Übergangsriten. Frankfurt 1986).
Gillis, J. R. (1980): Geschichte der Jugend. Tradition und Wandel im Verhältnis der Altersgruppen und Generationen in Europa von der zweiten Hälfte des 18. Jahrhunderts bis zur Gegenwart. Weinheim.
Grohs, E. (1980): Kisazi. Reiferiten der Mädchen bei den Zigua und Ngulu Ost-Tanzanias. Berlin.
Helfferich, C. (1997): „Männlicher" Rauschgewinn und „weiblicher" Krankheitsgewinn? Geschlechtsgebundene Funktionalität von Problemverhalten und die Entwicklung geschlechtsbezogener Präventionsansätze. In: Zeitschrift für Sozialisationsforschung und Erziehungssoziologie, 17, 2, S. 148 – 161.
Hugger, P. (1991): Pubertätsriten – einst und jetzt – aus der Sicht des Volkskundlers. In: Klosinski, G. (Hrsg.): Pubertätsriten. Äquivalente und Defizite in unserer Gesellschaft. Bern. S. 25 – 39.
Jessor, R./Jessor, L. (1977): Problem behavior and psychological development. A longitudinal study of youth. New York: Academic Press.
Le Breton, D. (2001): Riskantes Verhalten Jugendlicher als individueller Übergangsritus. In: Raithel, J. (Hrsg.): Risikoverhaltensweisen Jugendlicher. Formen, Erklärungen und Prävention. Opladen. S.111 – 128.
Levi-Strauss, C. (1972): Rasse und Geschichte. Frankfurt.
Mead, M. (1971): Der Konflikt der Generationen. Jugend ohne Vorbild. Freiburg.
Müller, K. E. (1996): Initiationen. In: Müller, K. E./Treml, A. K. (Hrsg.): Ethnopädagogik. Sozialisation und Erziehung in traditionellen Gesellschaften. Berlin; S. 69-91.
Opaschowski, H. (2000): Xtrem. Der kalkulierte Wahnsinn. Extremsport als Zeitphänomen. Hamburg.
Popp, V. (1969): Initiation. Zeremonien der Statusveränderung und des Rollenwechsels. Frankfurt.
Raithel, J. (1999): Subjektive Konzepte zu Mutproben, riskantem und waghalsigem Verhalten Jugendlicher. In: Prävention, 22, 4, S. 103 – 105.
Raithel, J. (2001a): Risikoverhaltensweisen Jugendlicher – Ein Überblick. In: Raithel, J. (Hrsg.): Risikoverhaltensweisen Jugendlicher. Formen, Erklärungen und Prävention. Opladen. S. 8 – 23.
Raithel, J. (2001b): Explizit risiko-konnotative Aktivitäten und riskante Mutproben. In: Raithel, J. (Hrsg.): Risikoverhaltensweisen Jugendlicher. Formen, Erklärungen und Prävention. Opladen. S.237 – 248.
Steuten, U. (2000): Rituale bei Rockern und Bikern. In: Soziale Welt, 51, 1, S. 25 – 44.
Soeffner, H.-G. (1995): Die Ordnung der Rituale. Die Auslegung des Alltags 2. Frankfurt.
Whiting, J. W. M./Kluckhohn, R./Anthony, A. (1958): The Function of Male Initiation Ceremonies at Puberty. In: Maccoby, E. E./Newcomb, T. M./Hartley, E. L. (Eds.): Readings in Social Psychology. New York. S. 359 – 370.
Whiting, J. W. M. (1962): Comments on The Function of Male Initiation Ceremonies. In: Journal of American Sociology, 67, 4, S. 391 – 394.
Young, F. W. (1962): The Function of Male Initiation Ceremonies. A Cross-cultural Test of

an Alternative Hypothesis. In: Journal of American Sociology, 67, 4, S. 379 – 391 und S. 394 – 396.
Young, F. W. (1965): Initiation Ceremonies. A Cross-Cultural Study of Status Dramatization. Indianapolis/New York.

Uwe Sander

Jugend – der lange Marsch ins Erwachsenenalter

Dieser Aufsatz wird von der Vermutung bestimmt, dass heute in modernen Gesellschaften die Jugendphase mehreren grundlegenden Strukturveränderungen unterworfen ist. Zum einen verschwimmen die biographischen und ehemals ritualisierten Grenzen der Jugendphase zur Kindheit und vor allem zum Erwachsenenalter hin. Die Jugendzeit eines heranwachsenden Menschen als Zeitspanne wird damit zeitlich entgrenzt und biographisch diffus, obgleich das Phänomen Jugend noch vorhanden und ausmachbar ist und von seiner auch biographischen Bedeutung sogar expandiert. Weiter ist heute zu beobachten und von vielen Jugendstudien belegt, dass die sich noch immer ausdehnende Jugendphase mit einer Freisetzung bzw. Vorenthaltung verantwortungsvoller gesellschaftlicher Partizipationschancen einhergeht (vgl. *Jugendwerk der Deutschen Shell*, 2000). Jugendliche bleiben heute immer länger vom Arbeitsmarkt, von familialer Verantwortung und auch – z. T. selbstentschieden – von politischer Partizipation ausgeschlossen. Der lange Marsch ins Erwachsenenalter führt also durch ein ausgeweitetes Moratorium jugendlicher 'Freiheit'; bis junge Frauen und Männer heute wirklich 'erwachsen', d. h. ökonomisch selbständig, lebenspraktisch autonom und in ihren gesellschaftlichen Rolleneinbettungen vergewissert werden, vergeht eine lange Zeit. Und es existieren kaum standardisierte und äußerlich erkennbare Transformationsriten mehr, die dem betreffenden Heranwachsenden und seiner sozialen Umgebung eindeutig anzeigen, wann man tatsächlich nicht mehr Jugendlicher, sondern Erwachsener ist. Den 'Ernst des Lebens' gibt es zwar noch, aber, so könnte man meinen, als Erwachsenenleben hat er seine eindeutigen Flaggensignale (Riten) eingebüßt und kommt heute eher peu a peu und unbemerkt.

1. Wandel der Jugendphase

Wir erleben heute mit dem derzeitigen Wandel der Jugendphase ein faszinierendes Paradoxon. Vor gar nicht langer Zeit, nämlich im 20. Jahrhundert, entstand und expandierte 'Jugend' als gesamtgesellschaftliches Massenphänomen. In historisch relativ kurzer Zeit konnte sich 'Jugend' als Lebensphase des Aufwachsens in den modernen Industriestaaten so durchsetzen, dass sie zum allgemeinen biographischen Muster für fast alle Heranwachsenden wurde. Noch im neunzehnten und beginnenden zwanzigsten Jahrhundert traten viele junge Menschen direkt aus der Kindheit in ein arbeitsbelastetes Erwachsenenalter über. Nur wenige junge Menschen erlebten den Luxus eines Moratoriums der Jugendzeit, in dem viele Zwänge der Kindheit entfielen, aber das eigene Leben und vor allem die Existenzsicherung noch nicht selbstverantwortlich gestaltet werden mussten. Nur Heranwachsenden aus gut situierten Verhältnissen (und dann wiederum noch einmal überwiegend den männlichen Heranwachsenden) war es erlaubt, eine Zeit der (Schul-) Ausbildung ohne Erwerbsarbeit zu verbringen, sich in begrenzten Freiräumen mit Gleichaltrigen zu treffen und ein gemeinsames Jugendleben zu erleben, aber gleichzeitig noch den Schutz und die Unterstützung des Elternhauses genießen zu können. Das änderte sich dann im Verlauf des 20. Jahrhunderts mit der steigenden Prosperität in Deutschland ab den 50er Jahren rapide. Jetzt waren alle Heranwachsenden 'Jugendliche', wenn auch noch immer unterschiedlich lang, mit unterschiedlichen Freiräumen und Möglichkeiten ausgestattet, von materiellen und sozialen Ressourcen abhängig und je nach Geschlecht ungleich behandelt. Mit dieser Durchsetzung der 'Jugend für alle' im zwanzigsten Jahrhundert ging allerdings keine Standardisierung der Jugendzeit als biographisches Muster einher. Die 'Jugendzeit' als Lebensphase wechselte im 20. Jahrhundert mehrfach ihre Gestalt, differenzierte sich zudem aus und grenzte sich immer diffuser vom Erwachsenenalter ab, sodass im zwanzigsten Jahrhundert, kaum dass sich die 'Jugend' etabliert hatte, schon wieder vom 'Ende der Jugend' die Rede war (vgl. schon früh: *Scheuch* 1975; weiter: *Ferchhoff* 1999). Diese Entwicklung der Ausbildung und der Ausdifferenzierung der Jugend vollzog sich unter verschiedenen gesellschaftlichen Einflüssen, z. B. den Schulreformen mit tendenzieller Angleichung von Lebenschancen und der Verlängerung der Ausbildungszeiten – 1955 z. B. gingen 78% der 16-Jährigen nicht mehr zur Schule, während Ende des 20. Jahrhunderts für fast alle Angehörigen dieser Altersgruppe die Schule noch zum Lebensalltag gehörte (vgl. *Sander/Vollbrecht* 1998). Weiterhin spielt der Wertewandel (vgl. als frühe Prognose: *Inglehart* 1975; für das vereinte Deutschland: *Meulemann* 1996) eine wichtige Rolle sowie die Kommerzialisierung und Mediatisierung der Lebenswelt (*Baacke/Sander/Vollbrecht* 1991), natürlich auch die politischen Umwälzungen und nicht zuletzt jugendspezifische Einflüsse. So entstanden seit Anfang des Jahrhunderts vielerlei Jugendkulturen, mit denen sich Jugendliche von der Erwachsenenwelt absetzten und eigene ästhetische Stile, Lebensmuster und Werte kreierten (vgl.: *Baacke* 1999; *Ferchhoff/Sander/Vollbrecht* 1995). Die Vielfalt und das Expandieren dieses jugendkulturellen Lebens können als zweiter Grund dafür aufgeführt werden, das 20. Jahrhundert zum Jahrhundert der Jugend zu erklären. Ihr Einfluss auf die gesamte Sozialkultur Deutschlands wie der gesamten (westlichen) Welt war und ist prägend; Kunst, Mode, Musikrichtungen, Lebensziele und Werte allgemein orientieren sich im 20. Jahrhundert immer stärken an jugendkulturellen Vorgaben, und die Freizeitindustrie sowie der Konsumsektor haben sich darauf eingestellt. Und schließlich lässt sich noch ein dritter Grund anführen, nämlich die Durchsetzung von *Jugendlichkeit* als universale und normative Sozialkulturvorgabe in Deutschland und allen anderen modernen Gesellschaften. Waren ehemals die Phasen Kindheit und Jugend untergeordnete „Statuspassagen" ins Erwachsenenleben, so erringt die Jugendzeit im 20. Jahrhundert „eigenes Recht" (*Fuchs* 1983), d. h. einen hohen Eigenwert und eine starke Attraktivität für die Heranwachsenden. Für junge Menschen verliert damit das Erwachsenenalter als Zielwert an Bedeutung; sie wollen möglichst lange Jugendliche bleiben. Und viele Erwachsene pflegen weiterhin den Habitus der Jugendlichkeit, indem sie sich modisch-jung geben, auch wenn sie schon längst nicht mehr als 'Postadoleszente' bezeichnet werden können. Mit dem Begriff Postadoleszenz (d. h.: Nach-Jugend) reagierte die Jugendforschung auf das Phänomen eines Festhaltens jüngerer Erwachsener am Jugendstatus – diese Personen waren nicht mehr Jugendliche, aber auch noch nicht Erwachsene im klassischen Sinne, eben 'Postadoleszente'. *Zinnecker* etwa vertritt für den Beginn der 80er Jahre die These, dass „sich gegenwärtig das System der Altersgliederung, das im Industriekapitalismus sich herausgebildet hat, neu konstituiert. Die durchschnittliche oder Normalbiographie differenziert sich aus, die klassische Jugendphase erhält einen sozialen 'Aufbau'. Zwischen Jugend- und Erwachsensein tritt eine neue und gesellschaftlich regulierte Altersstufe. D. h.: zunehmend mehr Jüngere treten nach der Jugendzeit als Schüler nicht ins Erwachsensein, sondern in eine Nachphase des Jungseins über. Sie verselbständigen sich in sozialer, moralischer, intellektueller, politischer, erotisch-sexueller, kurz gesprochen in soziokultureller Hinsicht, tun dies aber, ohne wirtschaftlich auf eigene Beine gestellt zu sein, wie es das historische Jugendmodell vorsieht. Das Leben als Nach-Jugendlicher bestimmt das dritte Lebensjahrzehnt." (*Jugendwerk der Deutschen Shell 1981*). Vergleicht man etwa Fotoaufnahmen von 40-Jährigen der letzten 100 Jahre, so sind – jedenfalls in äußerlicher Wahrnehmung – aus ehemals fast schon 'alten' Menschen gegen Ende des 20. Jahrhunderts 'späte Jugendliche' geworden. Jugendlichkeit als ästhetisierter Habitus hat sich damit fast schon vom Lebensabschnitt Jugend abgekoppelt (vgl. zum Phänomen der 'jungen Alten': *Tews* 1993)

Diese Vorgänge haben sich auch auf die Beschäftigung und die Beachtung der Jugend ausgewirkt. Nie zuvor wurde Jugend so intensiv diskutiert, thematisiert und erforscht wie im vergangenen 20. Jahrhundert; und nie zuvor konnte sich aus der Altersspanne Jugend (die außerhalb des klassischen Erwachsenenalters liegt!) eine so universale Idealfigur für fast alle Erwachsenen entwickeln. Langsam beginnend mit dem Anfang des Jahrhunderts setzte nach und nach die Karriere von *Jugend* als eigenständige Lebensphase bzw. *Jugendlichkeit* als Lebenshaltung ein; bis sich das, was *Tenbruck* schon früher als 'Puerilismus der Gesamtkultur' beschrieben hatte (*Tenbruck* 1962), ab den 70er Jahren bis zum Ende des 20. Jahrhunderts über nationale Grenzen hinweg als normativer Maßstab für ein 'gutes' bzw. attraktives Erwachsenenleben durchsetzen konnte. Das Ganze trägt leicht paradoxe Züge, wurden doch die Menschen im 20. Jahrhundert einerseits immer älter (verbunden mit einem steigenden Anteil von *Alten* in der deutschen Bevölkerung) und suchten sich dennoch immer jugendlichere Idealbilder, an denen sie sich in körperlicher, ästhetischer und kultureller Hinsicht auszurichten bemühten.

Jugend als Begriff und Konzept zeigt also Flexibilität und lässt sich, wie oben angedeutet, sogar auf 'junge Alte' übertragen. Auch sonst wurde und wird der Begriff Jugend im alltäglichen und wissenschaftlichen Sprachgebrauch keinesfalls einheitlich verwendet. Er kann junge Menschen zwischen 13 und 18 bzw. 21 Jahren als Personengruppe meinen, sich also auf eine Zeitspanne der Biographie beziehen, die Jugend genannt wird; Jugend kann ein historisch entstandenes soziales Phänomen bezeichnen (*Gillis* 1980, *Mitterauer* 1986) oder den jeweiligen Möglichkeitsraum der Entwicklung, den eine Gesellschaft der nachwachsenden Generation von Jugendlichen bietet. Jugend kann als Erziehungsaufgabe, als „gesellschaftliches Problem" (*Griese* 1983) oder auch entwicklungspsychologisch als Reifephase mit spezifischen psychosozialen Entwicklungsaufgaben (*Schumann-Hengsteler/Trautner* 1996) verstanden werden, und schließlich ist Jugend auch ein juristischer Terminus. In allen Fällen geht es nicht um etwas naturhaft Vorgegebenes. Denn obgleich heute vielen die Jugendphase wie eine Naturkonstante erscheinen mag, ist sie – historisch gesehen – noch relativ jung. Auch das hat die intensivere wissenschaftliche Beschäftigung mit Jugend im 20. Jahrhundert gelehrt: Sogar der historische Rückblick auf das 20. Jahrhundert selbst lässt sowohl geschichtliche Relativität, gesellschaftliche Bedingtheit, aber auch gewisse Konstitutiva eines Gleichaltrigenlebens Heranwachsender erkennen, das wir *Jugend* nennen. Zu den notwendigen gesellschaftlichen Vorbedingungen einer peerorientierten und kulturell je besonderen Lebensphase Jugend gehören Institutionen wie z. B. die Schule, die als Kristallisationskerne von Gleichaltrigenkulturen wirken (vgl. im historischen Rückblick: *Hornstein* 1966); weiter werden Heranwachsende erst über eine gewisse Freistellung von Arbeit, Familie, Ehe, Verantwortlichkeit und über eine gewissen

Autonomie der Lebensführung zu *Jugendlichen*. Diese Voraussetzungen für Jugendlichkeit und eine im heutigen Sinne charakteristische Jugendphase waren zu Beginn des Jahrhunderts längst nicht für alle jungen Menschen gegeben. Region, Geschlecht und Sozialstatus trennten die Heranwachsenden (eigentlich während der gesamten 100 Jahre) in unterschiedliche Varianten des Jungseins, die, entsprechend der sozialen und historischen Umstände, auch unterschiedlich von der Kindheit und dem Erwachsenenalter rituell und symbolisch getrennt wurden.

Historische Beispiele für eine ganze Fülle unterschiedlicher Übergangsriten in Europa, durch die junge Männer oder Frauen in den Status 'erwachsener' Männern und Frauen versetzt wurden, zeichnet *Michael Mitterauer* (1986) auf. In früheren Zeiten waren das etwas die Berechtigung, Waffen zu tragen, religiöse Zeremonien wie Konfirmation oder Firmung, aber auch Kleiderordnungen, Haarschnitte oder Anredeformen, über die symbolisch die 'Grenze' zwischen Jugend und Erwachsenenalter markiert wurde. Allerdings: „Für die Geschichte der Jugend in Europa erscheint es besonders wesentlich, dass in der christlich-abendländischen Tradition die Initiation als eine im Anschluss an die Geschlechtsreife erfolgende, *umfassende Reifeerklärung* für alle Bereiche des Erwachsenenlebens fehlt. An Stelle dessen gibt es eine Fülle von Teilreifen" (*Mitterauer* 1986, S.54; Hervorhebung U. S.). Liegen in dieser Traditionslinie eventuell schon die Voraussetzungen dafür, dass im Ausgang des 20. Jahrhunderts auch diese jugendlichen Teilreifen immer verschwommener, wechselnder und zunehmend entritualisierter werden konnten? An die Stelle ritueller Rahmungen der Jugend, so der Anschein, haben sich an den Grenzen zur Kindheit und zum Erwachsenenalter nach und nach Indifferenz und Beliebigkeit darüber durchsetzen können, wer kindlich, jugendlich, jung, fast erwachsen oder erwachsen ist. Die biographische Jugendphase konnte sich mit den traditionellen ritualisierten Reifezeremonien auch weitgehend von eindeutigen Definitionen und gesellschaftlich-standardisierten Vorgaben 'befreien', und diese 'Freiheit' der Indifferenz über das, was Jugend ist, hängt m. M. n. direkt mit der schon angesprochenen Sonderstellung zusammen, die jungen Menschen heute im gesellschaftlichen Leben eingeräumt wird.

2. Gesellschaftlich bedingte 'Freiheit' Jugendlicher – Inklusion und Exklusion

Die folgenden Ausführungen gehen etwas ins Allgemeine und Sozialwissenschaftliche und sollen begründen, wie der Einfluss moderner gesellschaftlicher Strukturen zu einem Wandel der Jugend führen kann, in dem schließlich die Jugendphase ihre zeitlichen, rituell markierten Grenzen verliert und in dem Jugendlichkeit auch ihren hehren Charakter, nämlich Motor und Streben zum Besseren und Neuen zu sein, abstreift und statt dessen zu einem ästhetisch universell und tendenziell altersunabhängigen Stilmuster konvertiert.

Funktional ausdifferenzierte, d. h. nach sachlichen Aufgaben ausgerichtete Teilbereiche der Gesellschaft (Wirtschaftssystem, Recht, Ausbildungssystem usw.) 'binden' Personen über ein vorstrukturierte Publikums- oder Teilnehmerbeziehungen. Inklusion (vgl. *Nassehi* 1997) bezeichnet damit die Segmente einer 'ganzen Person', die im Kontakt zu Funktionssystemen relevant werden. In der Schule wäre das der Jugendliche als 'Schüler/in', für die Politik der Jugendliche als 'Wähler/in' und im Konsumsektor der Jugendliche als Käufer/in bzw. Verbraucher/in. Funktionale Exklusion meint nun nicht die Nichtteilnahme an Funktionssystemen, sondern bezieht sich auf die Kehrseite von Inklusion. Funktional ausdifferenzierte Teilbereiche der Gesellschaft grenzen *innerhalb* der Beziehung zu Personen irrelevante Aspekte (Handlungsweisen, Einstellungen, Meinungen etc.) aus und überlassen diese Aspekte der individuellen 'Freiheit'. So spielt z. B. die politische Einstellung einer Schülerin in der Schule (tendenziell) keine Rolle; ein Arbeitsloser bekommt als Muslim, Christ oder Atheist Arbeitslosengeld; und das Jugendrecht gilt unabhängig von der Länge der Haare.

Betrachten wir nicht Funktionsbereiche, sondern soziale Gruppen, so zeigt sich ein ähnliches Phänomen. Die Mitgliedschaft bzw. die Beziehung zu sozialen Gruppen 'bindet' Personen und regelt Handlungsweisen und Denkmuster über vorstrukturierte soziale Regeln (Soziale Kontrolle) – klassischerweise in traditionellen Gesellschaften, die über feste Gruppenstrukturen verfügen. Auch hier bestimmt soziale Inklusion die Segmente einer 'ganzen Person', die im Kontakt zu sozialen Gruppen relevant werden. Allerdings verlieren soziale Inklusionsmuster im Laufe der Moderne an Verbindlichkeit. Soziale Inklusion ist wandlungsfähig: Was eine Tochter, ein Nachbar oder ein Arbeitskollege denkt, glaubt oder an Kleidung trägt, kann inkludiert (d. h. durch die Gruppenbeziehung strukturiert) oder exkludiert werden. Und heutige Gruppenbeziehungen neigen eher dazu, immer mehr Aspekte des Persönlichen zu exkludieren. D. h., die Mitgliedschaft bzw. die Beziehung zu sozialen Gruppen grenzt je nach Qualität und Intensität bestimmte Aspekte (Handlungsweisen, Einstellungen, Meinungen etc.) aus und überlässt sie der individuellen 'Freiheit'. Soziale Exklusion meint nicht Desintegration, sondern bezeichnet den mit Inklusion verbundenen Effekt, dass *innerhalb* sozialer Beziehungsgefüge bestimmte Aspekte der beteiligten Personen *nicht* tangiert werden. Die These wäre nun: In modernen funktional ausdifferenzierten und sozialkulturell pluralisierten Gesellschaften kommt dem *Exklusionsbereich* eine zunehmende Bedeutung zu, besonders für Jugendliche. Dabei wären Tendenzen funktionaler Exklusion, dass sich Funktionsbereiche immer stärker spezialisieren und sich nach außen abschotten. Für Jugendliche stellen sich demnach gesellschaftliche Teilsysteme wie Arbeit, Recht oder Politik zunehmend als 'fremde' und undurchschaubare Sektoren der Gesellschaft dar. Weiterhin wird die Beziehung zwischen Funktionsbereichen und einzelnen Personen wird immer stärker formalisiert. Sie konzentriert sich zunehmend auf die Systemlogik der Funktionsbereiche und exkludiert demnach immer mehr 'irrelevante Aspekte' der Person. Das wiederum bedeutet für Jugendliche ein zunehmendes Maß an 'Freiheiten', nämlich genau die Indifferenz und Beliebigkeit, mit der gesellschaftliche Funktionsbereiche auf ästhetische Vorlieben oder private Bereiche der Lebenspraxis reagieren. Das hat für Jugendliche die Konsequenz: Sie werden in gesellschaftlichen Funktionsbereichen als Schüler, Auszubildende, als Jungwähler, Konsumenten oder Delinquenten behandelt – ohne Ansehen der 'restlichen Person'. Einstellungen, politische Haltungen, ästhetische Vorlieben bleiben in funktionalen Beziehungen z. B. häufig ausgeschlossen. Dadurch expandiert der Exklusionsbereich, also die Sphäre der Lebensmuster, Handlungsweisen und Einstellungen, die durch Jugendliche 'autonom' verwaltet werden kann. Die zunehmende funktionale Ausdifferenzierung moderner Gesellschaften schafft dadurch für Jugendliche historisch neu einen expandierenden 'Freiraum', in dem individuelle Entscheidungen ehemalige gesellschaftliche Vorstrukturierungen übernehmen können – aber auch müssen.

Im Bereich sozialkultureller Beziehungen zeigen sich ähnliche Phänome: Im Prozess der Individualisierung und Anonymisierung sozialer Beziehungen 'verinseln' zum einen die sozialen Beziehungen zu unterschiedlichen Gruppen. Einbindungen Jugendlicher zu Familie, Freunden, Mitschülern etc. isolieren sich voneinander und heterogene Beziehungsmuster können parallel existieren. Innerhalb der einzelnen Gruppenbeziehungen reduziert sich der Bereich der sozialen Inklusion; viele Gruppenbindungen, z. B. auch innerhalb der Familie, strukturieren nur noch Teilaspekte der Lebensführung Jugendlicher. Die Familie z. B. überlässt Jugendlichen immer früher die Strukturierung der Freizeit, der Freundschafts- und Partnerschaftsbeziehungen und greift weniger in die schulische, berufliche und persönliche Biographieplanung ein. Die verbindlichen Regeln von Gruppenbindungen verlieren für Jugendliche damit an 'Ganzheitlichkeit': Moden, Lebensstile, Berufskarrieren und biographische Verläufe werden nicht mehr dominant über die bestehenden Sozialgruppenbeziehungen (z. B. Familie, Verwandtschaft, Nachbarschaft etc.) vorstrukturiert. Soziale Exklusion lässt somit *innerhalb* sozialer Gruppenbeziehungen immer stärker *Differenz* zu (z. B. Lebensstile, politische Einstellungen, Normen etc. innerhalb der Familie oder innerhalb von Freundschaftsbeziehungen). Demgegenüber vergrößert sich der Bereich der sozialen Exklusion. Trotz bestehender sozialer Gruppenbindungen setzt der soziale Exklusionsbereich viele Lebensmuster, Handlungsweisen und Einstellungen Jugendlicher 'frei'. Auch die zunehmende sozialkulturelle Pluralisierung moderner Gesellschaften schafft demnach historisch einen wachsenden 'Freiraum', in dem individuelle Entscheidungen die Aufgabe ehemaliger kollektiver Vorstrukturierungen übernehmen müssen.

'Freiheit' heißt demnach hier: Soziale und funktionale Exklusion markieren für Jugendliche zunehmend Bereiche des Handelns und Denkens, der Lebensführung und des Lebensstils, die trotz sozialer und funktionaler Inklusion *nicht* mehr über eindeutige Regeln vorstrukturiert werden. Damit ist keineswegs ein Wertewandel oder Regelverlust verbunden. Vielmehr verlagern gesellschaftliche Strukturprozesse zunehmend Synthetisierungsaufgaben und Bereiche der Lebensbewältigung in die individuellen Entscheidung Jugendlicher.

Diese 'Freiheit' hat für Jugendliche eine ganze Menge Konsequenzen. Sie führt z. B. zu einer steigenden Kontingenz (Beliebigkeit) jugendlichen Verhaltens und jugendlicher Einstellungen. Es scheint eine Tendenz zu geben, dass mit der Zunahme exkludierter Entscheidungsfreiheiten der Soziale Wandel der Jugendphase angeheizt wird. Einstellungsmuster und Verhaltensweisen Jugendlicher variieren immer schneller und ohne eindeutige Zielrichtung. Das führt zu zunehmenden Anpassungsproblemen zwischen den dynamischen Phänomenen der Jugend und den eher statischen gesellschaftlichen Funktionsbereichen. Ein Beispiel wäre das Verhältnis von Politik und Jugend. Das Politische System mit Parteien, festen Regeln und starren Mechanismen auf der einen Seite und die wechselnden Politikvorstellungen und politische Partizipationsformen Jugendlicher auf der anderen Seite stehen sich heute zunehmend fremd gegenüber.

Weiterhin kann diese 'Freiheit' zu extremen Reaktionen Jugendlicher aufgrund singulärer Ereignisse führen. Jugendliche Handlungs- und Denkmuster, die stark von individuellen Entscheidungen abhängen, sind anscheinend sehr anfällig gegenüber einzelnen persönlichen Fügungen oder gegenüber einzelnen externen Einflüssen. Auf der individuellen Ebene können Schulversagen, Liebeskummer oder Identitätsprobleme die Leistungsfähigkeit der Identitätsarbeit überfordern; und allgemein können es Medienereignisse wie Kriegsberichterstattungen, hohe Arbeitslosenzahlen o. ä. sein, die ohne Abfederung durch vorstrukturierende Kollektivdeutungen die exkludierte 'Freiheit' für Jugendliche zu einer Belastung werden lassen.

Derselbe Grund kann auch die Einflussmöglichkeiten einzelner gesellschaftlicher Bereiche oder Gruppen auf Jugendliche erhöhen. Funktionale und soziale Exklusion haben den Effekt, dass die Intensität des Einflusses einzelner Funktionsbereiche (wie Medien oder Konsum) oder einzelner Gruppenbeziehungen (z. B. Peers oder Szenen) kaum von den anderen Funktionsbereichen oder Gruppen kontrolliert werden kann. So kommt es zunehmend vor, dass Jugendliche neben den übrigen 'lockeren' Bezügen z. B. zu Nachbarschaft, Familie; Schule etc. intensive Bezüge zu Cliquen oder zum Medien- oder Konsumbereich aufbauen. Die besonderen Beziehungen können dann 'ungestört' Strukturierungsfunktionen jugendlichen Denkens oder Handelns übernehmen, die ehemals von einer Vielzahl intensiver Gruppenbeziehungen übernommen wurden.

Es wäre sicherlich falsch, Exklusion in einer kulturkritischen Manier nur negativ zu beurteilen. Eine eher neutral zu bewertende Folge soll abschließend zu unserem Thema der Entritualisierung des Jugendalters zurückführen. Auch die Bereitschaft, sich traditionellen Übergangsritualen ins Erwachsenenalter zu unterwerfen, sie ernst zu nehmen oder – wie die Jugendweihe bzw. die Konfirmation – als willkommenen Anlass für Geldgeschenke zu instrumentalisieren, fällt unter die exkludierten Freiheiten des Jugendalters. Weder die sozialen Gruppen, in die Jugendliche eingebunden sind, noch die Funktionsbereiche der Gesellschaft beachten heute noch ernsthaft die klassischen Übergangsrituale. Als Marke, die den Eintritt ins Erwachsenenalter kennzeichnet, spielen sie kaum mehr eine Rolle. Und so wundert es nicht, wenn infolge der nachlassenden gesellschaftlichen Beachtung die traditionellen Rituale zwischen Jugend und Erwachsenenalter an Bedeutung verlieren.

Im folgenden Abschnitt wird noch einmal die These der Entritualisierung von Jugend stark gemacht, aber in einer ambivalenten Form. Zuerst möchte ich zeigen, dass nicht nur rituelle Formen der Abgrenzung zwischen Jugend- und Erwachsenenalter möglich sind, sondern dass Jugendlichkeit selbst einen rituellen Wert annehmen kann. Wie die Rituale der Jugend unterliegt allerdings auch Jugendlichkeit als Ritual Wandlungsprozessen; hier werden sie im Folgenden beschrieben in einer Linie, die sich von Jugendlichkeit als romantisches Ideal der Neuerung und des Aufbruchs hinbewegt zu einem ästhetisierten Lebensstilmuster, das nicht nur für Jugendliche gilt, sondern immer stärker auch auf Erwachsene Faszination ausübt.

3. Jugendlichkeit – vom romantischen Aufbruchsideal zum ästhetischen Lebensstilmuster

Baacke (1972) zitiert in den frühen siebziger Jahren in seinem Buch „Jugend und Subkultur" zwei Figuren aus der griechischen Mythologie, die beiden ungleichen Brüder Prometheus und Epimetheus, die das Verhältnis von Jugend und Gesellschaft metaphorisch repräsentieren sollen. Prometheus steht für das planerische, gestaltende Prinzip der Moderne, in ihm vereinigen sich die rationalen Prinzipien der Erwachsenengesellschaft. Sein Bruder Epimetheus dagegen vertritt die gegenteilige Variante des Fortschritts. Nicht der wissenschaftlich-technokratischen, sondern der humanen, 'besseren' Gesellschaft gibt er einen Namen. Epimetheus gilt als „Vater eines neuen Menschengeschlechts, der weniger plante und institutionalisierte als die Menschen liebte; der nicht rationalisierte, sondern die *Hoffnung* bewahrte auf eine Welt, in der die Menschen 'spontan', 'unabhängig', 'aufeinander bezogen' leben werden" (*Baacke* 1972, S.170). Diese mythische Gestalt des Epimetheus, seinerzeit von *Illich* (1972) jugendtheoretisch stilisiert und mit anderem Namen, aber in derselben Struktureigenschaft einer nicht planenden, sondern ungestüm neuernden Kraft der Gesellschaftsveränderung auch bei *Charles Reich*, *Theodore Roszak* u. a. zu finden, projiziert eine Hoffnung in die Jugend, die eine untrennbare Liaison mit dem Jugendbegriff eingegangen ist. Jugend strahlt in dieser Metaphorik die Morgenröte einer 'neuen Zeit' aus, und unverbrauchte Jugendbewegungen revolutionieren in immer neuen Wellen die erstarrende Kultur einer erwachsenenzentrierten Gesellschaft. Pädagogik wusste und weiß diese das Verständnis von Jugend prägende Metapher geschickt für sich zu nutzen. Indem aufgeschlossene Pädagogen junge Menschen bilden, formen, fördern oder in ihrer Suche nach dem Neuen unterstützen und vor den Disziplinierungsversuchen der Gesellschaft schützen, beteiligen sie sich insgeheim an dem Projekt der jugendkulturellen Neuerung. Die pädagogische Perspektive der Jugend als quasi-natürlicher Innovationsfaktor, als „Mutationspotential der Gesellschaft" (*Tenbruck* 1965; in *Baacke* 1972: S.162), adelt nicht nur die Klientel der Pädagogik, sondern auch die Pädagogik selbst. Hilft die Profession doch, dass die Jugend aus einer marginalisierten Position in die Gesellschaft hineinwirken kann und diese in Fortschrittsschüben verändert. In der Jugenddebatte der siebziger Jahre warnte *Baacke* vor einer solchen idealisierenden Jugendsemantik, „dieser Schreibweise nahe dem Genos fiktiver Literatur", die „Züge von Fiktionalität in der Sache" selbst verrät. „Es kommt zu ungefähren und mythischen Überhöhungen in einem verkürzten Rousseauismus, der Ursprungssituationen als Modell für ein zukünftiges Leben aller Menschen setzen möchte" (1972, S.172).

Die Frage stellt sich nun, wie sich seit den frühen siebziger Jahren die wissenschaftliche Jugendsemantik gewandelt hat. Was ist aus dem dialektisch angelegten Projekt geworden, die jugendlichen Außenseiter, die ungestümen Neuerer, die Sub-, Alternativ- oder einfach nur pluralen und innovativen Kulturen der Jugend, die sich anscheinend *gegen* die bestehende Gesellschaft und ihre tradierte Ordnung stemmen, jugendtheoretisch *für* eine neue und bessere Gesellschaft zu verbuchen?

Das wissenschaftliche Verständnis von Jugend stellt junge Menschen in ein ambivalentes Verhältnis zur Gesellschaft. Zum einen repräsentieren kulturelle Jugendformationen eine *Opposition* und damit eine Gefahr gegenüber der bestehenden gesellschaftlichen Ordnung, zum anderen gelten sie in teleologischen Gesellschaftsmodellen als unabdingbarer *Motor gesellschaftlicher Innovationen*. Jugendkulturen als Topos ruhen demnach auf einem gesellschaftsstrukturellen Verständnis, das divergierend sein kann, jedoch eine Gemeinsamkeit besitzt: „unabhängig, welche gesellschaftliche Funktion man den Jugendkulturen zuweist, sieht die entsprechende Diskussion nie davon ab, Jugendkulturen aus dem gesellschaftlichen Gesamtzusammenhang zu erklären. Die Eigenständigkeit von Jugendkulturen ist nur intern, sie sind aber einzig aus externen Bezügen, ihrer Einlagerung in die gesamtgesellschaftlichen Bewegungen, erklärbar." (*Baacke* 1987, S.103)

Dieser gesellschaftsstrukturelle 'rote Faden' der Jugenddebatte beginnt etwa bei *Gustav Wyneken*, der als Urheber des Gedankens gelten darf, dass Jugendliche einerseits als eine *eigene, neue* und *kraftvolle* Kultur junger Menschen anzusehen sei. Andererseits bringt der Schulreformer *Wyneken* im Konzept der Jugend eine *gesellschaftlich antizipierende Vision* unter, die getragen von der geistig-kulturellen Kraft der Jugend und unterstützt von schulischen Reformmodellen der Jugend die Aufgabe der Bildung einer 'neuen' Gesellschaft überträgt.

Diese jugendliche Personifizierung des geistig-kulturellen Fortschritts, d. h. einer gesellschaftlichen Erneuerung jenseits des technisch-wissenschaftlichen Wandels, wird nicht nur bei *Wyneken*, sondern auch daran im Anschluss beibehalten. Subjektzentriert und am Modell des 'ganzen', 'natürlichen' Menschen ausgerichtet braucht Utopia jugendliche Architekten.

Nicht die Strukturen der Gesellschaft ändern hier die Menschen, sondern Menschen (*Jugendliche*) ändern die gesellschaftlichen Strukturen. Prägnant fasst *Kroh* (1926, S.178) diese Sicht in der Meinung, dass die Jugend „die natürliche Trägerin nicht nur der Opposition (ist), sondern auch die bevorzugte Dienerin dessen, was werden will". In diesem Kontext geht *Abels* (1993, S.28f) auf zwei historische Spekulationen ein, in denen Szenarien entworfen werden, was passieren würde, wenn die Abfolge von Jung und Alt und damit die (personifizierte) Innovation von Gesellschaft anders verliefe. Die erste Spekulation geht auf *Comte* (1830) zurück: Wenn sich die Generationenfolge zeitlich ausdehnen würde, z. B. auf die doppelte Zeitspanne, so würde sich laut *Comte* auch die soziale Entwicklung der Gesellschaft dementsprechend verlangsamen. Die 'natürliche' (quasi anthropologische) Bewahrungstendenz der Alten würde die ebenso 'natürliche' Erneuerungstendenz der Jungen dominieren, und die gesellschaftliche Entwicklung würde damit stagnieren. In derselben Logik interpretiert *Comte* die umgekehrte Variante. Eine Verkürzung der Zeitspanne zwischen zwei Generationen hätte eine rasante soziale Neuerung zur Folge, der aufgrund ihrer Rasanz die Passung mit den gegebenen gesellschaftlichen Verhältnissen abhanden käme. In dieser Interpretation existieren in der Gegenwart die beiden personifizierten Kräfte von Vergangenheit (Alte) und von Zukunft (Jugend), deren 'natürlich' eingespieltes Kräfteverhältnis zwischen Bewahrung und Erneuerung vermittelt. Die zweite Spekulation bezieht sich auf *Mannheim* (1928): Was würde geschehen, wenn die Generationenfolge radikal abgebrochen würde und die gegenwärtige Generation ewig weiter leben würde? *Mannheim* argumentiert ähnlich wie 100 Jahre zuvor *Comte* und bezieht sich dabei auf die akkumulierten Kulturgüter, die die gesellschaftliche Ordnung beinhalten. Eine Stagnation der Generationenabfolge würde laut *Mannheim* auch eine Stagnation der Kultur bedeuten. Ohne Jugend perpetuiert sich die Reproduktion des Bestehenden ohne Innovationen – Jugend verbindet Vergangenheit und Gegenwart mit der Zukunft, sie steht für Entwicklung, kulturelle Bewegung, sorgt dafür, dass kulturelle Akkumulation nicht zur kulturellen Agonie erstarrt.

Diese Interpretation der Jugend setzt historisch, wie vielfach beschrieben, ein mit der Phase der Aufklärung und des Fortschrittsglaubens, ist also direkt verbunden mit der gesellschaftlichen Konstruktion von Jugend und der Etablierung des Bildungs- und Erziehungsgedankens. Faszinierend ist die rückblickende und vergleichende Beobachtung, dass über einen langen Zeitraum und trotz vielfältiger resignativer und kulturpessimistischer Intermezzi bis heute diese Funktionalisierung bzw. Instrumentalisierung der Jugend und der Jugendkultur Geltung behalten konnte. Obgleich den

Jugendlichen selbst bzw. der Entstehungslogik von Jugendkulturen diese instrumentelle Sichtweise häufig fremd geblieben sein dürfte, wurde sie der Wissenschaft der Jugend nie fremd. So spiegelt etwa die Jugendtheorie der 60er und 70er Jahre des 20. Jahrhunderts ungebrochen die visionäre Rolle der Jugend wider und bezieht ihre These der 'unruhigen' Jugend auf anthropologische Grundannahmen. *Muchow* z. B. formuliert als Grundkonstante der Jugend: „Der junge Mensch greift nach den Sternen oder ... ins Nichts; er hat noch keinen festen Boden unter den Füßen" (*Muchow* 1962, 186) und fasst damit die Ansicht in eine Formel, die Unfertigkeit und Unstetigkeit der Jugend seien die Ursachen für (durchaus positive) gesellschaftliche Innovationsschübe, die von den in gesellschaftliche Strukturen eingebundenen und saturierten Erwachsenen nicht mehr zu erwarten seien. Diese Rolle von Jugendkulturen wurde der Wandervogelbewegung Anfang des 20. Jahrhunderts unterstellt und gilt auch noch für die Jugendkulturen der späten achtziger Jahre. *Baacke* (1987, S.185) etwa taucht die Jugend in der ersten Ausgabe von „Jugend und Jugendkulturen", einem Werk, das durchaus mit oppositionellen Passagen traditionelle Sichtweisen von Jugend in Frage stellt, noch einmal in das helle Licht der 'neuen Zeit': „Seit dem Tod der Avantgarde als kulturellem Signum der Moderne wird die Jugend zum kulturellen Hoffnungsträger, zur Bedrohung oder 'zur fremden Ethnie'. Präfiguratives Denken, also eines, das sich nicht nur aus der Überlieferung und ihren Inhalten bestimmt, sondern menschliche Kultur enthält unter gleichzeitigem Vorentwurf der Existenz in Planung und Voraus-Simulation möglicher neuer Erfahrungen, gibt es derzeit kaum. Die Jugendkulturen können als Vorwegnahme geschichtlicher *Nötigung* und geschichtlichen *Sinns* verstanden werden. Die Nötigung besteht darin, die technologisch-industrielle Entfremdung verantwortlichen Lebens in systemrationalen Kalkülen zu überwinden; der Sinn besteht im Probehandeln konsumptiver Rollen, die die Frage nach einem aufgeklärten und freien Glück des Menschen neu stellen und beantworten helfen könnten." Zwar gab es in der Jugendtheorie auch die gegenteilige These der Jugend als 'gesellschaftlicher Gefahr', in positiver und optimistischer Perspektive galten Jugendliche jedoch durchweg als „'Vollstrecker' der Utopien und Projekte diverser Couleur" (*Helsper* 1991, S.29). Jugendliche wurden (und werden) also traditionell von Pädagogen und anderen Erwachsenen mit der Hypothek der Zukunft belastet, sei es in Form einer gesellschaftlichen oder beruflichen Position, die die Eltern nicht erreicht haben, oder allgemein mit dem gesellschaftlichen Fortschritt. Jugendliche Renitenz, Opposition etc. müssen dann entweder autoritär unterdrückt oder integrativ eingefangen, 'sinnvoll' gemacht werden. Die systematischen Jugendbilder (Jugendtypen, -generationen, -kulturen etc.)

seit 1945 können in dieser Hinsicht als Folge pädagogischer Instrumentalisierungsversuche rekonstruiert werden. Wir verfügen heute über eine ganze Anzahl von Jugendtypisierungen soziologischer, psychologischer, pädagogischer oder historischer Couleur. Diese Jugendbilder zeigen weniger, wie die Jugend tatsächlich war, sondern eher wie sie jeweils von Wissenschaft und Öffentlichkeit gesehen wurde.

Einen umfassenden Überblick der sozialwissenschaftlichen Jugendtheorien des 20. Jahrhunderts gibt der Band „Jugend vor der Moderne" (*Abels* 1993; vgl. auch:*Sander/Vollbrecht* 2000, *Griese* 1982 und zu empirischen Jugendstudien: *Fend* 1988, S.225ff). Ab der Nachkriegszeit und bis in die 80er Jahre werden fünf jugendtheoretische Abschnitte beschrieben. Der erste Abschnitt behandelt die Phase nach 1945, in der die Erziehung der Jugend, die pädagogische Fürsorge und die Stabilisierung eines gesellschaftlichen Wertekonsens nach den Wirren der Kriegszeit im Vordergrund standen. Die Jugendtheorien suchten die jugendcharakteristischen, quasi-natürlichen Grundkonstanten des Phänomens Jugend, um die Erziehung daran zu orientieren. Die zweite Phase reicht bis in die Mitte der 60er Jahre und wird definiert durch einen Perspektivenwechsel. Die Idee der 'natürlichen' (anthropologischen) und kulturellen Eigenständigkeit der Jugend wird gesellschaftstheoretisch konterkariert – z. B. von *Schelsky* durch die These, die Jugendphase sei eine gesellschaftlich notwendige Übergangsphase in modernen Gesellschaften. Da die ansozialisierten Handlungsmuster der Kindheit in Primärgruppen (z. B. Familie) nicht mehr für das Leben in einer durch vielerlei Rollen und Institutionen geprägten Erwachsenengesellschaft taugen, bekommt Jugend als Element moderner Gesellschaften die Funktion, die im Erwachsenenalter notwendigen Kompetenzen im Schonraum (Moratorium) vorzubereiten. Da diese Funktion der Jugendphase gesellschaftstheoretisch für die Stabilität einer Gesellschaft ausschlaggebend ist, Jugendliche jedoch tendenziell unberechenbar bleiben, betrachten die Jugendtheorien der 60er Jahre ihre Klientel durchweg skeptisch. Ab Mitte der 60er Jahre bekommt der Begriff der Sozialisation dann jugendtheoretisch einen maßgeblichen Stellenwert, und die Idee einer eigenständigen Jugendkultur wird aufgegriffen. Jugend wird als gesellschaftliche 'Teil'-Kultur verstanden (z. B. von *Tenbruck*), die sich in einem historischen Prozess verselbständigt (z. B. vom Elternhaus oder überhaupt von der Erwachsenenwelt), ihre eigene Bezugsgröße bildet und ihre eigenen sozialen Entwicklungs- und Lernprozesse (Sozialisation) schafft. *Zinnecker* (1987, S.42) geht davon aus, dass jugendkulturelles Handeln in dieser Zeit „als legitime gesellschaftliche Institution neu konzeptualisiert" wurde. Schließlich wird Jugend dann ab den 70er Jahren in der Perspektive (psychologischer) Reifetheorien auf Mündigkeit und Selbständigkeit hin analysiert. Anders als es die gesellschaftspolitischen Begleitumstände hätten vermuten lassen, prägten gesellschaftstheoretische soziologische Theorien kaum die wissenschaftliche Jugenddebatte. In der fünften Phase ab den 80er Jahren entwickelte sich dann der Diskurs um Jugendkulturen. Jugendliche Lebensart und jugendkulturelle Praxis etablierten sich zum einen als gleichberechtigtes Pendant gegenüber anderen Kulturen (vor allem gegenüber der 'Hochkultur'), werden also nicht mehr nur als 'Sub'-Kultur gesehen. Damit emanzipiert sich die Jugendphase von einer Vorbereitungsphase auf das Erwachsenenalter zu einer Lebensphase 'eigenen Rechts' (*Fuchs* 1983). Mit der These von der Postadoleszenz – einer Jugend nach der 'eigentlichen' Jugendzeit – wird zudem versucht, die zeitliche 'Ausfransung' von Jugend bis weit ins dritte Lebensjahrzehnts zu fassen. Die nachlassende Zielspannung des Erwachsenseins lässt herkömmliche Definitionen von Jugend obsolet werden. Postadoleszente Jugendliche oder junge Erwachsene sind in wesentlichen Lebensbereichen Erwachsenen sozial und rechtlich gleichgestellt; sie orientieren sich aber weiterhin an jugendlichen Freizeitkulturen und bleiben finanziell von ihren Eltern abhängig. Seit den 80er Jahren werden dann verstärkt Pluralisierungs- und Individualisierungstendenzen in die jugendtheoretische Diskussion einbezogen (vgl. *Heitmeyer/Olk* 1990), und die Jugendkulturdiskussion verliert langsam in der steigenden Unübersichtlich der Verhältnisse ihre modernistische Linie. Damit verblasst auch langsam das romantische Ideal der Jugendlichkeit als innovative und ungestüme Kraft der Neuerung. Ein idealistisches Jugendmuster, das so lange rituell von der Wissenschaft, aber auch der Politik und der Öffentlichkeit zelebriert wurde und das auch lange Zeit prägend auf Jugendliche und Erwachsene wirkte, gerät ins Wanken.

Gründlich haben diesen Prozess die rechten jugendkulturellen Phänomene seit den späten 80er Jahren (*Heitmeyer* u. a. 1992, *Otto/Merten* 1993, *Farin Seidel-Pielen* 1993) unterstützt. Programmatisch benennt *Diederichsen* (1992) dies mit einer Verdrehung der 'klassischen' positiven Einschätzung der jungen Generation: „The kids are not allright." Die national-rassistischen Jugendkulturen ab den späten 80er Jahre lassen sich nicht mehr in das klassische Fortschrittskonzept von Jugend pressen und bedeuten in diesem Sinne den „Abschied von der Jugendkultur" (*Diederichsen* 1992). Von der Jugendtheorie bislang eher erschreckt registriert, jedoch kaum reflektiert und auf Ursachen, Motive oder Intentionen zurück geführt, deutet sich hier ein historischer Wendepunkt an. Jugendliche und Jugendkulturen haben Ende der achtziger Jahre ihre Unschuld verloren, sie richten sich nicht nur gegen die Gesellschaft (das taten auch die 'progressiven' Jugendkulturen des politischen Sturm und Drang der 60er und 70er

Jahre), sondern in Teilen unverhohlen gegen Menschen und Menschlichkeit; ja, im Grunde genommen diametral gegen das in der Jugend und ihren Kulturen vermutete Fortschrittspotential. Zwar kann die rebellierende rechte Jugend jugendtheoretisch als „Seismograph" für gesellschaftliche Probleme gedeutet werden (*Hurrelmann* 1992). Ein sympathetischer Schulterschluss der wissenschaftlichen Jugendtheorie oder der praktischen Pädagogik ist mit diesen Jugendlichen jedoch undenkbar. Die ästhetische Radikalität des Punk-Habitus, der schwarz-romantisch stilisierte Gesellschaftshass der autonomen Szene, das farbige Gesellschaftsveränderungsprojekt der Sprayer oder die monoton-technische Musikkultur der Raver ließen sich noch jugendkulturell zivilisieren. Selbst die kleinbürgerliche, gewalt- und bierschwangere Szene der männlichen Machojugendlichen oder Fußballfans lässt sich noch gerade als Protest gegen unbefriedigende Lebensbedingungen verstehen. Eine wohlmeinende Haltung endet jedoch vor der mittlerweile unübersehbaren Front rechter Jugendszenen.

Aber hat der Niedergang der *romantischen Jugendlichkeit* dem rituellen Lebensstilmuster 'Jugendlichkeit' insgesamt geschadet? Die Antwort lautet wohl 'nein'. Denn begleitet wurde der beschriebene Wandel von Jugendlichkeit von einem allgemeinen Ende der Utopien und Ideologien und einer gegen Ende des 20. Jahrhunderts unbekümmert zelebrierten unpolitischen Haltung auf breiter Front. Jugendlichkeit meint heute nicht mehr Aufbruch oder Innovation, sondern hat sich zu einer Habitusform gewandelt, in der Attraktivität, Jungsein als Haltung, Hipsein, Spaß haben, das Leben genießen, modisch auf der Höhe zu sein usw. dominieren. Nach einigen Jahrzehnten der konsumkultureller Verwertung von Jugendlichkeit hat sich ein neues ästhetisches Jugendmuster durchgesetzt, das sich – fast unabhängig von Alter – kaufen und erleben lässt. Damit hat sich Jugendlichkeit weitgehend vom Lebensalter trennen können; als universales Muster steht es auch Erwachsenen zur Verfügung und führt mit seinen neuen Ritualen (Events, Feiern, Sport- und Spaßaktionen usw.) nicht mehr in das Erwachsenenleben hinein, sondern feiert eher die Jugend weit über das klassische Jugendalter hinaus.

Literatur:

Abels, H. 1993: Jugend vor der Moderne. Opladen
Baacke, D. 1972: Jugend und Subkultur. München.
Baacke, D. 1987: Jugend und Jugendkulturen. Darstellung und Deutung. Weinheim/München (1993²)
Baacke, D. 1999: Jugend und Jugendkulturen. Darstellung und Deutung. Weinheim/München (3. überarbeitete Auflage)
Baacke, D./ Sander, U./Vollbrecht, R. 1991: Medienwelten Jugendlicher. Opladen

Comte, A. 1830: Die Soziologie. Die positive Philosophie im Auszug, Stuttgart (Ausgabe 1974)
Deutsche Shell (Hg.) 2000: Jugend 2000, Opladen
Diederichsen, D. 1992: The kids are not allright. Abschied von der Jugendkultur, In: Spex 11/1992
Farin, K./Seidel-Pielen, E. 1993: „Ohne Gewalt läuft nichts!" Jugend und Gewalt in Deutschland. Köln
Fend, H. 1988: Sozialgeschichte des Aufwachsens. Bedingungen des Aufwachsens und Jugendgestalten im zwanzigsten Jahrhundert. Frankfurt
Ferchhoff, W. 1999: Jugend an der Wende vom 20. zum 21. Jahrhundert. Lebensformen und Lebensstile. Opladen
Ferchhoff, W./Sander, U./Vollbrecht, R. (Hg.) 1995: Jugendkulturen – Faszination und Ambivalenz. Einblicke in jugendliche Lebenswelten. Weinheim/München
Fuchs, W. 1983: Jugendliche Statuspassage oder individualisierte Jugendbiographie, In: Soziale Welt, (1983) 3, S. 341 – 371
Fuchs, W. 1983: Jugendliche Statuspassage oder individualisierte Jugendbiographie?, In: Soziale Welt, 34. Jg., S. 341 – 371
Gillis, J. R. 1980: Geschichte der Jugend. Weinheim/Basel
Griese, H. 1982: Sozialwissenschaftliche Jugendtheorien: eine Einführung. Weinheim/Basel
Griese, H. M. 1983: Probleme Jugendlicher oder „Jugend als soziales Problem"?, In: Brusten, M./Malinowski, P. (Hg.): Jugend – ein soziales Problem? Opladen
Heitmeyer, W. et al. 1992: Die Bielefelder Rechtsextremismus-Studie. Weinheim/München
Heitmeyer, W./Olk, Th. (Hg.): Individualisierung von Jugend. Gesellschaftliche Prozesse, subjektive Verarbeitungsformen, jugendpolitische Konsequenzen. Weinheim / München 1990
Helsper, W. 1991: Jugend im Diskurs von Moderne und Postmoderne, In: Helsper, W. (Hg.): Jugend zwischen Moderne und Postmoderne. Opladen, S. 11 – 38
Hornstein, W. 1966: Jugend in ihrer Zeit. Geschichte und Lebensformen des jungen Menschen in der europäischen Welt. Hamburg
Hurrelmann, K. 1992: Statusverunsicherungen und Statusängste im Jugendalter. Jugendliche reagieren heute wie empfindliche politische Seismographen – eine neue Herausforderung für die Jugendarbeit, In: Kind, Jugend, Gesellschaft, H.4, 1992, S. 104 – 120
Illich, I. 1972: Entschulung der Gesellschaft, München
Inglehart, R.: The Silent Revolution. Chancing Values and Political Styles Among Western Publics. Princeton / New York 1975
Kroh, O. 1926: Die Phasen der Jugendentwicklung, in: Württembergische Schulwarte, Nr. 4 und 5/1926
Mannheim, K. 1928: Das Problem der Generationen, In: Kölner Vierteljahresheft für Soziologie, 6. Jg., 1928, H. 2, S. 157 – 184 und H. 3, S. 309 – 330
Meulemann, H. 1996: Werte und Wertewandel. Zur Identität einer geteilten und wieder vereinten Nation. Weinheim/München
Mitterauer, M. 1986: Sozialgeschichte der Jugend. Frankfurt a. M.
Muchow, H. H. 1962: Jugend und Zeitgeist. Morphologie der Kulturpubertät. Reinbek
Nassehi, A. 1997: Inklusion, Exklusion-Integration, Desintegration, in: Heitmeyer, W./ ackes, O./ Dollase, R. (Hg.): Was hält die Gesellschaft zusammen? Frankfurt a. M.
Otto, H. U./Merten, R. (Hg.) 1993: Rechtsradikale Gewalt im vereinten Deutschland. Jugend im gesellschaftlichen Umbruch. Opladen
Sander, U./Vollbrecht, R. 1998: Jugend, in: Führ, Ch./ Furck, C.-L. (Hg.) 1998: Handbuch der deutschen Bildungsgeschichte, Bd. VI.: 1945 bis zur Gegenwart. Erster Teilband: Bundesrepublik Deutschland, München, S. 192 – 216

Sander, U./Vollbrecht R. (Hg.) 2000: Jugend im 20. Jahrhundert. Sichtweisen, Orientierungen, Risiken Neuwied: Luchterhand-Verlag

Scheuch, E. K. 1975: Die Jugend gibt es nicht. Zur Differenziertheit der Jugend in heutigen Industriegesellschaften, In: C. F. von Siemens Stiftung (Hg.): Jugend in der Gesellschaft. München, S. 54 – 78

Schumann-Hengsteler, R./Trautner, H. M. (Hg.) 1996: Entwicklung im Jugendalter. Göttingen/Bern/Toronto/Seattle

Tenbruck, F. N. 1962: Jugend und Gesellschaft. Eine Soziologie der Jugend. Düsseldorf und Köln

Tenbruck, F. H. 1965: Jugend und Gesellschaft. Freiburg

Tews, H.-P. 1993: Die „neuen Alten" – aus der Sicht der Soziologie In: forum 3/1993, S.9 – 30

Zinnecker, J. 1987: Jugendkultur 1940 – 1985. Opladen

Charmaine Liebertz

Kinder und Jugendliche brauchen Rituale

1. Von der Sehnsucht nach Ritualen

Unser Alltag steckt voller Gewohnheiten mit rituellem Charakter. Wenn wir beobachten, wann wir auf Rituale zurückgreifen, dann werden wir überrascht feststellen, dass es sich meist um Übergangssituationen handelt, in denen wir von einem Alltagsabschnitt (z. B. Beruf) in den nächsten (z. B. Freizeit) wechseln. Ob wir vertraute Wege vom Arbeitsplatz zur Wohnung bevorzugen oder nach getaner Arbeit zu Hause erst unsere Kleidung wechseln und dann zum Briefkasten gehen, immer begleitet uns ein kleiner Automatismus, der uns hilft, Situationen ganz selbstverständlich zu meistern.

Auch Kinder entwickeln in Übergangssituationen, d. h. in den Augenblicken des kleinen inneren Chaos (z. B. abends beim Zubettgehen) ein starkes Bedürfnis nach Ritualen, nach einer festen äußeren Ordnung: Immer wieder wollen sie vor dem Einschlafen eine Geschichte oder ein Lied hören und dies am liebsten am gewohnten Platz.

Es ist weder Zufall noch persönliche Eingebung, wenn wir in Momenten der Verunsicherung auf Rituale zur Stabilisierung unserer Psyche zurückgreifen. Es ist vielmehr ein lang erprobtes und tradiertes kulturelles Verhalten, dass wir mobilisieren. Der französische Ethnologe und Begründer der modernen Ritualforschung, *Arnold van Genepp* (1873-1957), stellte in seinen interkulturellen Forschungen fest, dass Menschen seit Urzeiten die Übergänge ihres Lebens mit Ritualen begehen. Jede Kultur hat ihre „rites de passage" Übergangsrituale, entwickelt, und allen gemeinsam sind drei charakteristische Phasen: Der Abschied vom Alten, die Schwelle des Übergangs, der Schritt ins Neue. Immer wenn rational Unerklärbares die Menschen verunsicherte, setzten sie auf die Kraft der Magie. Zeremoniell wurde Bedrohliches gebannt, Angst besänftigt, Trauer gemildert und Ersehntes herbeibeschworen. So war jeder Einzelne als Teil des Ganzen sicher eingebettet in einer Gemeinschaft mit tradierten Werten und Ritualen, die die Geschichte seiner Urahnen, seines Stammes und Landes widerspiegelten. Und bis heute setzen die wenigen verbliebenen Naturvölker in Übergangssituationen, deren Gefahr sie nicht einzuschätzen vermögen, auf die Macht ihrer kollektiven Zeremonien. In Dürrezeiten, bei Geburt,

Pubertät oder Tod bitten sie in Riten um die Hilfe ihrer Gottheiten.

Im Zuge der weltweiten christlichen Missionierung und Kolonialisierung traten an die Stelle der magischen Riten und heidnischen Gottheiten moderne Zivilisation und Monotheismus. Viele kolonialisierte Völker erlebten einen Geschichts- und Kulturverlust, der sie orientierungslos und beeinflussbar machte. Es entstanden große Staatseinheiten, deren Monotheismus von nun alle Bewohner zu Kindern desselben 'Stammvaters', nämlich des 'himmlischen Vaters' erklärte. Und jede Weltreligion entwickelte ein Ritual-Netzwerk, das ihren Gläubigen half, den Übergang in neue Lebensphasen wie Geburt, Pubertät, Ehe, Krankheit, Alter und Tod gemeinsam zu meistern.

Dieses religiöse Gerüst zur konkreten Lebensbewältigung geriet ins Wanken als Aufklärung und Wissen an die Stelle von Religion und Glauben traten. Es boomte der „Irrglaube, dass nur das rational Erfassbare oder gar nur das wissenschaftlich Nachweisbare zum festen Wissensbesitz der Menschheit gehöre. Der Schatz von Wissen und Weisheit der in den Traditionen jeder alten Kultur wie in den Lehren der großen Weltreligionen enthalten ist, wurde über Bord geworfen." Mythos, Ritus, Tradition und Intuition wurden als irrationaler Ballast vergangener Zeit angesehen. Aber das Wunderwerk der neuen Dreifaltigkeit – Wissenschaft, Wirtschaft und Technik – brachte Folgelasten, die bis in die Gegenwart aller Industrie- und Informationsgesellschaften wirken.

Der moderne Mensch muss in einer bis zur Sinnlosigkeit aufgeklärten Welt leben! All sein Wissen gibt ihm wenig Sicherheit und befriedigt seinen Verstand nur vordergründig. Zwar fürchtet er sich nicht mehr vor einem Gewitter, weil er sein Zustandekommen rational zu erklären vermag. Aber seine existenzielle Angst und Ohnmacht sind geblieben. Nach wie vor plagt ihn die alte Frage nach dem Lebenssinn, die Angst vor dem Unvorhersehbaren und Unerklärlichen. Wenn Krankheit und Tod in sein modernes Leben einbrechen, dann hilft kein schlaues Buch. Und die tradierten Strategien der kollektiven Hilfe sind ihm abhanden gekommen. Allein gelassen steht er vor einem 'Gefühls-Chaos', dessen Bewältigung er entweder beim Therapeuten mühsam und teuer wiedererlernen muss. Oder aber er gerät orientierungslos in die Klauen obskurer Sekten, die seine Lebensführung auf bedrohliche Weise manipulieren.

Weder die nüchterne Wissenschaft noch der profane Alltag mit seinem harten Daseinskampf vermögen die Sehnsucht des menschlichen Geistes nach dem Zauber der magischen Welt, der Illusion der Ganzheit, die die Welt im Innersten zusammenhält, zu stillen. Kein Wunder also, dass wir, seitdem die Stammesväter ausgestorben und die Kirchenoberhäupter an

Überzeugungskraft verloren haben, erfinderisch geworden sind. Esoterische, okkulte und parapsychologische Theorien erfreuen sich einer zunehmenden Anhängerschaft. Ihre Spannbreite reicht vom gebildeten Akademiker, der einem asiatischen Guru hörig ist, über den Topmanager, der sich beim Urschrei für das Kommende rüstet, bis hin zum Politiker, der sein Wahlergebnis vom Wahrsager prophezeien lässt! Und für alle, die mal abheben möchten und denen Bungee - Jumping im Sauerland oder Canyoning in Alpenschluchten nicht mehr reicht, bietet ein Reisedienst das „Voodoo-Festival" im westafrikanischen Land Benin an. Hier werden im Tropenlook aufregende Ekstasetänze und spannende Geisterbeschwörung besichtigt und als neuer Kult zelebriert.

Allen in Modewellen auftauchenden Heilslehren ist eines gemeinsam: Der sehnliche Wunsch, dem monotonen Alltag tiefe Erkenntnisse und Gefühle abzuringen und der Vereinsamung ein gemeinschaftliches Glückserleben entgegenzusetzen. Erstaunlich ist nur, dass wir dabei weit über die Grenzen unserer westlichen Kultur hinausblicken und in Asien, Afrika oder Südamerika nach rituellem Tiefgang und neuer Sinnlichkeit suchen. Dabei hat unsere eigene Kultur viele Bräuche bzw. Rituale zu bieten, die es wiederzuentdecken sich lohnt. Aber wer möchte noch den Totensonntag als ein kollektives Trauerritual ansehen, wo es doch viel moderner ist, zum Friedhof zu gehen, wann man will und stattdessen regelmäßig indische Meditation zu betreiben!

Kurzum: Wird die Sehnsucht nach Spiritualität und Ritualen unterdrückt, so sucht der Mensch nach Ersatz. Sein menschlicher Urtrieb, dem Schicksal durch magische Handlungen ein Schnippchen schlagen zu wollen, lässt ihn in vielen Bereichen seines modernen Lebens kreativ werden. So tanzt der moderne Mensch nicht mehr ums Stammesfeuer, sondern drückt seine Solidarität in Lichterketten aus. Und vor einem sportlichen Wettkampf ruft er keine Götter mehr an, sondern ergötzt sich vor dem Fernseher sitzend am rituellen Beginn des Fußballspiels. Dann würde er am liebsten dabei sein, wenn die Profisportler im konspirativen Kreis die Köpfe zusammenstecken, um das Glück heraufzubeschwören.

2. „Der große Hunger hat keinen Ort, an dem du einkaufen kannst, um deine Bedürfnisse zu befriedigen."
(Alte Weisheit der Buschleute auf der Insel Ukerewe im Victoria-See/Tanzania)

Auf der Suche nach neuen Werten fallen vor allem Kinder und Jugendliche auf dubiose und kostspielige Ersatzangebote herein. Schon 1993 gab der berühmte Verhaltensforscher und Mediziner *Konrad Lorenz* zu bedenken, dass Menschen, die wenig kulturellen Halt haben, ihren „Drang nach Identifizierung und Gruppenzugehörigkeit an einem Ersatzobjekt befriedigen." Und diesen unseren wunden Punkt hat die Konsumgesellschaft längst erkannt. Sie inszeniert Konsum als Schauplatz der Verzauberung und entwickelt immer neue Strategien des Kult-Marketings. Gewinn bringend wird die Sehnsucht von Jung und Alt nach magischem Zauber und neuem Lebenssinn ausgenutzt! Die Werbung besetzt die vakanten Positionen im Wertehimmel ganz einfach mit Düften, die 'Eternity' oder 'Heaven' heißen, und mit Zigarettenmarken, die Freiheit und Abenteuer verkünden.

In der heutigen 'Anything-goes-Gesellschaft' sind starre Konventionen verpönt. Das moderne Ritual kommt nicht mehr in Feiertagsrobe, sondern in Jeans, T-Shirt, Lederjacke und Sportschuhen daher. Immer mehr junge Menschen suchen nach Zeichen, Symbolen und Ritualen einer Jugendkultur, die sie miteinander verbindet. Und immer neue Konsumartikel suggerieren ihnen Orientierung und Identität nach dem Motto „Hier geht's lang!" Erst wer dem verführerischen Trend folgt und seine Markenaccessoires kauft, fühlt sich endlich als Mitglied einer neuen Kultgemeinschaft.

Geschickt nutzen Werbung und Marketing das zunehmende Wertevakuum der Kinder und Jugendlichen aus. Sie kreieren einen Götzenkult, in dem große und kleine Kunden eine magische Beziehung zu Waren, eine Markenliebe entwickeln und 'events' als rituelle Identitätsfeste feiern können. Sie errichten Konsumtempel, die diese postmoderne 'Religiositätswelle' Gewinn bringend auffangen. So stilisiert z. B. die Sportschuhfirma 'Nike' in ihrem 'The temple of Nike' in Chicago blinkende Schuhe zu Fetischen und vermarktet Sportstars als Hohepriester ihrer 'Markenphilosophie'. Die junge Generation verschlingt ihre Filme auch nicht mehr in herkömmlichen Stadtviertelkinos, sondern in gigantischen 'Cine-Domen'.

Konsumieren hat heute religiöse Züge; es erfolgt zunehmend ritualisiert. Am Rande unserer Städte stehen die größten Kathedralen unserer neuen Gesellschaft: Die Mega-Einkaufs- und Einrichtungszentren. Am Freitag, Samstag oder gar am Sonntag formieren sich die Familien dorthin zur Wallfahrt im Stau. Die Massen drängen in die Konsumtempel, wo sie lächelnde Ministranten am Käsealtar oder an der Pizzastatue erwarten, die die Kommunion ausgeben. Je mehr Kommunion die Pilger im Einkaufswagen haben, desto intensiver ihr Gefühl, dass das Leben ja doch einen Sinn hat zumindest am Wochenende.

Denn schließlich geht um den 'Sinn' hinter den Markenartikeln und keinesfalls um Produkteigenschaften. Für diesen Prozess der Verinnerlichung von Markenzeichen und Logos gibt es inzwischen den Fachausdruck des

'Brandings', der an das im Wilden Westen praktizierte Brandmarken ganzer Rinderherden erinnert. Unser heutiges Branding erreicht seine höchste Vollendung, wenn dem Kunden erfolgreich vermittelt wurde, er hätte Sinnzuwachs und nicht nur ein Produkt gekauft. Denn heute wollen vor allem junge Käufer mehr als nur Abnehmer sein. Sie wollen Fun – Jünger einer trendigen Gemeinschaft sein, die ihnen Identität, Spiritualität, Sinnlichkeit und Existenzsinn verleiht.

Während in den 60er Jahren eine junge Generation mit der feierlichen Überzeugung an die Öffentlichkeit trat, sich „niemals kaufen zu lassen", so greift heute schon ein Sechsjähriger ganz selbstverständlich zum Nike-Käppi um damit anschließend bei MacDonald's einen Hamburger zu verschlingen. Auch wenn ihm 'lifestyle' noch kein Begriff ist, so lebt er ihn doch ganz nach dem Motto 'just do it!'. Hier zeigt sich, dass einige wenige Großkonzerne oder besser gesagt Global-Players erfolgreich die Meinungsführerschaft bei Kindern und Jugendlichen übernommen haben. Schon Andy Warhol wusste: „Man kann heute Denken durch Kaufen ersetzen."

Das Erfolgsrezept der Marken ist ganz simpel: Biete jungen Menschen, die nach Werten suchen, triviale Gegenstände an. Lade sie in der Werbung mit spirituellem Mehrwert auf. Und schon gewinnst du eine orientierungslose und kauffreudige Jüngerschaft, die glaubt, eine Ersatzfamilie gefunden zu haben! Dies gibt der Werbechef des Musiksenders Michael Will in einem Zeitungsinterview im März 2001 ganz unumwunden zu: „MTV ist eine Glaubensgemeinschaft junger Menschen. Wir zelebrieren Religion. Unsere Moderatoren werden auch kultisch verehrt."

Aber der wahre Meister dieser Kult-Vermarktung ist Michael Jackson. Kein anderer Musiker dieser Welt hat es vermocht, die Jugend mehr in ihren Bann zu ziehen, als der Sohn eines Kranführers aus dem Schwarzen-Ghetto von Gary in Indiana. Michael Jackson versteht es, Millionen von pubertierenden und kreischenden Jugendlichen als unantastbare Märchengestalt und androgyne Kultfigur zu begeistern. Und die Philosophie des Gesalbten ist nicht gerade bescheiden: „Meine Lieder sind das Werk Gottes. Ich bin nur ein Arbeiter auf Erden!" Was will man mehr?!

3. Kinder und Jugendliche brauchen sinngebende Rituale

Wenn Heilig Abend ausgelaugte Mütter, genervte Väter, unzufriedene Jugendliche und quengelige Kinder gemeinsam vor dem Fernseher die Weihnachtsgeschichte in scheinbar trauter Glückseligkeit sehen, dann träumen sie von der Sinnlichkeit und sinngebenden Kraft einstiger Bräuche und Rituale!

Vor allem Kinder und Jugendliche sind in der informations- und reizüberfluteten Umwelt auf verlässliche Wegweiser und Vereinbarungen angewiesen, um sich zu orientieren und zu konzentrieren. Und Rituale haben diesbezüglich viel zu bieten:

Rituale strukturieren den Alltag

Kleine Alltagsrituale helfen ihnen, die Komplexität der Eindrücke zu reduzieren und das Wesentliche zu erkennen. Sie geben ihnen die nötige Geborgenheit und Zuversicht, um sich inmitten des Chaos zu behaupten, um bedrohliche Übergangssituationen z. B. vom Tag zur Nacht oder von der Kindheit zur Jugend angstfrei zu bewältigen.

Rituale gliedern das Leben

Immer wiederkehrende Rituale helfen, die Zeit übersichtlicher, vertrauter, kalkulierbarer und beherrschbarer zu gestalten. Der unerbittliche Fortgang der Zeit macht vor allem alten Menschen Angst. Und Kleinkinder ohne Zeitgefühl sind auf äußere Zeichen mit Symbolgehalt z. B. die Einschlafgeschichte angewiesen, um zu wissen, dass jetzt Schlafenszeit ist. Rituale gliedern die Lebenszeit in stabile Zyklen (Wochenende, Feiertage, Jahreszeiten, Kirchenjahr). Auf dieser Drehbühne des Lebens funktionieren sie wie Geländer, die unserem individuellen Lebensweg den kollektiven Halt geben.

Rituale stabilisieren soziale Bindungen

Ethnologen definieren Rituale als Handlungen, die mit traditionell festgelegtem Ablauf zu bestimmten Anlässen vollzogen werden. Sie geben dem Einzelnen Bestätigung und haben aufgrund ihrer gruppenstärkenden Wirkung eine wichtige kollektive Funktion. Kurzum: Menschen sind soziale Wesen, sie sind nicht autark. Sie suchen nach ihrem Lebenssinn auch in Bezug auf andere Menschen und benötigen Rituale, um ihre Identität in der sozialen Gemeinschaft zu finden. So haben die diversen Geburts-, Hochzeits- oder Beerdigungsriten in allen Kulturen eines gemeinsam: Sie weisen dem Individuum seinen neuen Platz in der Gemeinschaft der Lebenden oder der Ahnen zu. Rituale sichern also einerseits das Kollektive gegen das Individuelle, d. h. sie schützen die Interessen der Gruppe. Andererseits nehmen sie dem Einzelnen die Angst vor der Einsamkeit und mindern das Risiko seiner persönlichen Freiheit. In einer zunehmend egozentrischen 'Ellbogen-Gesellschaft' brauchen vor allem Kinder und Jugendliche eine soziale Identität, eine sichere Anbindung an Familie,

Religionsgemeinschaft, Verein oder Freundeskreis. Hier sammeln sie Erfahrungen mit den sozialen Regeln und Ritualen der Eigen- und Mitverantwortung.

Rituale geben Identität

Der Mensch lebt nicht nur von innen nach außen, sondern auch von außen nach innen. Er liest seine Identität an Traditionen, Überlieferungen, Bräuchen und Regeln ab. Rituale helfen uns, eine historische Identität zu entwickeln. Sie setzen das Beständige über das Wandelbare und gewährleisten die Kontinuität der Tradition. Es sind Rituale, die uns mit den Erfahrungs- und Gefühlsströmen vorangegangener Generationen vereinen und mit den Menschen, die irgendwo auf der Welt z. B. mit uns dasselbe Fest feiern.

Rituale wirken therapeutisch

Psychologen definieren Rituale als stereotypes Verhalten zu bestimmten Anlässen, deren individuelle oder kollektive Handlungsabfolge in Entscheidungsdruck- und Angstsituationen stabilisierend wirkt. Das heißt Rituale helfen uns bei der 'Psycho - Hygiene'! Sie schaffen Raum für aufgestaute Gefühle wie Freude (z. B. Tanzrituale) oder Trauer (z. B. Beerdigungsrituale) und helfen, Ängste (z. B. Sterberituale) und Konflikte (z. B. Kommunikationsrituale) zu bewältigen. Diese Rituale heben sich in ihrer hohen Bedeutungsdichte und Stilisierung stark vom Alltag ab. Sie messen existentiellen Gefühlen den hohen Stellenwert bei, den sie auch tatsächlich in unserem Leben haben. Rituale sind also sinnliche Inszenierungen, die unserem inneren Gefühlsleben eine äußere Form geben. Selbst kleine Rituale, wie z. B. die feierliche Beerdigung des lieb gewonnenen Hamsters im Garten, haben große Wirkung. Dabei sammeln Kinder Erfahrungen in der Einschätzung und im Umgang mit ihren und den Gefühlen anderer.

Rituale sind nicht ungefährlich!

Sie sollten nicht zu dekorativen Accessoires, Zwangshandlungen oder gar zu Machtinstrumentarien verkommen. Der Nationalsozialismus hat uns gelehrt, wie schnell Menschen in den Bann von Symbolen und Ritualen geraten. Rituale müssen immer wieder hinterfragt und als sensible Regeln mit den Kindern und Jugendlichen besprochen und weiterentwickelt werden. Denn sie nutzen sich ab und werden kontraproduktiv, wenn sie nur dem Selbstzweck dienen.

4. Ausblick

Nimmt man einmal die Ritualpraxis im Lebenslauf eines Menschen westlicher Zivilisation unter die Lupe, dann ist rasch feststellbar, dass noch vieles im Argen liegt:

In der *Kindheit* wirken Rituale wie kleine, 'magische' Strategien, um Unsicherheit und Angst zu meistern. Wehe dem Erwachsenen, der den Schlafbär irgendwo liegen gelassen hat oder ein anderes Schlaflied singt! All die lieb gewonnenen Rituale machen aus unserer Kindheit eine Schatztruhe, die wir auch als Erwachsene immer wieder gerne öffnen.

Die *Pubertät* zu meistern ist keine leichte Aufgabe! Das vertraute kindliche Verhalten ist überholt und von der erstrebten neuen Erwachsenenrolle hat man keinen blassen Schimmer. Es beginnt ein widersprüchliches Chaos der Selbstfindung und -zweifel. Nun weiß man zwar, was man nicht mehr will, bloß: Was will man jetzt? Naturvölker begleiten Jugendliche in dieser schwierigen Phase mit Initiationsriten, Besinnungszeiten und Mutproben. Sie sehen Pubertät nicht als 'schwelenden Krankheitsherd' an, der die ganze Familie in Mitleidenschaft zieht, sondern feiern den gelungenen Übergang vom Kindes- zum Erwachsenenalter im Kreise der Gemeinschaft. In der modernen Industriegesellschaft muss sich der Heranwachsende die Wegweiser durch die Pubertät bei Gleichaltrigen suchen, die nur zu oft auf kommerzialisierte Ersatzrituale hereinfallen: Modetrends, Musikgruppen oder Markenartikel. Die Mutproben moderner Jugendlicher heißen Bungee-Seil-Springen, U-Bahn-Surfen und Freeclimbing. Das Problem ist nur: Bei diesen Mutproben schaut kaum einer zu! Und von freudiger Aufnahme in den Familienkreis ganz zu schweigen! Könnte es sein, dass im mangelnden Interesse der Bezugspersonen der Grund liegt für die zunehmende Sucht nach einer Ersatz-Öffentlichkeit, nach einer persönlichen Zurschaustellung in den Medien? Der Jugendliche ist auf seiner Suche nach neuen Wegen sehr leicht beeinflussbar und ein 'gefundenes Fressen' für Sekten, extremistische Politgruppen und gefährliche Dealer. Bieten Sie daher den Kindern noch vor Einsetzen der Pubertät sinnvolle Stützen der Problembewältigung an, z.B eine regelmäßig stattfindende 'Familienkonferenz', an der sich alle Familienmitglieder beteiligen, bei der Konflikte besprochen und Lösungen gemeinsam entwickelt werden.

Im *Alter* dann, wenn die Menschen keine sinngebende Aufgabe mehr haben, werden sie trotz all ihrer wertvollen Lebenserfahrung auf das unwürdigste an den Rand der Gesellschaft abgeschoben. Die einst hoch geschätzten weisen Stammesältesten vegetieren heute perspektivlos, traurig und einsam in Altersheimen. Ihre Ratschläge sind zur 'alten Leier ewig Gestriger' verkommen, die keiner mehr hören will. In unserer 'Have-fun-Gesellschaft' ist die weise Ausstrahlung alter Menschen nur noch in Werbespots von Versicherungen oder Cognacmarken gefragt. Woran sollen sie sich klammern, wenn nicht an den täglichen Weg zum Friedhof, zum Gottesdienst, zum 'Kaffekränzchen' oder zum Seniorenclub? Und so entwickelt der Mensch im Alter viele, lebenserhaltende Rituale und manchmal auch starre 'Marotten', die ihm helfen, das Gefühl der eigenen Endlichkeit zu meistern.

Literatur:

van Genepp, A.: Les rites de passage. 1909. In:Acham, V.K. (Hg.): Gesellschaftliche Prozesse, 1983.
Lorenz, K.: Die acht Todsünden der zivilisierten Menschheit. München, 1997

Albrecht Döhnert

Die Sehnsucht nach Ritualen

Ist die Jugendweihe ein Übergangsritual?
Ritualtheoretische und empirische Beobachtungen

Die (Wieder-)Entdeckung des Rituals in den Sozial- und Kulturwissenschaften greift auch auf die gegenwärtige Erforschung der Jugendweihe über. Was früher eher zum Spezialwissen der Ethnologie und deren Erforschung fremder Völker gehörte, wird nun mit einiger Begeisterung auf Phänomene der modernen Gesellschaft angewandt. Vom Händeschütteln im Alltag über den Applaus in der Oper und die Massenbegeisterung beim Fußball hin zu politischen Veranstaltungen und religiösen Handlungen aller Art reicht, was mit einem modernen Ritualbegriff abgedeckt zu sein scheint. Die Jugendweihe passt mit guten Gründen in dieses ritualtheoretische Setting. Der alljährlich wiederkehrende Rhythmus, die wenig veränderte Formensprache im Ablauf, die emotionale Beteiligung vieler Menschen, das stereotype Rollenverhalten der Teilnehmenden, all dies legt die Anwendung des Ritualbegriffs nahe.

Dies erweitert die bisherige Untersuchung der Jugendweihe unter politik- und liturgiewissenschaftlichen sowie säkularisierungstheoretischen und kirchengeschichtlichen Aspekten um neue Fragestellungen. Die mehr als zehnjährige Entwicklung der Jugendweihe ohne die ideologisch-politischen Rahmenbedingungen der ehemaligen DDR rückt die individuelle wie gesellschaftliche Attraktivität der Feier stärker ins Blickfeld. Die Jugendlichen und Eltern nehmen weitgehend selbstbestimmt und freiwillig teil und finden offenbar im Ablauf die Erfüllung bestimmter Erwartungen. Kann das Ritualkonzept die anhaltende Attraktivität der Jugendweihe in den neuen Bundesländern besser erklären als bisherige Forschungsansätze? Diese hatten u. a. festgestellt, die Jugendweihe resultiere aus dem Sinnvakuum der Ex-DDR (*Gandow* 1994), sei eine ins Marktwirtschaftliche gewendete antikirchliche Gewohnheit mit totalitärem Kern (*Neubert* 1994), sei ein „deutsches nostalgisches Fest" ohne inhaltliche Füllung (*Meier* 1998), sei als „kulturelles Ausdruckssystem" eine der Mythen der DDR (*Sauer* 1993) oder sei – im Selbstverständnis der Veranstalter – „jener Tag, an dem nichtreligiöse junge Menschen symbolisch in den Kreis der Erwachsenen aufgenommen werden und sich somit für einen weltlichen Humanismus entscheiden" (*Krause* 1998, S. 50).

Grundvoraussetzung jeder Jugendweiheforschung ist die Kenntnis ihrer konflikthaften Geschichte. Insofern haben Erklärungsansätze, die mit historischen Entwicklungen argumentieren, gewiss ein hohes Maß an Plausibilität inne. Ohne die Kenntnis der langfristigen religions- und ideologiegeschichtlichen Kontexte der Jugendweihe(*Hallberg* 1978), ihrer wirkungsvollen Verflechtung der verschiedenen Ebenen von Familie, Politik und Religion (*Döhnert* 2000) fehlt die notwendige Tiefenschärfe. Allerdings wird eine alleinige Historisierung dem Phänomen nicht gerecht. Die Motivationslage der Teilnehmenden befindet sich heute meist unterhalb messbarer ideologisch-politischer oder weltanschaulicher – und damit eindeutig historisierbarer – Einflüsse. Es muss also weitere und andere Gründe geben, an diesem Fest teilzunehmen.

Die These, die Jugendweihe sei unter der Rubrik „Übergangsrituale im Jugendalter" zu subsumieren (vgl. *Gehring/Griese* 1998; *Griese* 2000; diverse Beiträge in diesem Band), bietet solch eine erweiterte Erklärung an. Sie soll im Folgenden auf ihre Reichweite befragt werden. Dazu ist sowohl eine Klärung des Ritualbegriffs (1.) als auch der spezifischen Form des „Übergangsrituals" (2.) hilfreich. Einige Überlegungen, was dies für den Charakter und die Gestaltung von Jugendfeiern im 21. Jahrhundert bedeuten kann (3.), schließen den Beitrag ab.

1. Plädoyer für einen qualifizierten Ritualbegriff

Rituale werden heute in vielen, ja fast allen Bereichen des modernen Lebens verortet (vgl. zum Folgenden: *Belliger/Krieger* 1998). Sei es die alltägliche Begrüßung zweier Menschen als „Interaktionsritual" (*Erving Goffman*), sei es der Fußball als „deep play" im Geertzschen Sinne (*Christian Bromberger*), seien es Fernsehrituale als Repräsentation von Autorität, Macht und Wirklichkeit (*Gregor T. Goethalts*) oder die Anwendung des Ritualbegriffs auf Rechtsverfahren (*Peter A. Winn*) und psychotherapeutische Praxis (*Imber-Black* 1993), das Ritual erscheint allgegenwärtig. Tritt man angesichts dieser Forschungs-Hausse einmal zurück und fragt nach der Leistungsfähigkeit einer solchen allgemeinen Theorie, so drängen sich Parallelen zur Diskussion um den Religionsbegriff auf. Auch dort war es zunächst ein Forschungsfortschritt, gegenüber der traditionellen (substantiellen) Definition von Religion, etwa als Kult angesichts eines Gottes, eines übernatürlichen Wesens oder des Heiligen, eine funktionale Definition erarbeitet zu haben, die Religion etwa als „Vergesellschaftung des Umgang mit Transzendenz" (*Luckmann* 1985, S. 26) deutet. Damit war der Blick frei auch auf neuere Formen von Religion (wie politische oder soziale Bewegungen). Wenn jedoch bereits das Überschreiten des Ich zum sozialen Du als Transzendenz gilt (*Luckmann* 1985, S. 28), dann ist beinahe jede menschliche Ausdrucksform „religiös". Es gibt aber gute, auch forschungspraktische Gründe, den Religionsbegriff nicht derart weit auszulegen, dass sich das Forschungsfeld nicht mehr eindeutig bestimmen lässt. Vielmehr ist es sinnvoll, die substantielle mit der funktionalistischen Definition von Religion zu verbinden (*Pollack* 1995), um einen genügend abgrenzbaren Gegenstand „Religion" zu erhalten. Ähnliches scheint sich auch für den Ritualbegriff zu empfehlen.

Wenn z. B. *Albert Bergesen* (1998) bereits die sprachlichen Vereinbarungen (mittels unserer Sprach-Codes, in Anschluss an *Basil Bernstein*) als „Mikroriten" und die Interaktionen der zwischenmenschlichen Kommunikation (in Anschluss an *Erving Goffman* und *Edmund Leach*) als „Mesoriten" deutet, verflüssigt sich der Ritualbegriff derart, dass eine sachgerechte Analyse schwierig wird. Weder ist es sinnvoll, ein durch die gemeinsame Sprache ermöglichtes Gespräch *per se* als rituell zu bezeichnen, noch den Umstand, dass zum Beispiel in Kontinentaleuropa die Autos stets rechts fahren, als besonderes Ritual zu deuten. Es muss also möglich bleiben, ein Ritual von anderen menschlichen Handlungen deutlich zu unterscheiden – auch wenn diese ebenfalls regelgeleitet, wiederholend sein sollten. In Anschluss an Catherine Bells Begriff der „Ritualisierung" (*Bell* 1992, S. 74) ist das Ritual wesentlich gerade dadurch geprägt, eine bestimmte Handlung von anderen, alltäglichen Handlungen zu unterscheiden. Aus diesem Grunde wird hier vorgeschlagen, mit Ritual nur diejenigen Handlungen zu bezeichnen, die eine komplexe Abfolge von Elementen zu einer besonderen Zeit und an einem besonderen Ort beinhalten (dies entspricht in etwa den „Makroriten" [*Bergesen* 1998, S. 63ff.]). Inhalt dieser Handlungen können u. a. die Ordnung der menschlichen Gemeinschaft oder Konflikte in ihr sein oder auch imaginierte Weltentwürfe, die den Horizont des Alltags übersteigen. *Catherine Bell* (1997, S. 89) fasst verschiedene Definitionen zusammen: Ritual kann betrachtet werden „as the expression of paradigmatic values of death and rebirth; ritual as mechanism for bringing the individual into the community and establishing a social entity; or ritual as a process for social transformation, for catharsis, for embodying symbolic values, for defining the nature of the real, or for struggling over control of the sign". Erst der Bezug zu einer übergreifenden Identität, zu einem den Horizont des Einzelnen übersteigenden Modell von Werten oder Perspektiven, eine „dichte" Atmosphäre qualifizieren menschliches Handeln in einem geistig wie körperlich zu vollziehenden Ablauf zu einem Ritual.

Geht man von einer solchen, hier notwendigerweise provisorischen Ritualdefinition aus, scheiden einige Phänomene, die heute als Ritual gedeutet werden, aus. Die Jugendweihe jedoch, mit ihren historischen Wurzeln in der Konfirmation des 19. Jahrhunderts, ihrem zwar oft wechselndem, aber immer wieder neu positioniertem Bezug auf größere Sinn- und Ideologiesysteme und ihrer festen, weitgehend unveränderten Abfolge ritueller Elemente kann sinnvoll auf ihren Ritualgehalt hin untersucht werden. Denn sie erfüllt Kategorien, die zur näheren Charakterisierung von Ritualen gelten können: Formalisierung, Traditionalismus, Unveränderlichkeit, Regelgeleitetheit, Sakraler Symbolismus, Performancecharakter (*Bell* 1997, S. 138 – 169).

Bei der Jugendweihe greifen verschiedene Ebenen ineinander: Als rituelles Ereignis im Leben eines jungen Menschen agiert sie zunächst auf einer *individuellen Ebene* (s. auch u. 2.). Sodann ist sie auch ein bemerkenswertes Ereignis auf *familiärer Ebene*. Schließlich ist als entscheidende Dimension die *soziale, gesellschaftliche* sowie *politische* und *weltanschauliche Ebene* zu nennen.[1]

Die jugendlichen Teilnehmer erleben die Jugendweihe zunächst als eine von außen an sie herangetragene Ordnung. Der Ablauf der Feier ist so hoch formalisiert, dass er vorher geübt werden muss. Bestimmte Regeln mit traditionellen Wurzeln müssen eingehalten werden (festgelegtes Alter, besondere Festkleidung, Verhalten im Festsaal, „richtiges" Benehmen auf der Bühne). Sie werden in der Jugendweiherede und im traditionellen Buchgeschenk (zu den Jugendweihebüchern der 1990er Jahre vgl. *Döhnert* 2000, S. 184 – 190) mit Inhalten konfrontiert, die aus einer bestimmten Weltperspektive gespeist werden. Frieden, soziale Gerechtigkeit, individuelle Entwicklungsmöglichkeiten, bestimmte Deutungen der Vergangenheit, Gegenwart und Zukunft repräsentieren in Form von sprachlichen Symbolen und Beispielen eine Wirklichkeit, die – zwar versuchsweise an den Erfahrungen der Jugendlichen anknüpfend – von diesen doch unterschieden ist (dies entspricht *mutatis mutandis* dem „sakralen Symbolismus" *Bells*). Als eine wesentliche Dimension erleben die Jugendlichen den körperlichen Vollzug des Rituals, der vor allem aus dem Bühnenauftritt mit Gratulation und Überreichung des Buchgeschenkes besteht.

Weiter Aspekte werden auf der familiären Ebene deutlich: Die Teilnahmemotivation geht vor allem von der Elterngeneration aus. Diese erlebte die Jugendweihe als allgemein gültige, beinahe alle prägende Tradition der DDR-Gesellschaft (ca. 95% Teilnahme). Indem die Eltern über ihre Kinder eine Art „Ritushoheit" ausüben, etablieren sie eine transgenerative Kontinuität, mit der sie auch ihrer eigene Lebensgeschichte über die Brüche der Transformation nach 1989 fortsetzen können. Zugleich wird mit der Jugendweihe familiäre Lebenszeit strukturiert und rituell die Ordnung der

Generationen bestimmt. Bei aller emanzipatorischer Geste (dass die Kinder nun allmählich erwachsen werden und mehr Verantwortung erhalten) bleibt es doch eine Feier, die Erwachsene für ihre Kinder veranstalten (lassen) und dabei bestimmtes, regelgeleitetes Verhalten erwarten. Auch jugendgeweihte Jugendliche bleiben die Kinder ihrer Eltern und Großeltern, es soll Respekt und Dankbarkeit zwischen den Generationen bestehen. Dabei reproduziert die Jugendweihe meist das Bild einer heilen Familie, das nur noch ein Teil der Jugendlichen so erlebt.

Der wichtigste Grund für die Teilnahme der Familien an einer organisierten Jugendweihefeier in den neuen Bundesländern ist jedoch ihr sozialer und gesellschaftlicher Hintergrund. Die öffentliche Feier in Anwesenheit anderer Familien, offizieller Gäste und der Organisatoren bietet offenbar einen attraktiven Rahmen, die eigene familiäre Situation in den Kontext größerer Sinnzusammenhänge zu stellen. In der Ritualtheorie werden unter anderem zwei wesentliche Funktionen des Rituals genannt: einmal repräsentiert und festigt es den sozialen Zusammenhalt der beteiligten Menschen (*Émile Durkheim*), zum anderen bildet es in einer rituell kanalisierten Form auch Konflikte und Spannungen ab und ermöglicht es, diese zu lösen, zu überwinden oder wenigstens ihnen standzuhalten (*Bronislaw Malinowski, Jay Meddin*). Diese zwei Funktionen eines sozialen Rituals lassen sich bei der Jugendweihe rekonstruieren. Der soziale Zusammenhalt wird hergestellt durch die klassen-, schul- oder ortsweise Zusammenfassung der Teilnehmenden. Da die Jugendweihe eine sozial akzeptierte und mehrheitliche Verhaltensweise ist, garantiert die Teilnahme Anteil am sozialen Konsens. Die individuelle und familiäre Biographie wird im Festsaal multipliziert und so zur gemeinsamen Erfahrung. Die Vorbereitung der Eltern und Jugendlichen auf den festgesetzten Tag, das Aufbrechen zu der an einem repräsentativen Ort abgehaltenen Feierstunde, das gespannte Auditorium aus Zuschauern aller Generationen bilden die Kristallisationspunkte einer *besonderen Zeit* und eines *besonderen Ortes*.

Dies wird verstärkt durch den Charakter der Festansprachen. In der Analyse dieser Ansprachen[2] lassen sich bei aller Individualität der Feierrednerinnen und -redner einige gemeinsame Topoi auffinden: Fast immer wird das Besondere des Jugendweihetages, die Aufregung und Spannung, das Im-Mittelpunkt-Stehen der Jugendlichen betont. Deren Verhältnis zu den Eltern und Großeltern wird trotz auftretender Spannungen als ein grundsätzlich dankbares affirmiert. Den Eltern wird kollektiv unterstellt, staunend auf die vergangenen 14 Jahre zurückzublicken und stets das Beste für ihre Kinder gewollt zu haben. Nach dieser Rückschau in die Vergangenheit wird (durchaus verschieden akzentuiert) auf die gegen-

wärtige Situation und in die Zukunft geblickt (Chancen und Grenzen der bundesrepublikanischen Gesellschaft, Zukunftshoffnungen und -ängste, drängende Fragen der Menschheit wie Frieden, Gerechtigkeit und Umweltschutz) und den Jugendlichen Glück und Erfolg gewünscht. Ein oft wiederkehrender Topos ist die gestiegene Verantwortung der Jugendlichen.
Zusammenfassend kann man davon ausgehen, dass die typische Festrede einer Jugendweihe sowohl das Verhältnis der Generationen (Kinder-Eltern-Großeltern) anspricht und in Rückgriff auf traditionelle Familienbilder strukturiert als auch den Tag der Jugendweihe in den größeren Kontext der biographischen wie gesellschaftlichen Situation einzeichnet. Dies kann zweifache Wirkung haben: Einmal schafft die Verknüpfung von familiärer Lebenszeit mit gesellschaftlicher Zeitansage einen momentanen Schnittpunkt dieser beiden Bereiche. Zum anderen kann die Benennung von Risiken und Unsicherheiten der Lebensplanung auch öffentliche Ermutigung und Bestätigung bewirken. In Teilnehmenden und Zuschauenden kann – vorausgesetzt, das Ritual „funktioniert" – ein Gefühl der Verbundenheit und der Zugehörigkeit entstehen.[3] Im Kontext der heute erforderlichen bewussten Entscheidung für die Jugendweihe trägt die Teilnahme auch eine weltanschauliche Positionierung in sich. Da die Jugendweiheanbieter oft das Argument äußern, es müsse neben Konfirmation/Firmung auch für konfessionslose Familien ein entsprechendes Fest geben, entscheiden sich die Familien aus ihrer konfessionslosen Feierbiographie[4] heraus mehr oder weniger bewusst für die weltliche Alternative. Im Kontext einer weitgehend säkularisierten ostdeutschen Gesellschaft ist dies (neben der Entscheidung für Religions- oder Ethikunterricht) eine der wenigen Situationen, dass Familien sich weltanschaulich entscheiden müssen.

Diese skizzierten möglichen Funktionen einer heutigen Jugendweihe sind bewusst *weit reichende* Interpretationen des Rituals. Teilnehmende können die Feierstunde auch als peinlich und nichts sagend empfinden und keine dieser Funktionen als zutreffend nennen. Dies ist möglich, weil die Jugendweihe wesentlich aus traditioneller Formensprache besteht, die keine persönliche Identifikation und Auseinandersetzung erfordert, und weil man sich zu ihr auch noch „Last minute" entschließen kann, ohne bestimmte Vorbedingungen zu erfüllen. Dennoch scheint mir in den angedeuteten Wirkmechanismen ein wichtiger Schlüssel für die Attraktivität der Jugendweihe zu liegen. Bewusst ein breites Publikum ansprechend (ohne allzu konkrete inhaltliche Profilierung, etwa freidenkerischen Inhalts), bietet die öffentlich organisierte Feierstunde den Rezipienten einen rituellen Raum, in dem Dank für Vergangenes und Sorge um Zukünftiges auf dem Hintergrund der aktuellen politischen und sozialen Situation stellvertretend artikuliert wird, ein Zugehörigkeitsgefühl produziert wird und Anschluss an einen gesamtgesellschaftlichen Konsens gesucht wird, der Elemente einer (ost-)deutschen Civil Religion trägt.[5] Die aktuelle Jugendweihe sollte nicht lediglich als inhaltsleerer Ritus gedeutet werden, sondern sie bietet den dafür empfänglichen Rezipienten durchaus Ansatzpunkte für eine geistig-weltanschauliche Durchdringung. Dass der als kleinster Nenner viel zitierte „Humanismus" durch seine konsequente Ausblendung religiöser Elemente keineswegs neutral ist, sondern untergründig ideologische Entscheidungen mittransportiert, mag nur wenigen bewusst werden. Auch die personellen, strukturellen und inhaltlichen Verbindungen der Jugendweiheanbieter zu den freidenkerisch-atheistischen Organisationen (Deutscher Freidenker-Verband, Humanistischer Verband Deutschlands, Stiftung Geistesfreiheit Hamburg etc.) prägen nur teilweise das öffentliche Bild der Feiern. Der Ritus wirkt vor allem als überkommene Form, durch die familiäre Gewohnheit und soziale Akzeptanz.

2. Übergangsritual ohne Übergang?

Nachdem im Sinne des skizzierten qualifizierten Ritualbegriffs die moderne Jugendweihe als Ritual bezeichnet werden konnte, steht nun in einem zweiten Schritt die Frage im Vordergrund, ob dieses Ritual mit Recht als ein „Übergangsritual" definiert werden kann.

Das Konzept des „Übergangsrituals" (*rite de passage*) geht auf den Ethnologen *Arnold van Gennep* (1909; dt. 1986) zurück. Er gewann aus dem literarischen Vergleich möglichst vieler Rituale (Geburts-, Pubertäts-, Hochzeits-, Bestattungsrituale, weitere Anlässe) ein Strukturschema, das grundlegend für die weitere Forschung wurde: Die von dem Ritual betroffene(n) Person(en) werden durch Trennungsriten (*rites de séparation*) aus ihrem bisherigen Kontext herausgelöst und ihre bisherige Identität (mit zum Teil recht drastischen Mitteln wie Entführung, Züchtigung, Verstümmelung etc.) aufgelöst. Dadurch werden sie in einen unsicheren Zustand versetzt, einer Phase der Umwandlung, in der die alten Rollenmuster nicht mehr gelten, neue Handlungsmuster erst noch erlernt werden müssen (u. a. durch Einführung in das Stammesrecht oder Erleiden von Strapazen, *rites de marge*). In abschließenden Ritualhandlungen werden die Initianden in ihrer neuen Rolle (als junge Krieger, frisch Verheiratete etc.) wieder in die Sozialstruktur integriert bzw. ihr angegliedert (*rites d'agrégation*). Am wirkungsvollsten wurde dieses Grundschema von *Victor Turner* weiterentwickelt, der der zweiten Phase besonderes Augenmerk widmete: Was geschieht mit den Teilnehmenden in der Umwandlungsphase? Nach Turner sind sie in einen eigentümlichen Schwellenzustand (*liminality*) versetzt, in der sie ohne eigene Identität, ohne Besitz, ohne Status, ja ohne Unterschiede durch Kleidung, Sexualität, Herkommen etc. sind (*Turner* 1969, S. 106f.). Sie bilden eine besondere Gemeinschaft, die *Turner* mit dem lateinischen *communitas* bezeichnet. Diese Phase ist dadurch gekennzeichnet, dass ihr die sonst üblichen Strukturierungen fehlen, dass sie vielmehr Chaos und Unordnung einerseits, unterschiedslose Gemeinschaft der Teilnehmenden andererseits mit sich bringt (*antistructure*). Erst durch diesen ungeordneten Zustand wird es möglich, die Initianden mit einer neue Struktur, neuen Rollenerwartungen, neuen Stammesgesetzen etc. zu versehen. Durch die ausnahmsweise Außerkraftsetzung der normalen Struktur wird deren Bedeutung für das alltägliche Leben um so deutlicher. Übergangsriten markieren nach Gennep den Übergang von einem sozialen Zustand zu einem neuen. Er ist außerdem überzeugt, dass die analysierte Struktur universalen Charakter hat, wenngleich es große Abweichungen beim konkreten Beispiel geben könne.

Wer die Jugendweihe als Übergangsritual definiert, bezieht sich auf dieses Konzept. Bereits seit den 20er Jahren des 20. Jahrhunderts kam der Vergleich mit den Riten der alten Naturvölker auf (vgl. zum Folgenden *Döhnert* 2000, S. 429ff.). Damals diente der Hinweis auf uralte Gebräuche und Riten vor allem der Legitimation der zeitgenössischen Jugendweihe. Auch der Bezug auf germanische Bräuche in der NS-Zeit war vom Interesse geleitet, der eigenen Fest- und Feierpraxis eine von der christlichen Tradition unabhängige Grundlage zu geben. Für die DDR-Jugendweihe wurde ebenfalls der Zusammenhang zu uralten Zeremonien der Stammesaufnahme bemüht. Insofern ist die Berufung der heutigen Anbieter auf diese Vorbilder nicht überraschend: „Zu allen Zeiten und in allen Kulturkreisen der Erde gab und gibt es ähnliche Rituale, mit denen die Jugendlichen in den Kreis der Erwachsenen aufgenommen werden" (Presseinformation der Interessenvereinigung Jugendweihe, zit. bei *Gandow* 1994, S. 69).

Mit der Benennung der Jugendweihe als Übergangsritual scheint Sinn und Existenzrecht der Jugendweihe ein für alle Mal begründet zu sein. Mit Hilfe eines vermeintlichen ethnologischen Konsenses, der jeder Gesellschaft solche Übergangsriten zuschreibt, scheint die Fortdauer der Jugendweihe, besonders in Ostdeutschland, „erklärt": Es war immer und überall so und ist ein völlig normaler und natürlicher Vorgang.

Angesichts der momentanen Hochkonjunktur des Ritualbegriffs überrascht es nicht, dass auch wissenschaftliche Publikationen die Jugendweihe unter die Überschrift des „Übergangsrituals" (*Griese* 2000) oder des

„Initiationsrituals" (vorliegender Band) stellen. Ohne auf einzelne Beiträge näher eingehen zu können, soll im Folgenden die Gültigkeit dieser Bezeichnung für die aktuell vorfindliche Jugendweihe problematisiert werden.

Dabei sollen zwei Fragen leitend sein: Ist die Anwendung der ethnologischen Kategorie des Übergangsrituals auf die aktuelle Jugendweihe methodisch und inhaltlich hinreichend gerechtfertigt? Wie groß sind überhaupt die Gemeinsamkeiten der aktuellen Jugendweihe mit diesem Konzept?

Es mag ein grundsätzliches und nicht annähernd gelöstes Problem sein, inwieweit die vergleichende, nach typischen Übereinstimmungen und Unterschieden suchende Methodik der Ethnologie in Einklang zu bringen ist mit den Geschichtswissenschaften, die dem historischen Kontext und einer akribischen Darstellung des konkreten Geschehens verpflichtet sind. Bei einer entsprechend groben Abstrahierung mag man zu einer Analyse gelangen, die die strukturellen Ähnlichkeiten der modernen Jugendweihe mit den Stammesritualen der Naturvölker für ausreichend erachtet. Eine solche strukturelle Analogie muss aber hinreichend reflektiert werden.

Obwohl beispielsweise *Victor Turner* das Problem der Vergleichbarkeit seiner Forschungsergebnisse aus traditionellen Gesellschaften mit Erscheinungen der modernen Gesellschaft grundsätzlich positiv beantwortete, indem er z. B. in den Jugendbewegungen der späten 60er Jahre Elemente der *communitas* erkannte (*Turner* 1969, S. 112f.), legte er doch Wert darauf, die Unterschiede nicht zu verwischen. Die Situation der tribalen und traditionalen Gemeinschaft und der modernen, differenzierten Gesellschaft sei „wahrscheinlich sehr unterschiedlich" (*Turner* 1969, S. 202). Um dies auch begrifflich festzuhalten, unterschied Turner später zwischen den „liminalen" und den „liminoiden" Phänomenen (*Turner* 1977, S. 43ff.). Während Riten in der Stammesgesellschaft liminalen Charakter haben (die die ganze Gemeinschaft betreffen, mit einer bestimmten Bedeutung versehen sind, auf bestimmte Ereignisse [Lebens-, Jahreszyklen, außergewöhnliche Ereignisse] reagieren), sind rituelle Phänomene der modernen Gesellschaft eher liminoid (d. h. säkularisiert, nur einen Teil der Gesellschaft betreffend, oft von konkreten Personen oder Gruppen beeinflusst, am Rande des zentralen sozioökonomischen Prozesses stehend). Sie sind eher subversiv, üben Kritik an zentralen Strukturen und schlagen Alternativentwürfe vor (ebd. S. 45).

Verwehrt bereits diese Differenzierung die einfache Analogie zwischen tribalen Initiationsriten und der modernen Jugendweihe, kommen weitere Argumente hinzu. Im Gegensatz zu Geburt, Hochzeit und Tod sind die Riten zur Pubertät weniger universal und weniger klar eingrenzbar. Vergleichende Studien ergaben, dass nur ca. 50% der untersuchten Völker eine spezifische Markierung des Übergangs von Kindheit zum Erwachsenen-alter kennen (*Young* 1965, S. 11 – 17; *Cohen* 1964, S. 113ff.). Auch der Blick auf die großen Weltreligionen zeigt, dass weder im Islam noch im Buddhismus, Hinduismus, in den chinesischen und japanischen Religionen eine Abgrenzung solcher Riten möglich ist (vgl. *Döhnert* 2000, S. 427f.). Es ist m. E. unreflektiert, den großen historischen, kulturellen, geistigen, religiösen usw. Abstand zwischen dem Vergleichsmaterial der Ethnologen und den Riten unserer heutigen Gesellschaft mit einem einzigen Schritt zu überspringen. Hinzu kommt die Beobachtung, dass Pubertätsriten sich nicht auf einen bestimmten Termin, etwa der Eintritt der biologischen Pubertät, festlegen lassen. Vielmehr wird meist die soziale Pubertät, also ein weithin kulturell definierter Termin, zum Anlass des Ritus.

Interessant in dieser Hinsicht ist, dass es in Amerika seit einigen Jahren Bestrebungen gibt, gerade aus einem festgestellten Mangel an Übergangsritualen für Jugendliche heraus neue Übergangsriten *zu erfinden* (dokumentiert in den zwei Sammelbänden: *Betwixt & Between*, 1987; *Crossroads*, 1996). Zwei wichtige Ausgangspunkte sind dabei benannt: Zunächst wird festgestellt, dass in der modernen (US-amerikanischen) Gesellschaft Jugendliche weitgehend ohne rituell gestalteten Übergang den Status der Erwachsenen erreichen. Die moderne Zivilisation habe keine sozialen Formen mehr, die Lebensübergänge durch Passageriten und Initiation zu erleben und zu gestalten (*Mahdi* 1987, S. X). Vielmehr müssten Jugendliche diesen Übergang ganz auf sich gestellt meistern. Als Folgen werden soziale Desintegration, psychische Überlastung, die gestörte Überlieferung von Werten oder die Entstehung von destruktiven, zerstörerischen spontanen Ritualen (z. B. in Jugendgangs oder bei Drogenmissbrauch) ausgemacht. Dieser problematischen Entwicklung wollen die Autorinnen und Autoren der beiden Sammelbände entgegenwirken, indem sie die Ergebnisse der ethnologischen und soziologischen Ritualforschung (vor allem das Drei-Stufen-Schema *van Genneps* und die Betonung der Liminalität bei *Turner*) zur Entwicklung neuer ritueller Prozesse in Schule, College, Jugendarbeit und psychologischer Praxis, aber auch in den Familien anwenden wollen. Es wird von ganz verschiedenen Projekten berichtet: Entwicklung eines schulischen Curriculums zur Initiation, mehrtägige Jugendcamps in der Wildnis, Selbsterfahrungsgruppen, die an dem indianischen Vision Quest orientiert sind [vgl. auch *Forster/Little* 1994; *Koch-Weser/von Lüpke* 2000], geschlechtsspezifische Rituale (zur Menstruation, Männlichkeitsbeweise), lange Reisen etc. Gemeinsam ist allen diesen Formen eine besondere Struktur, die meist eng an dem Drei-Stufen-Schema orientiert ist und in der Schwellenphase *außergewöhnliche Er-*

fahrungen bereithält: Einsamkeit, Gefahren, Stille, Unterrichtung durch Ältere, Teamwork, Suche nach Visionen und Lebenszielen. Diese äußerst interessante Wirkungsgeschichte ethnologischer Theorien ist in Deutschland noch kaum rezipiert.

Wenn die Jugendweihe als „Übergangsritual" bezeichnet wird, muss sich ihre Praxis an den damit verbundenen Konzepten messen lassen. Die Realität der Feiern steht dem entgegen. Beim größten Anbieter, der Interessenvereinigung für humanistische Jugendarbeit und Jugendweihe e. V. (der Nachfolgeeinrichtung der ehemaligen Ausschüsse für Jugendweihe in der DDR) sind die im Vorfeld der Feier angebotenen Veranstaltungen strikt freiwillig. Eine dem Übergangsritual entsprechende Vorbereitung ist damit nicht gewährleistet. Auch die Art der Angebote ist kaum geeignet, einen *rituellen Prozess* in Gang zu setzen: *freizeitorientierte* Angebote wie Disco-Veranstaltungen, Modeberatung, Flughafen- oder Zoobesuche oder touristische Kurzreisen überwiegen die wenigen *thematisch orientierten* Angebote wie Diskussion über Politik, Werte- oder Weltbildvermittlung, sexuelle Aufklärung oder Auseinandersetzung mit der Vergangenheit. Eine große Mehrheit der Jugendlichen nutzt lediglich das punktuelle Angebot der Feierstunde. Die Interessenvereinigung musste 2001 feststellen: „Die Teilnahme an Veranstaltungen der offenen Jugendarbeit ist vielerorts rückläufig." (*Rundbrief* 2001, S. 1). Obwohl etwas stärker thematisch ausgerichtet, sind auch die Vorbereitungskurse des Humanistischen Verbandes Deutschlands freiwillig und damit nicht konstitutiv für die abschließende Jugendfeier. Nur westdeutsche Anbieter wie der Deutsche Freidenker-Verband halten bisher am verbindlichen Kurssystem fest, erreichen aber damit nur eine sehr kleine Zahl von Jugendlichen. Der heutigen Jugendweihe fehlt weitgehend der Prozesscharakter, ihr fehlen Formen einer ernsthaften „Arbeit am Ritus".[6]

Die Feier schließlich kann die Last der Argumentation nicht allein tragen. Weder wird in ihr wirksam und dauerhaft eine bestimmte Werteorientierung oder Weltsicht vermittelt (auch wenn dies, wie oben gezeigt, ansatzweise versucht wird), noch bietet sie selbst einen ausdifferenzierten rituellen Prozess. Zwar könnte man wie im Zeitraffer einzelne Phasen des Gennepschen Schemas zu identifizieren versuchen: Die Vorbereitungen in der Familie vor der Feier bereiten den Ritus vor, ein obligatorischer Probelauf vor der Feier und die besondere Sitzordnung (Jugendliche getrennt von ihren Familien in den ersten Reihen sitzend) könnten als Separationsriten gedeutet werden, die Gratulation auf der Bühne als eigentliche „Weihe"-Handlung stände dann für die Schwellenphase, das Wiedersehen mit den Eltern nach der Feier und die anschließende Familienfeier dienten der Wiedereingliederung. Diese skizzierte Analogie zeigt aber, wie wenig entwickelt, wie rudimentär der „Übergangsritus" Jugendweihe gestaltet ist. Elemente des Liminalen oder Liminoiden sucht man in der (klein)bürgerlichen Atmosphäre vergebens. Zwei weitere – entscheidende – Argumente kommen hinzu: Befragt man Jugendliche nach der Wirkung dieser Feier auf ihre Entwicklung, bekommt man eher relativierende, abschwächende Antworten. Zwar wird zuweilen ein Statusgewinn konstatiert, dass man irgendwie ein bisschen erwachsener geworden sei, aber die Aufnahme in den „Kreis der Erwachsenen" kann umgedeutet werden in „Kreis der Fast-Erwachsenen" oder Ähnliches. Das konkrete Leben der Jugendlichen hat sich nicht wesentlich verändert. Dies entspricht auch der Stellung der Jugendweihe im gesellschaftlichen Leben. Eine spezifische Übergangssituation besteht für die Jugendlichen mit 14 Jahren keineswegs (vgl. auch *Gehring* 2000). Die biologische und soziale Pubertät (körperliche Veränderungen, Orientierung an der Jugendkultur) verlagert sich im Zuge der Akzeleration immer mehr in das 11. bis 13. Lebensjahr. Andererseits wird der Übergang in die „Erwachsenenwelt" durch Bildungsmoratorium und verlängerte Adoleszenz weit nach hinten verschoben. Gesellschaftliche „Teilreifen" sind über den Zeitraum von 12 bis 21 verteilt.[7] Der früher wichtige Abschluss der Schule und Beginn des Berufes erstreckt sich nun auf die Zeit zwischen dem 16. und nach dem 20. Lebensjahr. Diese „Entstrukturierung" der Jugendzeit (*Olk* 1985) als prägende Realität der Jugendlichen steht in seltsamen Kontrast zur Affirmation der Jugendweihe als Übergang von der Kindheit in den „Kreis der Erwachsenen". Welcher Übergang wohin wird denn rituell gestaltet begangen? In der Konsequenz der Argumentation müsste die Jugendweihe eher beim Erreichen des Abiturs etc. gefeiert werden (die Graduation Ceremonies nach der Highschool sind beispielsweise in den USA das einzige dort mit der Jugendweihe vergleichbare Phänomen, auch andere Länder wie Frankreich oder Polen kennen kein vergleichbares weltliches Fest, vgl. *Döhnert* 2000, S. 431ff.).

Vielmehr hat sich die Jugendweihe aus einem Ritus, der im 19. und bis Mitte des 20. Jahrhunderts einen bedeutsamen Übergang (Abschluss der Schulzeit, Verleihung der kirchlichen Rechte bei der Konfirmation, Eintritt ins Berufsleben) *begleitete* und rituell *ausgestaltete*, zu einem Ritus entwickelt, der sich *selbst Anlass genug* ist. Weil es die Jugendweihe als Angebot gibt, wird empfunden, dass eine bestimmten Schwelle erreicht ist. Die Jugendweihe selbst wurde damit ein strukturierendes Element inmitten der entstrukturierten Jugendphase. Das Ritual entsteht nicht mehr aus einer sozialen Ordnung, sondern umgekehrt entsteht eine gewisse soziale Ordnung aus dem Ritual. Hieraus rührt ein wichtiger Teil ihrer Attraktivität.

Ein weiteres Argument gegen das unreflektierte Verwenden des Begriffs „Übergangsritus" ist die Tatsache, dass neben ca. 45% Teilnehmenden an der Jugendweihe, ca. 15% Konfirmierten und ca. 3% Gefirmten in Ostdeutschland ca. 35% der Jugendlichen keine organisierte Feier besuchen. Zwar ist der Verzicht auf eine institutionalisierte Form nicht gleichbedeutend mit Verzicht auf jegliche rituelle Gestaltung – die einst prägende DDR-Jugendweihetradition wird teils auf ein Familienfest am Tag der „offiziellen" Jugendweihe *reduziert*, teils als persönliche Eigenkreation *erweitert* und *individualisiert* (vgl. *Döhnert* 2000, S. 403ff.). Doch es ist auch wahrscheinlich, dass in manchen Familien der Anlass nur noch peripher empfunden wird oder ein Fest ganz ausfällt. Auch wenn zu dieser Gruppe noch empirische Untersuchungen fehlen, dürfte es doch einen Zusammenhang zwischen dieser beachtlichen Prozentzahl und dem Fehlen einer spezifischen Übergangssituation geben.

3. Was Jugendliche brauchen

Das Etikett „Übergangsritus" scheint also kaum als Sprungbrett geeignet, eine Metaebene über den beiden spannungsvoll aufeinander bezogenen Feierformen Konfirmation und Jugendweihe zu erklimmen (vgl. *Griese* 2000, S. 247ff.). Die aktuelle Jugendweihe ist weit davon entfernt, ein wirklicher Übergangsritus zu sein. Die hohe gesellschaftliche Akzeptanz – getragen durch die gegenwärtige Eltern- und Lehrergeneration – sollte nicht verdecken, dass der inhaltliche Beitrag der Jugendweihe für die Entwicklung der Jugendlichen, die in einer schwierigen Zeit aufwachsen, eher gering ist. Dies drückt sich auch in der nur zögerlichen Anerkennung der Jugendweihearbeit als Träger der freien Jugendhilfe durch staatliche Stellen aus. Angebote wie Antidrogen-Discos, Kurzreisen ins europäische Ausland, oder „Dezent geschminkt zur Jugendweihe..." etc. nehmen zwar offenbar Bedürfnisse Jugendlicher auf, sind jedoch für ein Übergangsritual nicht spezifisch, greift man doch meist auf kommerzielle „Partner" zurück, die mehr Interesse an zukünftigen Kunden haben dürften. Diese unverbindliche, kommerzialisierte Variante der Jugendweihe als „moderne Feier" zu bezeichnen (*Groschopp* 2000, S. 41) und damit die Beliebigkeit zur gewollten und letztlich angemessenen Struktur zu stilisieren, geht wohl an den wirklichen Bedürfnissen der Jugendlichen vorbei.

Dabei könnte der Ertrag aus der Diskussion der Ritualtheorien darin bestehen, Aspekte des Übergangs bewusster wahrzunehmen. Heutige Jugendliche sind keineswegs Ritual-„Muffel". Vielmehr findet sich in der Jugendkultur ein hohes Inszenierungs- und Ritualisierungspotential. Jugendliche zeigen in Musik, Sport, Peer-groups etc., dass sie ihr Leben und ihre Weltsicht ritualisieren und Identität suchen (vgl. *Grethlein* 1994, S. 205 – 210). In der pluralistischen Gesellschaft steht ihnen vieles frei und nicht selten hat die Selbstritualisierung Jugendlicher entgrenzende Tendenzen, die auch gefährlich werden können (Ecstasy-Konsum, Geschwindigkeit, Alkohol, rechtsextreme Ideologie etc.). Andererseits gründet unsere Gesellschaft auf bestimmten Werten (Toleranz, Gerechtigkeit, Gemeinwohl, Nächstenliebe etc.), die auch der nächsten Generation kommuniziert werden sollten. Da der Übergang der Kinder zu selbstbewussten Mitgliedern der Gesellschaft allmählich verläuft, brauchen Jugendliche vielfältige Angebote zur Identitätsbildung, Situationen des sozialen, ethischen und – je nach Perspektive – auch des spirituellen und religiösen Lernens. Dies wird heute im Wesentlichen von Elternhäusern und Schulen getragen. Dennoch kann es sinnvoll sein, dass spezielle „Agenturen" die Werte- und Identitätsfindung unterstützend kommunizieren und besondere Angebote dafür machen. In Deutschland ist es nahe liegend, die historisch gewachsene Tradition der Konfirmation und Jugendweihe dafür zu nutzen. Für die Zukunft dieser Feierformen ist es wichtig, sich mehr an den Bedürfnissen der Jugendlichen zu orientieren, ohne dabei beliebig und substanzlos zu werden. Angebote der Identitätsbildung sind in der pluralistischen Gesellschaft des 21. Jahrhunderts wichtiger denn je. Die Umsetzung dieser Bedürfnisorientierung wird bei Konfirmation und Jugendweihe gewiss sehr unterschiedlich ausfallen. Bei der Konfirmation sind Aspekte des Übergangs, des Festes und Rituals noch zu stark von theologischen Kategorien wie Bekenntnis, Tauferinnerung oder Abendmahlszulassung dominiert. Die Herausforderung ist, die Angebote der christlichen Tradition so zu kommunizieren, dass Jugendliche sich in Auseinandersetzung, Abgrenzung und Übernahme damit eine eigene Identität bilden. Die Konfirmandenarbeit mit ihrem ein- bis zweijährigen intensiven Prozess der Begleitung und inhaltlichen Auseinandersetzung entspricht dem weit eher als die momentane punktuelle, inhaltsarme, auf die Feierstunde konzentrierte Arbeit der Jugendweiheanbieter. Diese legen offenbar mehr Wert auf eine möglichst große Zahl an Teilnehmenden als auf einen intensiven, verbindlichen Bildungsprozess. Es wäre wohl nötig, der Rhetorik vom „Übergangsritual" eine entsprechende Gestaltung folgen zu lassen.

Im Interesse der jeweils beteiligten Jugendlichen ist eine ernsthafte, inhaltlich strukturierte und rituell bewusste Vorbereitung und Gestaltung der Feiern wünschenswert. Anregungen aus der Arbeit mit Übergangsritualen (etwa aus den USA, z. B. in der Konfirmandenarbeit [*Salomonsen* 2000]) werden vielleicht in Zukunft die Rede vom Übergangsritual eher rechtfertigen als heute. Auch neue Formen von Jugendfeiern für konfessionslose Jugendliche, wie sie von evangelischer wie katholischer Kirche angeboten werden (vgl. *Degen* 2001), zeigen, dass in das erstarrte Gegenüber von Jugendweihe und Konfirmation Dynamik gekommen ist.

Für den heutigen Typus der Jugendweihe gilt jedoch noch ihre besondere historische Spezifik: als traditionsreiches und -belastetes Alternativritual zur Konfirmation steht es heute mit einer durch viele politische Wechsel kaum geänderten äußeren Form, aber ohne ein bestimmtes inhaltliches Konzept und Profil da. Die Jugendweihe ist ein Produkt des langfristigen Säkularisierungsprozesses und ein spezifisch „deutscher Erinnerungsort" (*Döhnert* 2001), der sich den konkreten politisch-ideologischen Kontexten nicht dadurch entziehen kann, dass er sich der universalen Theorie des Übergangsrituals bedient. Das Dilemma der Organisatoren – entweder minimaler Grundkonsens und hohe Teilnahmezahlen oder inhaltlich profiliertes, verbindliches Konzept bei vermutlich stark sinkenden Zahlen – lässt sich nicht einfach auflösen. In der jetzigen Situation wird mit dem Angebot von Jugendweihen zwar die vorhandene Sehnsucht nach einem strukturierenden Ritual, nach Orientierung in einer schwierigen Zeit aufgegriffen, aber letztlich ohne tragfähiges Konzept darauf reagiert. Es bleibt eine große Herausforderung an die Anbieter der Jugendweihe, der Konfirmation wie auch anderer Jugendfeiern, diesem Anspruch gerecht zu werden.

Anmerkungen

[1] In die folgende Darstellung fließen Ergebnisse einer qualitativen Befragung von Jugendlichen zur Jugendweihe ein, die ausführlich dargestellt sind bei *Döhnert* (2000, S. 217 – 416).

[2] Durch teilnehmende Beobachtung bzw. durch Analyse von abgedruckten Feierreden (z. B. in der Zeitschrift *Freier Blick*, Stiftung Geistesfreiheit Hamburg) konnte der Vf. einen nichtrepräsentativen, aber durchaus typische Eigenschaften umfassenden Überblick gewinnen.

[3] „Ohne den Schutz der Anonymität aufgeben zu müssen, erlaubt die Flüchtigkeit beider Feierstunden dem Einzelnen ein Gefühl der Zugehörigkeit." (*Wolbert* 1998, S. 106).

[4] Der Begriff der Feierbiographie setzt sich zusammen a) aus dem familiären Gedächtnis einer Familie, das Kontinuitäten und Diskontinuitäten religiöser Sozialisation über Generationen hinweg bewahrt, b) aus einem kulturellen und sozialen Setting, in das die Familie eingebettet ist, und c) aus den politischen Rahmenbedingungen. Vgl. *Döhnert* 2000, S. 415f.

[5] Als ostdeutsche Variante kommt diese Civil Religion ohne direkten Bezug auf christlich-abendländische Versatzstücke aus, bietet aber nichtsdestotrotz eine eigentümliche Mischung von sinnstiftender Weltanschauung und offiziösen Elementen (durch staatliche Symbole, Inhaber staatlicher Ämter als Gäste etc.), vgl. *Döhnert* (2000, S. 444ff.).

[6] Damit ist analog der Rede von der „Arbeit am Mythos" (Hans Blumenberg) eine inhaltlich-geistige Auseinandersetzung mit dem Geschehen gemeint.

[7] Nach *Schäfers* (1994, S. 33): mit 12 Jahren beschränkte Religionsmündigkeit, Filme ab FSK 12; mit 14 Religionsmündigkeit, Strafmündigkeit, Besuch von Veranstaltungen bis 22.00 Uhr; mit 16 Personalausweispflicht, beschränkter Alkohol- und Tabakgenuss, Veranstaltungen bis 24.00 Uhr; mit 18 Volljährigkeit, Ehemündigkeit, Wahlrecht; mit 21 keine Anwendung des Jugendstrafrechts mehr etc.

Literatur

Bell, Catherine, 1992: Ritual Theory, Ritual Practice. New York/Oxford.
Bell, Catherine, 1997: Ritual. Perspectives and Dimensions. New York/Oxford.
Belliger, Andréa/David J. Krieger (Hg.), 1998: Ritualtheorien. Opladen.
Bergesen, Albert 1998: Die rituelle Ordnung. In: Andréa Belliger/David J. Krieger (Hg.), Ritualtheorien. Opladen, S. 49 – 76.
Betwixt & Between, 1987. Patterns of Masculine and Feminine Initiation. Hg. von Louise Carus Mahdi, Steven Foster und Meredith Little. La Salle.
Cohen, Yehudi A., 1964: The Transition from Childhood to Adolescence. Cross-cultural Studies of Initiation Ceremonies, Legal System, and Incest Taboos. Chicago.
Crossroads 1996. The Quest for Contemporary Rites of Passage. Hg. von Louise Carus Mahdi, Nancy Geyer Christopher und Micheal Meade, Chicago/La Salle.
Degen, Roland, 2001: Kirchliche Jugendfeier zwischen Konfirmation und Jugendweihe. In: KU-Praxis. Gütersloh, Heft 42, S. 72 – 75.
Döhnert, Albrecht 2000: Jugendweihe zwischen Familie, Politik und Religion. Studien zum Fortbestand der Jugendweihe nach 1989 und die Konfirmationspraxis der Kirchen. Leipzig.
Döhnert, Albrecht, 2001: Die Jugendweihe. In: Deutsche Erinnerungsorte. Hg. von Hagen Schulze und Etienne François. München, Band III, S. 347 – 360
Forster, Steven/Merendith Little, 1994: Vision Quest. Sinnsuche und Selbstheilung in der Wildnis. München.
Gandow, Thomas, 1994: Jugendweihe. Humanistische Jugendfeier. München.
Gehring, Rolf, 2000: Streit um eine Erziehungseinrichtung. In: Hartmut M. Griese (Hg.), Übergangsrituale im Jugendalter. Münster, S. 83 – 104.
Gehring, Rolf/Griese, Hartmut M., 1998: Idee, Geschichte und Übergangsritual der Jugendweihe. In: Alexander Bolz/Christina Fischer/Hartmut M. Griese (Hg.), Jugendweihen in Deutschland. Leipzig, S. 9 – 32.
Gennep, Arnold van, 1986: Übergangsriten. (Les rites des passage). Frankfurt/Main.
Grethlein, Christian, 1994: Gemeindepädagogik. Berlin/New York.
Griese, Hartmut M., 2000: Ausblick. Übergangsrituale im Jugendalter – was ist das eigentlich? In: ders. (Hg.), Übergangsrituale im Jugendalter. Münster, S. 247 – 258.
Groschopp, Horst, 2000: Jugendweihe und Festkultur. In: Humanismus aktuell, Heft 7, S. 35 – 49.
Hallberg, Bo, 1978: Die Jugendweihe. Zur deutschen Jugendweihetradition. Göttingen.
Imber-Black, Evan, 1993: Vertrauen und Geborgenheit. Familienrituale und alte Bräuche neu entdeckt. Düsseldorf u. a.
Koch-Weser, Sylvia/Geseko von Lüpke, 2000: Vision Quest. Visionssuche. Allein in der Wildnis auf dem Weg zu sich selbst. Kreuzlingen/München.
Krause, Klaus Peter, 1998: Jugendweiherede 1997. In: Freier Blick. Blätter für die Jugend zu Fragen unserer Zeit, Hamburg, S. 49 – 54.
Luckmann, Thomas, 1985: Über die Funktion von Religion. In: Die religiöse Dimension

der Gesellschaft. Religion und ihre Theorien. Hg. von Peter Koslowski. Tübingen, S. 26 – 41.

Mahdi, Louise Carus, 1987: Introduction. In: Betwixt & Between. La Salle 1987, S. IX – XV.

Meier, Andreas, 1998: Jugendweihe – JugendFEIER. Ein deutsches nostalgische Fest vor und nach 1989. Frankfurt/Main.

Neubert, Ehrhart, 1994: Die postkommunistische Jugendweihe. In: Zur Konfessionslosigkeit in (Ost-)Deutschland. Ein Werkstattbericht. Begegnungen 4/5. Hrsg. von der Studien- und Begegnungsstätte Berlin der EKD. Berlin, S. 34 – 86.

Olk, Thomas, 1985: Jugend und gesellschaftliche Differenzierung – Zur Entstrukturierung der Jugendphase. In: Arbeit, Bildung, Arbeitslosigkeit. Hg. von Helmut Heid und Wolfgang Klafki. Weinheim/Basel, S. 290 – 301.

Pollack, Detlef, 1995: Was ist Religion? In: Zeitschrift für Religionswissenschaft, Jg. 3, S. 163 – 190.

Rundbrief 2001. Hg. vom Präsidium der Interessenvereinigung für humanistische Jugendarbeit und Jugendweihe e. V. Berlin, Ausgabe 17.

Salomonsen, Jone, 2000: Inventing Initiation to Adulthood Rituals in Contemporary Culture. [Vortrag gehalten in der Ritual Studies Group, Annual Meeting der American Academy of Religion, 20. November 2000, Nashville, Tenn.].

Sauer, Birgit, 1993: Mythen einer real-sozialistischen Gesellschaft. Ein Beitrag zur Analyse politischer Deutungsmuster in Fest- und Feiertagen der DDR. Diss. Freie Universität Berlin (Microfiche).

Schäfers, Bernd, 1994: Soziologie des Jugendalters. Eine Einführung. Opladen.

Turner, Victor, 1969: The Ritual Process. Structure and Anti-Structure. New York.

Turner, Victor, 1977: Variations on a Theme of Liminality. In: Secular Ritual, Hg. von Sally F. Moore und Barbara G. Myerhoff. Assen, S. 36 – 52.

Wolbert, Barbara, 1998: Jugendweihe nach der Wende. In: Zeitschrift für Volkskunde, Jg. 94, S. 95 – 107.

Young, Frank Wilbur, 1965: Initiation Ceremonies. A Cross-cultural Study of Status Dramatization. Indianapolis.

II. Empirische Studien zur Jugendweihe als Übergangsritual

Wilma Kauke-Keçeci

Jugendweihe als Ritualtext
Eine textwissenschaftlich-semiotische Analyse

1. Anliegen und Vorgehensweise

Der vorliegende Beitrag will zeigen, dass die *Jugendweihe* als ein Text gelesen werden kann und dass sich aus dieser Art der Lektüre neue Sichtweisen auf das Ritual und seine Funktion ergeben.[1] Indem das Jugendweiheritual als ein semiotisch komplexer Text aus sprachlichen und nichtsprachlichen Elementen betrachtet wird, wird eine von ideologischen Belastungen freie Herangehensweise gewählt. Das ist gerade im Fall der polemisch umkämpften Jugendweihe von Vorteil. Mit der Anwendung der ursprünglich sprachwissenschaftlichen Textanalyse auf die Jugendweihe kann außerdem erklärt werden, welchen Stellenwert ein solches Ritual in der Kultur im Allgemeinen und in den Neuen Bundesländern im Besonderen hat.

In den Sechziger und Siebziger Jahren entwickelte der amerikanische Ethnologe *Clifford Geertz* (1995) ein Konzept von Kultur, das bis heute die symbolisch orientierte Kulturanthropologie beeinflusst. *Kultur* sei ein geschichtlich übermitteltes System gemeinsamer Symbole, mit deren Hilfe der Einzelne seinen Erfahrungen Form und Bedeutung geben kann. In Sprache wie in Handlungen fänden sich Hinweise auf grundlegende kulturelle Bedeutungen. Demnach sei Kultur von Menschenhand – oder besser aus menschlichen Ideen – gemacht. Die kulturellen Bedeutungen seien wie ein verwobenes Netz, das sich durch unseren Alltag zieht und uns auffangen kann. Dieses *kulturelle Netz* wird laut *Geertz* durch *Texte* gewoben. Dabei versteht er unter Texten, wie das auch die Semiotik[2] tut, sowohl sprachliche als auch nichtsprachliche Texte. Die Kultur sei ein Ensemble aus Texten, die ihrerseits wieder Ensemble sind. Diese Aussage lässt sich gerade an einem *Ritualtext* gut erläutern.

Wer an einer Jugendweihe teilgenommen hat, weiß, dass *sprachliche Texte* wie die Festreden – oder in der DDR zudem das Gelöbnis – offiziell als sehr wichtig eingeschätzt wurden. Er wird sich aber genauso gut daran erinnern, dass die besondere *Ritualatmosphäre* durch den ausgewählten Raum, die Kleidung, die Musik und nicht zuletzt auch durch die Handlungen während des Rituals hervorgerufen wurde. Gerade in der DDR gingen der staatliche Anspruch, der vor allem im Gelöbnis zum Ausdruck kam, und das Verständnis der Ritualteilnehmer, was Jugendweihe bedeuten sollte, stark auseinander. Meist sagen Ritualteilnehemer aus der Erinnerung heraus, dass man vor allem während der Festrede und dem Gelöbnis (wie so oft bei politischen Verlautbarungen in der DDR) „einfach auf Durchzug geschaltet" habe. Die aktuellen Teilnehmerzahlen belegen hingegen, dass doch mehr von der Jugendweihe geblieben sein muss als die ungehörten Reden.

In *Interviews* zu ihrem Jugendweiheerleben befragt, konnten sich Jugendweiheteilnehmer vor und nach der Wende zumeist nur an ihre Kleidung, an kleinere oder größere Pannen, an den Gang auf die Bühne, an die Geschenke und Ähnliches erinnern. Festrede und Gelöbnis wurden nur nach genauerem Nachfragen erwähnt, oft ohne mehr dazu sagen zu können, als dass es wie immer gewesen sei und dass im Gelöbnis der Satz „Ja, das geloben wir!" vorgekommen wäre. Die Inhalte dieser Texte waren nur von denen nicht vergessen worden, die mehr oder weniger zwangsweise an der Jugendweihe teilnahmen und ihr innerlich distanziert gegenüberstanden.[3]

Fazit: Die Bedeutung eines Rituals geht – wie kulturelle Bedeutung überhaupt – über das in sprachlichen Texten Enthaltene hinaus. Das Kulturkonzept von *Geertz* zeigt einen Weg auf, das Ritual in seiner Gesamtheit wissenschaftlich zu analysieren. In dem Bedeutungsgewebe der Kultur stellt das Ritual einen „Knoten" dar, einen Text im Ensemble aller kulturellen Texte, die untereinander vernetzt sind. Der Ritualtext selbst ist dabei wieder ein *Ensemble* aus *sprachlichen* und *nichtsprachlichen Teiltexten*, die ebenfalls miteinander verwoben sind. Folgt man dieser Betrachtung ist es lohnend, dieses Textensemble in seiner *Gesamtheit* und in seinen *Teilen* zu analysieren.

2. Lesarten von Jugendweihe

Texte haben einen *Sender* und einen *Empfänger*, werden also produziert und rezipiert. Wird das Jugendweiheritual als komplexer Text analysiert, muss nach denen gefragt werden, die ihn herstellen und nach denen, an die sich der Text richtet. Wie sie den Ritualtext Jugendweihe jeweils verstehen, macht seine Bedeutung aus und beeinflusst seine weitere Entwicklung. Deshalb wurden im Rahmen der vorliegenden Studie *Interviews* mit Veranstaltern, Jugendlichen und ihren Eltern geführt und Berichte in den verschiedenen Medien sowie Reaktionen auf Bundesebene und Gerichtsurteile analysiert. Weil kulturelle bzw. rituelle Bedeutung *historisch* vermittelt wird, sollte außerdem die Geschichte der Jugendweihe aufgearbeitet werden. Um die Jugendweihe von vergleichbaren Ritualtexten abzugrenzen, wurden auch die ostdeutsche Konfirmation und Alternativangebote in die Untersuchung einbezogen. All diese Fragen haben die reine Analyse des Jugendweihetextes ergänzt, auch wenn hier aufgrund des begrenzten Rahmens nicht näher darauf eingegangen werden soll, sondern nur die grundsätzlichen Erkenntnisse dieser rahmenden Untersuchung genannt werden können:[4]

Zum einen lässt sich feststellen, dass sich die verschiedenen Interpretationen von Jugendweihe seit 1990 aufeinander zu bewegen. Zum anderen verstehen Jugendweiheveranstalter und -teilnehmer, anders als in der DDR, im Wesentlichen das Gleiche unter der Jugendweihe. Beides spricht dafür, dass innerhalb unserer Gesellschaft ein *Konsens* bezüglich der Ritualbedeutung hergestellt wird.

Kurz zusammengefasst wird unter Jugendweihe heute in der Regel Folgendes verstanden: *Jugendweihe ist ein öffentlich vermitteltes Familienfest, das aus einer hundertfünfzigjährigen, vor allem freidenkerischen Tradition kommend heute eine starke Basis in den Neuen Bundesländern hat. Eine wichtige Funktion der Jugendweihe ist das symbolische Markieren des Übergangs von der Kindheit zum Erwachsenwerden.*

Darüber hinaus wollen *Jugendweiheveranstalter* humanistische Werte vermitteln, was die Jugendweiheteilnehmer weder erwarten noch als störend empfinden. Wie die Konfirmation hat die Jugendweihe ursprünglich einen Bezug zum Schulabschluss, trifft auf großes familiäres und öffentliches Interesse und wird von zahlreichen Geschenken begleitet.

Die *Jugendlichen* erwarten von der Jugendweihe mehr Freiheiten, ohne jedoch auf einen gewissen Schutz verzichten zu wollen. Die *Eltern* versuchen, ihre starken Gefühle beim Ablöseprozess ihrer Kinder zu verarbeiten und verlangen Dank und Anerkennung sowie weiterhin ein gewisses Mitspracherecht. *Politiker* verhalten sich der Jugendweihe gegenüber zunehmend positiv und nutzen die Öffentlichkeit des Rituals teilweise, um sich als Festredner darzustellen. Aufgrund der Parallelen zur Konfirmation, stehen Vertreter der Evangelischen *Kirche* der Jugendweihe mit zwiespältigen Gefühlen gegenüber, die von totaler Ablehnung über ein tolerierendes Nebeneinander bis hin zur Suche nach Alternativangeboten reichen. Die *Konfirmation* selbst reagiert auf aktuelle Tendenzen in unserer Gesellschaft, vor allem deren Dynamisierung und Pluralisierung, ähnlich wie die Jugendweihe: Die jüngere Generation erhält mehr Mitspracherecht; die Individualität und der Prozesscharakter des menschlichen Lebens werden betont. In *Alternativfeiern* sind diese Charakteristika noch deutlicher ausgeprägt, da sie weniger Rücksicht auf Traditionen nehmen müssen und daher direkter auf soziokulturelle Entwicklungen reagieren können.

Die genannten verschiedenen Lesarten von Jugendweihe wurden durch eine weitere, die *wissenschaftliche* Interpretation, ergänzt, die im Folgenden genauer vorgestellt werden soll. Da es unmöglich ist, alle Jugendweihen, die jemals stattfanden, zu analysieren, ist eine Untersuchung immer auf bestimmte Jugendweihefeiern begrenzt. Davon ausgehend kann eine vorsichtige Verallgemeinerung versucht werden. Wenn also im vorliegenden Beitrag eine *Leipziger Jugendweihe* und eine *Berliner JugendFEIER* gegenübergestellt werden, ist das ein Vergleich von zwei ganz konkreten Feiern aus dem Jahre *1999*. Daraus Schlüsse bezüglich Leipziger oder Berliner Jugendweiheorganisatoren zu ziehen, wäre voreilig, gerade weil das Berliner Feierprogramm inzwischen auch in Leipzig genutzt wird. Die hier vorgestellten Jugendweihevarianten sollten daher als die Enden eines derzeit möglichen Spektrums der Jugendweihegestaltung verstanden werden.

Die Verfasserin hatte die Möglichkeit, an mehreren Jugendweihen des „Sächsischen Verbandes für Jugendarbeit und Jugendweihe e.V." in Leipzig und an einer JugendFEIER des „Humanistischen Verbandes Deutschlands" in Berlin beobachtend teilzunehmen.[5] Jeweils zwei Jugendweihefeiern im Frühjahr 1999 in Leipzig und Berlin konnten als Videomitschnitte genauer analysiert werden. *Videoaufnahmen* für die Analyse zu nutzen, ist sinnvoll, weil damit alle am Ritual beteiligten sprachlichen und nichtsprachlichen Elemente am besten erfasst werden können. Zudem setzen auch die Jugendweiheteilnehmer bzw. ihre Eltern und Gäste in zunehmendem Maße Videokameras ein, um ihre Jugendweihefeier zu dokumentieren und auf diese Weise virtuell wiederholen zu können. Die an die nachfolgende Generation weitergebene Ritualerinnerung wird demnach durch eine Videoaufnahme geprägt. Im Fall der Berliner JugendFEIER können die Ritualteilnehmer ein professionell erstelltes Video erwerben, so dass ihr wiederholtes und erinnertes Ritualerleben noch stärker vereinheitlicht ist.

3. Die Leipziger Jugendweihe

Betrachtet man die Personenkonstellation der Jugendweiheteilnehmer, so zeigt sich, dass sich vor allem *ältere* und *jüngere Generation* gegenüberstehen. Der *Festredner* ist der wichtigste Vertreter der älteren Generation und ist zumeist eine Persönlichkeit der Öffentlichkeit, das heißt Politiker, Künstler oder ein anderweitig Prominenter. Sprechend und handelnd dominiert er die zentralen Ritualhandlungen, in dem er die Festrede hält und anschließend als Hauptgratulant die Übergabe der Weiheinsignien (Blumen, Buch, Urkunde) anführt. Der Festredner ist somit *Agens*, wogegen die Gruppe der Jugendweihlinge *Patiens* des Rituals sind. Alle anderen Anwesenden (in der Regel Erwachsene) sind vorwiegend die *Rezipienten* des Rituals. Die Jugendweihlinge sind selbst erst nach dem Vollzug der Weihehandlungen redeberechtigt – und auch dann nur in eingeschränkter Weise. Der zentrale sprachliche Text ist somit (nach dem Wegfall des Gelöbnisses nach 1989) die Festrede, auf die wir noch genauer eingehen werden.

Die zentralen *Weihehandlungen* laufen folgendermaßen ab: Die Jugendlichen betreten in Gruppen die Bühne, erleben mit der Überreichung von Weiheinsignien die Zuweisung eines neuen soziokulturellen Status als Erwachsene und werden nach diesem rituellen Übergang wieder in die Sitzordnung beziehungsweise in die Gemeinschaft eingefügt. Diese Struktur, die aus den Schritten Trennung, Übergang und Angliederung besteht, ist typisch für ein *Übergangs- bzw. Initiationsritual* (van Gennep 1986). Im Ritualzentrum findet somit im wörtlichen Sinne ein „Übergang" über die Bühne statt und im ideellen Sinne ein „Übergang" zwischen der Zuordnung der Jugendlichen zur sozialen Gruppe der Kinder und der Neueinordnung als (fast) Erwachsene. Diese Aussage des Rituals bezeichnet Luckmann (1985) genauer als einen *Übergang zwischen primärer Sozialisation in der Familie und sekundärer Sozialisation in der Gesellschaft*. Insofern stellt die Jugendweihe – wie auch andere Initiationsrituale – einen Abschied von der Familie dar. Und genau aus diesem Grund ist es sinnvoll, Jugendweihe als ein Familienfest zu bezeichnen.

Auf die einzelnen Elemente dieses Übergangs in der Ritualmitte soll nun genauer eingegangen werden:[6] Nachdem die zehn- bis zwanzigköpfige Gruppe der Jugendlichen auf der Bühne Aufstellung genommen hat, wird ein *Sinnspruch* für alle verlesen. Diese Sinnsprüche sind überwiegend Zitate klassischer Denker oder Volksweisheiten, was jeweils für eine Absicherung der Ritualhandlungen durch eine anerkannte Tradition spricht. Inhaltlich wird eine menschenzentrierte, diesseitige und rationale Weltsicht vermittelt, demnach *freidenkerisches* bzw. *humanistisches* Gedankengut. Auch die klassische Begleitmusik unterstützt das. Klassische Musik wird außer während der zentralen Weihehandlungen nur zu Ritualbeginn und Ritualschluss gespielt. Die so verbundenen Ritualteile spiegeln den zentralen Übergangsgedanken: Zu Beginn des Rituals sind die Jugendlichen von ihren Familien getrennt, nach dem Durchleben des Übergangsrituals feiern sie – ausgestattet mit einem neuen Status – gemeinsam mit ihrer Familie.

Nach dem Verlesen der Sinnsprüche werden die einzelnen Jugendlichen mit Vor- und Zunamen aufgerufen und treten einen *Schritt nach vorn*. Das ist der einzige Moment im Ritual, in dem die Jugendlichen als Individuen gezeigt werden. „Wessen Name ausgesprochen wird, der lebt.", sagt ein ägyptisches Sprichwort (*nach Lurker* 1991, S. 514). In einem weiteren Sinne kann der Namensaufruf demnach als „ins (bürgerliche) Leben rufen" verstanden werden. Der Schritt nach vorn ist eine eigene Handlung der Jugendlichen und die symbolische Umsetzung des „Schrittes ins Erwachsenwerden", wie das Anliegen der Jugendweihe oft von Beteiligten bezeichnet wird.

Nachdem die gesamte Gruppe einen Schritt nach vorn getreten ist, erhalten die Jugendlichen die „*Weiheinsignien*". Diese Zeichen eines gültigen Ritualvollzugs werten die Jugendweihe ebenso auf wie die späteren privaten Geschenke und die verstärkte fotografische und filmische Dokumentation. Kameras kommen gerade beim Bühnengang zum Einsatz. Das Ritualgeschehen wird so für die Nachwelt nachweisbar. Festgehalten werden die zentralen Momente der Jugendweihe auch deshalb, weil das Ritual für die Anwesenden ein bewahrenswerter Vorgang ist. Der Gratulationszug wird vom Festredner angeführt, der ja auch im übertragenen Sinne der „erste" Erwachsene ist. Er überreicht die Jugendweiheurkunde. Dem Festredner folgt einer der Künstler, die das Rahmenprogramm gestalten. Er überreicht das Geschenkbuch. Während der Festredner also für die öffentliche oder sogar offizielle Seite der Erwachsenenwelt steht, symbolisiert der Künstler Wissenschaft, Kunst und Bildung.

In den Anfangsjahren der Jugendweihe enthielt das *Geschenkbuch* wissenschaftliche Erkenntnisse (im Gegensatz zu den Glaubensinhalten der Bibel). Im weiteren trugen die verschiedenen Geschenkbücher der DDR-Jugendweihe vor allem pädagogische und ideologische Züge. Heute werden in den verschiedenen Bundesländern sehr unterschiedliche Bücher überreicht. In der hier betrachteten Leipziger Jugendweihe hieß das Geschenkbuch „Sachsen bleibt jung". Wie auch in anderen Ritualteilen wird so ein betont *lokaler* Bezug hergestellt. Interessant ist, dass weder die Neuen Bundesländer im Ganzen, was einen Anklang von DDR-Nostalgie („Ostalgie") hätte, noch das wiedervereinigte Deutschland, was eine Abkehr von der DDR bedeuten würde, thematisiert werden. Ein Bezug auf Sachsen ist dagegen vergleichsweise *neutral*. Dennoch ist die Hinwendung zum Lokalen nur scheinbar ideologiefrei. Zum einen ist das lokale Denken im Zuge der Globalisierung eine Reflektion aktueller soziokultureller Entwicklung. Zum anderen steht eine Betonung des Hier und Jetzt auch für eine *Diesseitsgewandtheit* und damit bis zu einem bestimmten Grad im *Gegensatz zum christlichen Denken*.

Drittes Zeichen für die vollzogene Weihehandlung ist eine (rote) *Rose*, die von jüngeren Geschwistern überreicht wird. In einigen Fällen schließen sich Klassenlehrer dem Gratulationszug an und übergeben ebenfalls eine Rose. Hier wirkt die in der DDR noch viel engere Verbindung zwischen Jugendweihe und Schule nach. Die jüngeren Geschwister repräsentieren die Kindheit, die die Jugendlichen soeben (per definitionem) verlassen haben. Der *Bezug auf den menschlichen Lebenslauf* wird an dieser Stelle ganz deutlich: Es zeigt sich nicht nur, dass die Generationen innerhalb einer Gemeinschaft aufeinander folgen, sondern auch, dass der einzelne Mensch verschiedene Altersstufen durchlebt. Die Rose ist dafür das Symbol per excellence, denn:

Erstens ist die Rose als Totenbeigabe dem Gedenken der Verstorbenen gewidmet. Weil sie aber auch für aufblühendes Leben (Frühling, Neuanfang) steht, symbolisiert sie über Lebensbeginn und Lebensende den gesamten menschlichen Lebenslauf. Die Rose ist in Erweiterung dessen ein Symbol für die Jugend – und um die geht es in der Jugendweihe. Die Jugend erneuert als die nachwachsende Generation auch die soziokulturelle Gemeinschaft. Zweitens ist die Rose ein Symbol der Liebe und der Fruchtbarkeit. Das ist eine Dimension, die Bezüge zur Körpergestaltung insbesondere der Mädchen herstellt (Eigenstilisierung als erwachsene Frau, zum Beispiel Absatzschuhe als Sexualsymbol) und auf das Initiationsthema verweist. Drittens fand das Rosensymbol schon in der Alchemie, bei den Rosenkreutzern und schließlich bei den Freimaurern Verwendung. Die Rose verwies in diesen Zusammenhängen auf die Sehnsucht nach höherem (geistigen) Leben, nach Licht (Erleuchtung) und Liebe. Es ist anzunehmen, dass sich die Freidenker ursprünglich in der *Freimaurertradition* sahen. (Im übrigen sind die in der Jugendweihe oft zitierten Klassiker Goethe und Mozart Freimaurer gewesen.) Wohl überwiegend unbewusst findet diese komplexe Symbolik nun in der Jugendweihe ihren Ausdruck.

Alle Gratulanten reichen den Jugendlichen die Hand. *Der Handschlag* ist schon seit der Renaissance Symbol der Einigkeit. Freimaurer reichten sich die Hände zum Zeichen der Brüderlichkeit. Als Rechtssymbol schließlich ist der Handschlag Ausdruck der Verpflichtung und des geschlossenen Bundes. Zugleich drückt die Handreichung freundliches Akzeptieren aus. Da der Festredner den Jugendlichen die Hand reicht und nicht umgekehrt, ist davon auszugehen, dass die ältere Generation die jüngere nun in ihrer Gruppe akzeptiert. Das wiederum spricht dafür, dass ein *Bund* zwischen den Generationen unter der Vorherrschaft der älteren Generation geschlossen wird.

Der feierliche Rahmen wertet das Ganze auf und zeigt zugleich, dass es sich um ein ideelles Konstrukt handelt. Daher ist ein Ritual auch im Höchstmaß gestaltet, nach bestimmten Vorstellungen *geformt* also. Die Form des komplexen Ritualtextes trägt – wie durch die Analyse der nichtsprachlichen Ritualteile gezeigt – die inhaltliche Aussage wesentlich mit. So findet der eigentliche Übergang in die Mündigkeit, für den die Jugendlichen die Werteordnung der älteren Generation anerkennen müssen, durch die symbolgeladene Handlung in der Ritualmitte statt. Die *sprachlichen Texte* legen sich als eine *Klammer um die zentralen Ritualhandlungen* und formulieren die Voraussetzungen, unter denen diese gelten.

Durch die Analyse der *Festrede* erhält man kurz gefasst folgende Ergebnisse: Der Festredner wendet sich *im Namen der älteren Generation an die jüngere Generation* und fordert von ihr bestimmte Leistungen. Die Jugendlichen sollen dankbar für die bisherigen Anstrengungen der Eltern, Großeltern und Lehrer sein. Über die Nennung der Großeltern wird eine Generationenfolge aufgebaut, die oft noch dadurch ins Mythische verlängert wird, dass die Initiationsthematik als schon seit „Menschengedenken" relevant bezeichnet wird. Die *Beschwörung der (mythischen) Tradition* verstärkt das Gesagte und sichert die Handelnden ab.

Die Erwähnung der *Lehrer* verweist darauf, dass Schulentlassung und Jugendweihe anfangs eng zusammenhingen. Auch das Vorbildritual der Jugendweihe, die protestantische Konfirmation, konnte erst durchgesetzt werden, nachdem im 18. Jahrhundert die Schulpflicht eingeführt und der Religionsunterricht verbindlich wurde. Zudem enthalten Jugendweihe und Konfirmation in einem weiteren Sinne deshalb pädagogische Elemente, weil es in Initiationsritualen immer um die *Sozialisation* der Jugendlichen bezüglich bestimmter, kulturell gültiger Werte geht. Die nachwachsende Generation verinnerlicht demnach – unter anderem durch Initiationsrituale – die soziokulturelle Werteordnung der älteren Generation. Das macht den Wert der Jugendweihe aus und erklärt zugleich, warum sich Pädagogen und Theologen dafür interessieren und warum das Ritual in der Öffentlichkeit so heftig diskutiert wird.

Die Jugendlichen sollen nicht nur dankbar für das Gegebene sein, sondern diese Dankbarkeit durch das Streben nach einem eigenverantwortlichen, erfüllten, sozial ausgerichteten Leben zeigen. Es geht mit anderen Worten um das Befolgen eines *Leistungs-* und eines *Gemeinschaftsprinzips im Sinne der älteren Generation*. Das bedeutet, dass die jüngere Generation nur dann als mündig anerkannt wird, wenn sie bereit ist, aus Dankbarkeit für das Bisherige in der Zukunft bestimmte Leistungen zu erbringen, die der älteren Generation zugute kommen und deren Werte tradieren. Das entspricht einem (moralischen) *Sozialpakt zwischen den Generationen*. Unter diesem Gesichtspunkt lässt sich die Jugendweihe als *Vertrag* lesen, der zwischen den Generationen geschlossen wird. Auch in den Weihehandlungen gab es Hinweise auf einen Vertragsschluss durch die Jugendweiheurkunde, den Handschlag und den Namensaufruf, die als Rechtsymbole interpretiert werden können.

Im juristischen Sinne[7] gilt ein Vertrag als geschlossen, wenn zwei Parteien sich freiwillig und inhaltlich übereinstimmend auf einen bestimmten Sachverhalt einigen. Ein Vertrag kann auch mündlich geschlossen werden. Die zeitlich erste Willenserklärung nennt man Antrag oder *Angebot* (hier die Festrede), die spätere Willenserklärung *Annahme* (hier die Dankesrede). In bestimmten Fällen reicht das „Ja" der angesprochenen Seite, so wie das etwa im Fall des DDR-Gelöbnisses der Jugendweihe der Fall war. Aber ein Gelöbnis ist nicht zwingend notwendig, schaut man sich die Dankesrede der Jugendlichen, die nach dem Bühnengang gehalten wird, an. Sie entspricht *formal*, das heißt in der Abfolge der behandelten Themen bis hin zu einzelnen Formulierungen, und *inhaltlich*, das heißt im Ausdruck von Dankbarkeit und daraus resultierender Verpflichtung für die Zukunft, *spiegelbildlich* der Festrede. Damit entspricht die Dankesrede den Anforderungen einer Vertragsannahme: Sie stimmt mit der Festrede (dem Angebot) inhaltlich überein.

Erstaunlich daran ist, dass Festredner und jugendliche Redner ihre Texte zuvor nicht kennen. Demnach müssen sie über ein bestimmtes *Musterwissen* verfügen, also wissen, worüber im Ritual „verhandelt" wird. Ob der Vertragsschluss deshalb aber schon freiwillig ist, wie das in der juristischen Begriffsbestimmung gefordert wird, kann mit Recht gefragt werden. In gewisser Weise wirken die Geschenke und die besondere Kleidung wie eine „*Bestechung*" durch die Erwachsenen. Zudem kann man – nicht nur bei der Jugendweihe – von einem gewissen *Gruppenzwang* zur Teilnahme ausgehen.

Natürlich ist die *Verbindlichkeit* eines rituell geschlossenen Vertrages geringer als die eines juristischen Vertrages im engeren Sinne. Beide Vertragsarten schreiben aber jeweils die Normen einer Gesellschaft fest, enthalten demnach *soziokulturelle Bedeutung*. Allerdings können auf den Bruch eines juristischen Vertrages scharfe Sanktionen folgen, die im Falle des eher ideellen, rituellen Vertrages vermutlich moralischer Art wären. Eben weil der im Ritual geschlossene Vertrag nicht so rigide ist, muss er in einer feierlichen Form öffentlich abgesichert werden.

Wie *Ferber* (1994) feststellt, beinhaltet die Sprache der *Moral* immer normative Aussagen. Das, was in einer Gesellschaft als moralisch gut angesehen wird, macht ihre *Ethik* aus. Weil das Ziel der sozialen Institution Moral „das Glück der größtmöglichen Zahl ist" (Ferber 1994, S. 141), kann sie vom Einzelnen auch Leistungen fordern, die nicht vorrangig in seinem

Interesse sind. Die Jugendweihe so gesehen, wäre der Versuch einer *ethisch-moralischen Normsetzung in einer feierlichen Vertragsform*.

Der Bund zwischen den Generationen wird dabei stärker durch die *strukturelle Abfolge* der Reden und durch ihre jeweilige Textfunktion als durch den eigentlichen Inhalt der Texte geschlossen. Die *Formulierungen der Reden* sind vielmehr *floskelhafte* Bestätigungen dessen, worüber sich alle Anwesenden pro forma einig sind. Individueller Lebenslauf und allgemeine Generationenfolge werden thematisiert, ohne allerdings spezifische Aussagen zu machen. Gerade in der aktuellen ostdeutschen Jugendweihe sind die inhaltlich ausgedrückten (humanistischen) Werte auf einen *für alle akzeptablen Minimalkonsens* beschränkt. Wer also nur die Inhalte der Festreden und nicht das Ritual als komplexe Gesamtheit analysiert, kann die Jugendweihe für leer oder sinnlos halten. Der Diesseitsbezug der Jugendweihesymbolik spiegelt aber in verdeckter Weise die alte *transzendente Frage* nach dem (menschlichen) Sein, dem Woher und dem Wohin, die in einer menschenzentrierten, diesseitigen Weise beantwortet wird. Diese transzendente Frage ist es, die in der Jugendweihe anders als in der Konfirmation beantwortet wird und so das Interesse von Theologen weckt.

In seiner *ästhetisch gestalteten Form* stiftet das Ritual *sozialen Sinn* (vgl. *Fix* 1996). Daraus folgt der Schluss, dass das soziale Bedeutungsgewebe der Kultur durch Rituale unmittelbar mitgeschaffen oder zumindest wiederholt bestätigt wird. Ein Initiationsritual regelt innerhalb dieses soziokulturellen Netzes das Generationenverhältnis, stellt neue Verknüpfungen her und löst andere. An der aktuellen Jugendweihe lässt sich ablesen, dass das soziale Bedeutungsgewebe sich verändert hat. Erste Anfänge dieser Entwicklung haben sich in der nicht offiziellen Lesart des Rituals schon in den Achtziger Jahren gezeigt: Allgemeinverbindliche Aussagen für den weiteren Lebensweg des Einzelnen wurden schwieriger, weil die Gesellschaft dynamischer geworden ist. *Erdheim* (1988) bezeichnet das als „*heiße Kultur*" im Gegensatz zu einer eher statischen, zyklischen und in sich ruhenden „*kalten Kultur*". In einer sich schnell verändernden Gesellschaft gewinnt die jüngere Generation zwangsläufig an Bedeutung, da sie den weiteren Fortschritt wesentlich mitträgt. Eine Folge dessen ist, dass die ältere Generation Initiationsrituale offener gestalten und der nachfolgenden Generation mehr *Mitspracherecht* einräumen muss. Verbindliche Normen würden jeden Fortschritt hemmen und damit die Gesellschaft „erkalten" lassen. Die Jugendlichen können in einer „heißen Gesellschaft" allenfalls darauf eingeschworen werden, die Gesellschaft weiter dynamisch zu entwickeln. Die *Bewährungszeit*, die ursprünglich *vor* den Initiationsritualen lag, ist auf die Zeit *danach* verschoben und damit *zeitlich gestreckt* worden. Das Interesse der älteren Generation liegt außerdem darin, dass ihre Traditionen im weiteren Sinne eingehalten werden und dass sie selbst nicht an den Rand geschoben wird. *Ein Initiationsritual ist ein Versuch, die jüngere Generation (moralisch) zur Wahrung der Interessen der älteren Generation zu verpflichten.*

4. Exkurs: Die Jugendweihe aus vertragstheoretischer Sicht

Aber damit nicht genug: Verfolgt man das Stichwort „Vertrag" in philosophischen, geschichts- und staatstheoretischen Wörterbüchern weiter (vgl. z.B. *Brunner/Conze/Kosseleck* 1990, Bd. 6, S. 901ff.; *Hillmann* (Hrsg.) 1994, S. 905ff.; *Prechtl/Burckhard* 1999, S. 639ff.), stößt man unweigerlich auf die so genannten *Vertragstheorien*. Diese können hier nicht in ihrer ganzen Breite dargestellt werden, wurden sie doch in der Antike seit der Sophistik, in der Neuzeit in den Schriften von Hobbes, Locke, Rousseau bis hin zu Pufendorf und Kant und im 20. Jahrhundert von den US-amerikanischen Nationalökonomen Buchanan und Pauls vertreten, um nur die wichtigsten Verfechter zu nennen.

Gemeinsam ist allen Vertragstheorien, dass die Gesellschaft sich (tatsächlich oder ideell, ein- oder mehrstufig) auf einen Vertrag gründen soll, weil die Individuen in der vergemeinschafteten Form einer Gesellschaft besser leben könnten. Dabei gilt wieder das schon genannte *„Moralprinzip des Glücks der größtmöglichsten Zahl"*. Als ursprünglich *freiheitliche Individuen* gedacht, wären die Menschen in *übereinstimmender Willenserklärung* zu einem Gesellschaftsvertrag gekommen. Kritiker der Vertragstheorien haben immer wieder betont, dass der einmal geschlossene Vertrag von den später, also auch von den derzeit lebenden Menschen nicht bestätigt worden sei. Die Jugendweihe wäre eine Antwort auf diese Kritik: In einem weiteren Sinne stellt sich die Jugendweihe nämlich als ein *rituell erneuerter Gesellschaftsvertrag* dar. Mit dem Generationenbund treten die Jugendlichen zugleich dem in mythischen Urzeiten beziehungsweise fiktiv geschlossenen Gesellschaftsvertrag bei.

Dafür spricht neben der Öffentlichkeit strukturell die tradierte Form des Rituals und inhaltlich der immer wiederkehrende Bezug auf die Generationenfolge und die Gesellschaft als Ganzes, die schon „seit Menschengedenken", „seit Urzeiten" derartige Rituale feiere. Die ältere Generation appelliert an die jüngere, für die Gemeinschaft zu leben, weil das auch in ihrem persönlichen Sinne sei. Vertrags- und Moraltheorien, die ihrerseits eng zusammenhängen, weisen auf die wichtige Rolle der Sozialisation hin, so dass Gesellschafts- und Generationenvertrag nicht als Widerspruch zu sehen sind. Im Gegenteil: *Der Vertrag zwischen den Generationen garantiert in gewisser Weise die Weitergabe des Gesellschaftsvertrages mit seinem Moralprinzip.* Angesichts der hohen Wertigkeit der *Sozialisation* in diesem Konzept ist es kein Wunder, dass Vertragstheorien gerade in der *pädagogisch orientierten Aufklärung* wieder an Gewicht gewonnen haben. Die allgemeine Durchsetzung der Konfirmation mit der Einführung der Schulpflicht wie die Entstehung der Jugendweihe in aufklärerischer beziehungsweise nachaufklärerischer Zeit passen in dieses Bild.

Dass sich die Jugendweihe auf einen Gesellschaftsvertrag beziehen lässt, heißt nicht, dass ein solcher Vertrag tatsächlich im eigentlichen Sinne geschlossen wird. Ein (ritueller) Vertragsschluss ist genauso *fiktiv* wie die Kultur insgesamt: Es handelt sich jeweils um ein *menschliches Sinnkonstrukt*, das dem einzelnen Individuum als soziale Wirklichkeit dennoch objektiv vorgegeben ist. Man sollte sich daher nicht fragen, ob Gesellschaft beziehungsweise Kultur auf einem Vertragsschluss beruhen oder nicht, sondern festhalten, dass die Jugendweihe ihr Gemeinschaftswesen in dieser Weise interpretiert. Eine solche Interpretation kann bewusst oder unbewusst in den Köpfen der Beteiligten weiterwirken.[8]

Indem ein Initiationsritual wie die Jugendweihe Gemeinschaftsbildung in dem rituellen Sozialdrama in einer bestimmten Weise durchspielt, trägt es unmittelbar zur Konstitution von Kultur bei. Durch die Weitergabe an die nachfolgende Generation, die das Wertewissen in einem vorbereitendem Unterricht geistig und in der Ritualfeier körperlich einüben und verinnerlichen, wird diese kulturell gültige Weltsicht als *Tradition weitergegeben*. Das bedeutet eine *Vergewisserung von Sinn* für die Beteiligten – *als Bestätigung für die ältere Generation und als Perspektive für die jüngere Generation.*

5. Die Berliner JugendFEIER

Grundsätzlich gilt das, was über die Leipziger Jugendweihe gesagt wurde, für alle Jugendweihen. Dennoch ergeben sich aus der Analyse der Berliner JugendFEIER einige Erkenntnisse, die auf *neue Tendenzen* in der Jugendweiheentwicklung hinweisen.

Am auffälligsten an der JugendFEIER im Berliner Friedrichstadtpalast ist, dass der zentrale Weihegang auf die Bühne nicht mehr in der klassischen Form stattfindet. Die Jugendlichen werden zwar nach dem Verlesen von Sinnsprüchen immer noch namentlich aufgerufen und erhalten Geschenkbuch, Urkunde und Rose, aber sie stehen innerhalb ihrer Sitzreihen auf, werden mit einer Kamera aufgenommen und auf eine Leinwand projiziert. Sie sind damit nur noch virtuell auf der Bühne und ähneln zugleich Größen aus der *medialen Showwelt*. Außerdem wurde diese Vorgehensweise vermutlich gewählt, weil die Teilnehmerzahl der JugendFEIER im Friedrichstadtpalast einen klassischen Bühnengang ausufern lassen würde.

Der symbolische Gang auf die Bühne wird von einer Gruppe *jugendlicher Schauspieler* übernommen, wobei auch die traditionell gespielte klassische Begleitmusik zitiert wird. Diese jugendlichen Schauspieler zeigen in mehreren Szenen zudem die Gedanken- und Gefühlswelt der Jugendweiheteilnehmer und die *Konflikte beim familiären Ablöseprozess*. Von Szene zu Szene werden die Jugendlichen unabhängiger von ihren Eltern, wählen ihre neue „Rolle" in der Erwachsenenwelt und wenden sich mit eigenen Wünschen an die ältere Generation.

Das Mitsprache- und Mitgestaltungsrecht der Jugendlichen ist damit in der Berliner JugendFEIER – zumindest virtuell – wesentlich größer, als das noch in der Leipziger Jugendweihe der Fall war. Dennoch geht es auch in der Berliner JugendFEIER darum, einen *Generationenbund* zu schließen. Abschließende Aufforderung ist es daher, mit Liebe und Verständnis aufeinander zuzugehen. Gemeinsam singen Künstler und Jugendweihlinge auf der Bühne dann das Beatles-Lied *„Love, love, love"*. Die Jugendlichen haben sich von ihren Familien gelöst und winken ihnen zum Abschied zu. Der Übergang zwischen primärer Sozialisation in der Familie und sekundärer Sozialisation in der Gesellschaft bzw. in der Gemeinschaft mit Gleichaltrigen wird auf diese Weise symbolisch fassbar.

Ein *Vergleich* der beiden Jugendweihefeiern zeigt, dass die *traditionellere Leipziger Jugendweihe rationaler* angelegt ist und den *Vertragsgedanken*, der in der Jugendweihe grundsätzlich angelegt ist, deutlicher ausprägt. Dementsprechend hat diese Jugendweiheveranstaltung in ihrer linearen Programmabfolge und in der Textgestaltung einen fast offiziellen, sehr feierlichen Anstrich. Die *Berliner JugendFEIER* ist dagegen wesentlich mehr *durchkomponiert*. Künstlerische Gestaltung hat mehr Gewicht als offizielle Darstellung, obwohl Berliner Wappen, Urkunde und zum Teil externe Redner vor allem aus der Politik letzteren Aspekt ebenfalls betonen. Allerdings setzt die Berliner Veranstaltung verstärkt auf *Showeffekte* und *Emotionalität*.

Beide Jugendweihefeiern beantworten die transzendente Frage nach dem Sein, dem Woher und dem Wohin des Menschen auf humanistische Art und Weise und d.h. vor allem *diesseitig*. Symbolisch findet das seine Umsetzung in einem deutlichen *lokalen Bezug* (auf die jeweilige Stadt und die Welt insgesamt) und durch den Wert, der der *menschlichen Ge-*

meinschaft und dem einzelnen *Individuum* in ihr zugemessen wird. Hinweise auf die DDR-Vergangenheit finden sich nur in der vorsichtigen Abgrenzung davon und in dem Hinweis darauf, dass die ältere Generation in der neuen Situation sich selbst orientieren musste, daher viel Respekt verdiene, aber wenig Ratschläge geben könne. Allerdings betont besonders die Berliner JugendFEIER das *Ostdeutsche* generell: So schlägt bei der virtuellen Einführung ins JugendFEIER-Geschehen das Berliner Wappen wie ein Herz auf der linken Ostseite des Stadtbildes. Für die Stadt selbst stehen nur *Ostberliner* Symbole: Brandenburger Tor, Fernsehturm am Alexanderplatz und Friedrichstadtpalast.

Die Berliner JugendFEIER zeigt noch deutlicher als die Leipziger Jugendweihe, dass es sich bei aktuellen Jugendweihefeiern um Initiationsrituale einer dynamischen Gesellschaft handelt, in der die jüngere Generation den Fortschritt trägt und daher mehr Mitspracherecht im Ritual hat und in der Gesellschaft einfordert. Dieser Trend wird sich sehr wahrscheinlich ebenso verstärken wie die zunehmend showartige Gestaltung der Feiern, die die Anwesenden auch emotionaler ansprechen sollen.

6. Zusammenfassung und Ausblick

Liest man die Jugendweihe als einen Ritualtext aus sprachlichen und nichtsprachlichen Elementen, zeigt sich, dass es sich um einen *ästhetisch gestalteten Vertragstext* handelt. Die sprachlichen Texte legen die Bedingungen fest, unter denen die zentralen Ritualhandlungen gelten sollen. Angestrebt wird ein *Generationenbund* bzw. im allgemeineren Sinne ein *Gesellschaftsvertrag*, bei dem das Individuum sich für das Wohl der Gemeinschaft einsetzt. Stimmt die jüngere Generation diesem Ansinnen der älteren Generation zu, wird sie für „mündig" erklärt. Damit werden die Jugendlichen in einem sozialen, nicht biologischen Verständnis für „erwachsen" erklärt. Die Jugendweihe hat dabei für die jüngere Generation die Funktion, den *Übergang* von primärer Sozialisation in der Familie zu sekundärer Sozialisation in der Gesellschaft zu schaffen. Der *Abschied* von der Familie ist Anlass zu einem emotionsverarbeitenden *Familienfest*.

Gleichzeitig demonstrieren die an der Jugendweihe Beteiligten ein ganz bestimmtes Verständnis von *soziokultureller Gemeinschaft* einerseits und von *menschlichem Lebenslauf* andererseits. Die wichtigen transzendenten Fragen des Menschen werden *diesseitig* und *humanistisch* beantwortet. Aufgrund der aktuellen dynamischen Entwicklung der Gesellschaft werden *keine festen Normen* mehr vorgegeben. Stattdessen wird der individuelle Beitrag der jüngeren Generation zum weiteren Fortschritt durch ein zunehmendes Mitspracherecht (symbolisch vorweggenommen im Ritual) gefördert.

Als ästhetisch gestaltetes Sozialdrama weist die Jugendweihe sowohl Ähnlichkeiten mit einer *Kunstform* als auch mit einem *Vertragsmuster* auf. Die transzendenten Fragen, die hinter einem Lebenslaufritual stehen, bringen es in Verbindung mit *religiösen Texten*. Der erzieherische Anspruch, der in jeder Form von Sozialisation, also auch in einem Initiationsritual wie der Jugendweihe zu finden ist, verknüpft das Ritual zudem mit *pädagogischen Textmustern*. Das Jugendweiheritual ist somit ein soziokultureller Text, der auf vielfältige Weise mit anderen Texten unserer Kultur verknüpft ist und unsere Kultur durch seinen Beitrag zu dieser Vernetzung immer wieder neu schafft.

Anmerkungen

[1] Die Verfasserin stützt sich dabei auf die in ihrer Dissertation erarbeiteten Erkenntnisse: *Kauke-Keçeci* (2001). Neben der im vorliegenden Beitrag verfolgten Zielstellung sollte in der Dissertation außerdem gezeigt werden, dass die Anwendung von semiotischen bzw. sprachwissenschaftlichen Methoden auf nichtsprachliche und/oder komplexe Texte eine Erweiterung und genauere Bestimmung des Textbegriffs zur Folge hat.

[2] Die Semiotik (z.B. *Eco* 81991; *Posner* 1991; *Soeffner* 1989) geht davon aus, dass Botschaften in Form von Texten zwischen einem Sender und einem Empfänger ausgetauscht werden. Die Texte bestehen aus Zeichen, die in Zeichensystemen bzw. Codes sprachlicher oder nichtsprachlicher Art organisiert sind. Menschliche Kommunikation ist daher immer zeichenhaft.

[3] Genaueres zu diesen seit 1994 durchgeführten Interviews findet sich in: *Kauke* (1998 und 2000). In den freien Erzählinterviews wurden die Jugendweiheteilnehmer nur durch vorsichtiges Nachfragen gelenkt und konnten so die für sie relevanten Punkte ihres Jugendweiheerlebens schildern. Dabei zeigte sich, dass ca. 75% der Befragten innerlich ins Ritual eingebunden waren, die anderen 25% standen der Jugendweihe distanziert gegenüber.

[4] Vgl. *Kauke-Keçeci* (2001). Dank gilt an dieser Stelle all denen, die durch ihre Gesprächsbereitschaft und durch die Bereitstellung von Unterlagen zum umfangreichen Vorhaben der Verfasserin beigetragen haben.

[5] Der „Sächsische Verband für Jugendarbeit und Jugendweihe e.V." gehört einer größeren Interessenvereinigung an, die aus der DDR-Tradition kommend in allen Neuen Bundesländern bis auf Brandenburg die meisten Jugendweiheteilnehmer hat. In Berlin, in Brandenburg, in Sachsen-Anhalt und in den Alten Bundesländern veranstaltet der „Humanistische Verband Deutschlands", der westdeutsche Wurzeln hat, JugendFEIERn. Jugendweihe(-feier) wird im vorliegenden Beitrag als Oberbegriff (ohne Wertung) für Jugendweihe und JugendFEIER genutzt, sofern nicht explizit auf die einzelnen Veranstaltungen Bezug genommen wird.

[6] Bei der Analyse der Ritualelemente stützen wir uns auch auf die folgenden Symbolwörterbücher: *Becker* (1998); *Biedermann* (1998); *Lurker* (1991).

[7] Vgl. Staatslexikon für Recht, Wirtschaft, Gesellschaft (1989), Bd. 5, S. 724ff, wo der Vertragsbegriff in Bezug auf das BGB § 145f. dargestellt wird.

[8] Für einen Beweis dieser These fehlen bislang empirische Untersuchungen. Im Zusammenhang mit der Jugendweihe liegen bislang nur empirische Untersuchungen zum Ritualerleben und zur Teilnahmemotivation vor (vgl. *Kauke* 1998, 2000 und 2001 und *Döhnert* 2000).

Literatur (Auswahl)

Becker, Udo (1998): Lexikon der Symbole. Freiburg/Basel/Wien
Biedermann, Hans (1998): Knaurs Lexikon der Symbole. München.
Brunner, Otto/Conze, Werner/Kosseleck, Reinhart (1990): Geschichtliche Grundbegriffe. Stuttgart, Bd. 6.
Döhnert, Albrecht (2000): Jugendweihe zwischen Familie, Politik und Religion. Dissertation. Universität Leipzig.
Eco, Umberto (81991): Einführung in die Semiotik. München.
Erdheim, Mario: Die gesellschaftliche Produktion von Unbewusstheit. Frankfurt/ M.1988.
Ferber, Rafael (1994): Philosophische Grundbegriffe. Eine Einführung. München.
Fix, Ulla (1996): Gestalt und Gestalten. Von der Notwendigkeit der Gestaltkategorie für eine das Ästhetische berücksichtigende pragmatische Stilistik. In: Zeitschrift für Germanistik, Neue Folge VI, S. 308-323.
Geertz, Clifford (41995): Dichte Beschreibung: Beiträge zum Verstehen kultureller Systeme. Frankfurt/ M.
Gennep, Arnold van (1986): Übergangsriten. Frankfurt/ M.
Hillmann, Karl-Heinz (Hrsg.) (1994): Wörterbuch der Soziologie. Stuttgart.
Kauke, Wilma (1998) Ritualbeschreibung am Beispiel der Jugendweihe. In: Fix, Ulla (Hrsg.) unter Mitarbeit von Wilma Kauke und Rhea Schwarz: Ritualität in der Kommunikation der DDR. Frankfurt/ M. u.a, S. 101-214.
Kauke, Wilma (2000): Jugendweihe in Ostdeutschland. Ein Ritual im Umbruch. In: Auer, Peter/ Hausendorf, Heiko (Hrsg.): Kommunikation in gesellschaftlichen Umbruchsituationen. Mikroanalytische Aspekte des sprachlichen und gesellschaftlichen Wandels. Tübingen, S. 271-303.
Kauke-Keçeci, Wilma (2001): Sinnsuche. Die semiotische Analyse eines komplexen Ritualtextes – Am Beispiel der ostdeutschen Jugendweihe. Dissertation. Universität Leipzig.
Luckmann, Thomas (1985): Riten als Bewältigung lebensweltlicher Grenzen. In: Schweizerische Zeitschrift für Soziologie 3, S. 535-550.
Lurker, Manfred (1991): Wörterbuch der Symbolik. Stuttgart.
Posner, Roland: (1991): Kultur als Zeichensystem. Zur semiotischen Explikation kulturwissenschaftlicher Grundbegriffe. In: Assmann, Aleida/ Harth, Dietrich (Hrsg.): Mnemosyne: Formen und Funktionen der kulturellen Erinnerung. Frankfurt/ M.
Prechtl, Peter/Burckhard, Franz-Peter (1999): Metzlers Philosophie-Lexikon. Stuttgart/Weimar.
Soeffner, Hans-Georg (1989): Auslegung des Alltags - der Alltag der Auslegung. Frankfurt/ M.
Staatslexikon für Recht, Wirtschaft, Gesellschaft. Freiburg/Basel/Wien (1989), Bd. 5.

Maria-Thesesia Münch

Die Jugendweihe als Erziehungsinstanz in der DDR – Intentionen politisch-ideologischer Erziehung in den Jugendstunden

Die interdisziplinäre Diskussion über Initiationsriten in verschiedenen Kontexten und die Frage nach ihren Bedeutungen und Wirkungsweisen ist der Rahmen, in dem dieser Aufsatz entstand. In meiner Diplomarbeit befasste ich mich 1998 mit der DDR-Jugendweihe als einem (Initiations-) Ritual und gleichzeitigem Instrument politisch-ideologischer Erziehung (*Münch* 1998). Diesen Aufsatz möchte ich dazu nutzen, die Indoktrinationsversuche der Erziehungsinstanz „Jugendweihe" darzustellen. Das erste Kapitel beschreibt kurz den organisatorisch-strukturellen Rahmen, in dem die Institution Jugendweihe verortet war und wirft einen ersten Blick auf das der Jugendweihearbeit zugrundeliegende Erziehungsleitbild einer „sozialistischen Persönlichkeit". Abschließend befasse ich mich mit den handelnden Akteuren (den Jugendlichen und Jugendstundenleitern), frage nach indoktrinationsbedingten Zuschreibungen und skizziere die Jugendstunden als „Erziehungsfeld", in dem die politisch-ideologische Vorbereitung auf das „Jugendweihegelöbnis" praktiziert wurde. Im zweiten Kapitel werde ich dann, aus Platzgründen nur exemplarisch, die aus dem Erziehungsleitbild resultierenden Erziehungsziele, Erziehungsinhalte sowie die Art und Weise ihrer Umsetzung darstellen.

1. Die Jugendweihe - Instrument politisch-ideologischer Erziehung

Die Institution Jugendweihe war durch ihre Angliederung an die Polytechnische Oberschule fester Bestandteil im Bildungs- und Erziehungssystem der DDR. Mit Beginn der 70er Jahre gelang es der SED und dem Zentralen Ausschuss (im Folgenden: ZA)[1], die Jugendweihe ausschließlich für die politisch-ideologische Erziehung[2] zu funktionalisieren. Erstens konnte der Widerstand seitens der Kirchen auf rigide als auch subtile Weise ausgeschaltet werden. Zweitens wurde das Prinzip der Freiwilligkeit de facto außer Kraft gesetzt, durch den Zwang, sich den Gegebenheiten entweder beugen zu müssen oder sich bewusst auszugrenzen, und drittens wurden so gut wie alle „gesellschaftlichen Kräfte" für die Jugendweihe nutzbar gemacht. Die Institutionsleitung mobilisierte Kreis- und Bezirksschulräte, Schulleitungen, Lehrer und Elternvertretungen, um möglichst alle Schüler und Schülerinnen der jeweiligen achten Klassen zu rekrutieren. Die Klassenlehrer übernahmen meist die Funktion des Jugendstundenleiters.

Das die Erziehungsarbeit prägende Leitbild, war die gesetzlich kodifizierte und ideologisch normierte „sozialistische Persönlichkeit" (*Jugendgesetz der DDR*. I/1974 §1Abs.1,2). Sie galt als zentraler Bezugspunkt aller bildungspolitischen Aktivitäten und gleichzeitig als Hauptaufgabe der Partei (SED) bei der Gestaltung der sozialistischen Gesellschaft. Der Mensch wurde als ein gesellschaftlich determiniertes Wesen verstanden, wobei die sich entwickelnde Persönlichkeit nicht nur Objekt gesellschaftlicher Entwicklungen, sondern auch Subjekt gesellschaftlicher Veränderungen sein sollte. Zwei Faktoren bestimmten die Entwicklung der sozialistischen Persönlichkeit: (1) die unmittelbare gesellschaftliche Erfahrung und (2) die ideologische Indoktrination.

Unmittelbare Erfahrungen würden zur Internalisierung von (im Sinne der Gesellschaftsordnung) wünschenswerten Verhaltensdispositionen und zu positiven (konformen) Auffassungen führen. Gleichzeitig erforderten die Bedingungen der entwickelten sozialistischen Gesellschaft ein „wissenschaftliches Bewusstsein" bzw. „Klassenbewusstsein". Dieses Hauptmerkmal einer sozialistischen Persönlichkeit sei nicht erreichbar ohne die Aneignung der marxistisch-leninistischen Ideologie. Eine geeignete Verbindung von unmittelbaren Erfahrungen und ideologischer Beeinflussung führe letztlich dazu, dass das sozialistische Bewusstsein zu einer verhaltensrelevanten Größe würde (*Lemke* 1991).

Ein spezifischer Bereich, in dem diese lerntheoretisch[3] orientierte linearkausale „Charaktererziehung" praktiziert wurde, waren die Jugendstunden im Rahmen der Jugendweihe. Ihr oblag die Aufgabe, den Übergang vom Kind zum Jugendlichen, als einem wichtigen Einschnitt im Leben der jungen Menschen, mit Hilfe der *„Werktätigen der DDR"* vorzubereiten und die Vierzehnjährigen in die *„Reihen der Werktätigen festlich und öffentlich aufzunehmen"*. Sie hatte das Ziel, in Zusammenarbeit mit Schule und FDJ (dem staats-sozialistischen Jugendverband der DDR), *„staatsbewusste"* junge DDR-Bürger zu erziehen. (*Hager* in: Jugendweihe 1984, Nr.8, S.2, im Folgenden: JW)

Die politisch-ideologische Erziehung zielte darauf, die Jugendlichen für die *„Klassenkämpfe ihrer Zeit"*, für die Arbeit und das Leben als aktive Mitgestalter der entwickelten sozialistischen Gesellschaft vorzubereiten. Die Jugendstunden sollten den Jugendlichen auf *„interessante und lebendige Weise"* helfen, tiefer in die *„wissenschaftliche Weltanschauung der*

Arbeiterklasse einzudringen" und gleichzeitig ihr Verhalten an den *„Grundsätzen der sozialistischen Moral"* zu prüfen (bzw. prüfen zu lassen). Es handelte sich demnach um die Vorstellung einer allumfassenden Erziehung, die Verstand und Gefühl der Heranwachsenden gleichermaßen erreichen bzw. deren Charakter und Willen formen könnte (*Handbuch zur Jugendweihe* 1986, S.11f.; im Folgenden: HBJW). Hier stellt sich die Frage, wie sich dieses Erziehungskonzept in der Sicht auf die Handelnden und in den Vorgaben für die konkrete Arbeit in den Jugendstunden niederschlug.

Im HBJW findet sich eine aufschlussreiche Aussage, die deutlich zeigt, wie die Verantwortlichen der Institution Jugendweihe die Jugendlichen als Adressaten ihrer Erziehung wahr genommen haben. Dort heißt es: *„Die Subjektposition des Jugendlichen ist durch pädagogisches Geschick und die Übergabe von Verantwortung zeitig und immer umfangreicher geplant zu entwickeln"*(*HBJW* 1986, S.73). Ziel war es demzufolge nicht, den Jugendlichen eine nach ihren Bedürfnissen ausgerichtete individuelle Entwicklung zu ermöglichen. Vielmehr galten sie als planbare Subjekte, deren Persönlichkeit erstens durch erzieherisches Handeln (Indoktrinieren) seitens des Jugendstundenleiters, zweitens durch das Einüben von Verantwortung und Selbsterziehung geformt werden könnte.

Zwar sollte in den Jugendstunden an subjektive, individuelle Erfahrungen der Jugendlichen angeknüpft werden, jedoch nur, um diese dann für die Überzeugungs- und Standpunktbildung verfügbar machen zu können. Dabei galten das Erleben der*„Aktivitäten im Kampf für den Frieden und in der antiimperialistischen Solidarität"*, des *„Kampf[es] um hohe Leistungen in der Produktion und in allen gesellschaftlichen Lebensbereichen"* und die Erfahrung *„soziale[r] Sicherheit und Geborgenheit"* als *„vornehmlich spontan gesammelte"* und erzieherisch zu nutzende Erfahrungen. Diese nach Auffassung der Institutionsleitung von Jugendlichen bereits per se gemachten Erfahrungen, sollten dann, nach *„ihre[r] theoretische[n] Verallgemeinerung und Wertung"*, der *„Vertiefung weltanschaulicher Einsichten und Überzeugungen"* (ebd. S.75) dienen. Besondere Bedeutung wurde in diesem Kontext den *„kollektiven Beziehungen"*, Meinungen, Kritiken und Bewertungen durch die Gleichaltrigen und der daraus resultierenden Fähigkeit zur Selbsterziehung beigemessen (ebd. S.74). Erziehung in den Jugendstunden fokussierte also nicht die Anerkennung und Entwicklung von Individualität, sondern die Vergesellschaftung der jugendlichen „Subjekte" durch Objektivierung und Kollektivierung. Pädagogisches Ziel blieb die erfolgreiche Trans-Formierung der Jugendlichen zu „klassen- und staatsbewussten Bürgern".

Doch nicht nur die Jugendlichen wurden im Sinne dieses Erziehungskonzeptes funktionalisiert – auch die Jugendstundenleiter und -leiterinnen als Vermittler der sozialistischen Weltanschauung mussten sich, nach den Vorstellungen der Jugendweiheverantwortlichen einer ideologisch normierten Pädagogik unterwerfen. So heißt es im HBJW von 1986: *"Jugendstundenleiter kann jeder sein, der das Anliegen der Jugendweihe anerkennt und bereit ist, mit den Mitteln und Möglichkeiten der Jugendweihe klassenbewußte, sozialistische Staatsbürger erziehen zu helfen. Er muß in der Lage sein, ein Kollektiv vierzehnjähriger junger Menschen führen zu können, und selbst vorbildliches politisches und moralisches Verhalten sowie persönliche Ausstrahlungskraft besitzen. Der Jugendstundenleiter ist Propagandist der Weltanschauung und Moral der Arbeiterklasse. Er vermittelt politische Erfahrung und Lebenserfahrung, sittliche Auffassungen und Verhaltensweisen an die Heranwachsenden"* (ebd. S.79).

Jugendstundenleiter arbeiteten ehrenamtlich, was für Lehrer als Jugendstundenleiter eine hohe Zusatzbelastung darstellte. Die Auswahl und Bestätigung geschah durch den jeweiligen örtlichen Ausschuss in Zusammenarbeit mit dem Direktor der Schule, der Schulparteiorganisation der SED, der Schulgewerkschaftsleitung und der BGL (Betriebsgewerkschaftsleitung) der Patenbrigade[4]. Zur Eröffnungsfeier[5] erhielt der zukünftige Jugendstundenleiter eine Berufungsurkunde und wurde damit zugleich Mitglied des jeweiligen örtlichen Ausschusses. Seine Aufgaben bestanden in Folgendem: langfristige Planung der Jugendstunden mit Hilfe eines „Jugendstundenplanes", Vorbereitung jeder Jugendstunde mit dem Gesprächspartner, Unterstützung des FDJ-Kollektivs der Klasse bei der Verwirklichung ihres Verbandsauftrages, Abstimmung der „Erziehungsvorhaben" mit Fachlehrern, Eltern, Patenbrigade als auch die Sicherung der organisatorischen und materiellen Bedingungen.

Während der einjährigen Vorbereitungszeit auf die Jugendweihefeier wurden insgesamt 10 „Jugendstunden" durchgeführt. Sie sollten, in enger Verbindung mit der gesellschaftlichen Praxis, den Jugendlichen Werte, Vorzüge und Errungenschaften des Sozialismus erlebbar machen. Die Jugendstunden fanden in den Klassenzimmern und teilweise auch außerhalb der Schule statt, da die Gesprächspartner (als „Praxisvermittler") aus unterschiedlichen Bereichen des gesellschaftlichen Lebens rekrutiert wurden, z. B. aus Gedenkstätten, industriellen und landwirtschaftlichen Betrieben, Forschungseinrichtungen, „Organen des sozialistischen Staates und Rechts", Volksvertretungen, bewaffneten Einheiten sowie Kultur- und Bildungseinrichtungen. In den 80er Jahren entstanden zum Teil in diesen Institutionen so genannte „Jugendstundenzentren" (z. B. die Mahn- und

Gedenkstätte Buchenwald bei Weimar). Hier konzentrierte sich eine größere Anzahl von Jugendstunden. Durch die enge Verknüpfung mit der Schule empfanden die Jugendlichen ihre Teilnahme oft als *„selbstverständliche Pflicht"* bzw. die Jugendstunden als *„schulische Veranstaltung"*. Diese Selbstverständlichkeit zeigte sich beispielweise in den über Jahre hinweg gleich bleibend hohen Teilnehmerzahlen (*Thenorth* u. a. 1996, S.149)[6]. Als Grundlage der Jugendstundenarbeit galten das bereits erwähnte „Handbuch zur Jugendweihe", der Jugendstundenplan und das Jugendstundenprogramm.

2. Die Vorgaben für die Jugendstundenarbeit - am Beispiel der Zeitschrift „Jugendweihe"

Um eine differenzierte Aufarbeitung der Indoktrinierung, der die Jugendlichen und Jugendstundenleiter ausgesetzt waren, zu gewährleisten, befasste ich mich inhaltsanalytisch[7] mit einer zentralen und für alle in der Jugendweihe Tätigen verpflichtenden Lektüre: die Zeitschrift „Jugendweihe. Zeitschrift für Mitarbeiter und Helfer" herausgegeben vom Zentralen Ausschuss für Jugendweihe in der DDR. Sie bot und bietet meiner Ansicht nach ausgezeichnetes Material für eine Auseinandersetzung mit den und eine Analyse der Erziehungsintentionen der Institution Jugendweihe. Das Publikationsorgan hatte die Aufgabe, die politisch-ideologische, erzieherische Tätigkeit der Jugendstundenleiter, Gesprächspartner und Ausschüsse zu unterstützen, zu leiten und auch zu kontrollieren[8]. Inhalt der Zeitschrift sind Beschlüsse, zentrale Orientierungen, Grundsatzartikel des ZA und anderer Institutionen (FDJ, Zentrales Jugendfor-schungsinstitut Leipzig etc.), welche in engem Zusammenhang mit der Institution Jugendweihe standen. In der Zeitschrift fanden Mitarbeiter und Helfer Materialien zu den Jugendstunden, z. B. Referate zu einzelnen Themen, Hinweise zur methodisch-didaktischen Gestaltung, Argumente zur Vermittlung bestimmter Inhalte und Gestaltungsvorschläge für die Jugendweihefeiern. Schließlich stellte sie eine Plattform für die Anleitung der örtlichen Ausschüsse und deren „Praxisreflexion" dar.

2.1 Intentionen politisch-ideologischer Erziehung in den Jugendstunden

Mit dem VIII. Parteitag der SED im Juni 1971 wurde die „Gestaltung der entwickelten sozialistischen Gesellschaft" proklamiert. Die *„Erziehung eines der Arbeiterklasse würdigen Nachwuchses"* galt als *"eine der wichtigsten Aufgaben der Arbeiterklasse selbst"*. Laut HBJW griff der ZA diese *„Grund-*

orientierung des Parteitages auf" und sah den Auftrag der Jugendweihe in einer stärkeren ideologischen Ausschöpfung des Jugendstundenprogramms als Beitrag *„zur klassenmäßigen, insbesondere zur weltanschaulichen und politisch-moralischen Bildung und Erziehung der Vierzehnjährigen"* (*HBJW* 1986, S.53). Die in der Jugendweihe Tätigen sollten ihre *„Erziehungsarbeit so führen, dass sich aus Wissen Erkenntnisse, Überzeugungen, moralische Haltungen entwickeln"* (*Müller* in: JW 1977, Nr.4, S.5). Diese Einheit der „Vermittlung von Grundwahrheiten" und der „Ausprägung moralischer Haltungen, Eigenschaften und Standpunkte" stellte die primäre Intention bei der Vorbereitung auf das Ablegen des Gelöbnisses dar und manifestiere die angestrebte „Einheit von Bildung und Erziehung" (Dies. in: *JW* 1982, Nr.3, S.2). Bildung zielte dabei auf die Vermittlung von Wissen, Erkenntnissen und Fähigkeiten, Erziehung dagegen auf die Herausbildung von Überzeugungen und Verhaltensmaximen bzw. Charaktereigenschaften. Die Frage ist, wie sich dieses Verständnis in den Texten der Zeitschrift „Jugendweihe", insbesondere in den Zielvorgaben für die Erziehungsarbeit in den Jugendstunden manifestierte. Vier (Ziel-)Kategorien lassen sich unterscheiden: (1) Erkenntnisse, (2) Überzeugungen, (3) kognitive Fähigkeiten und (4) Handlungsnormen:

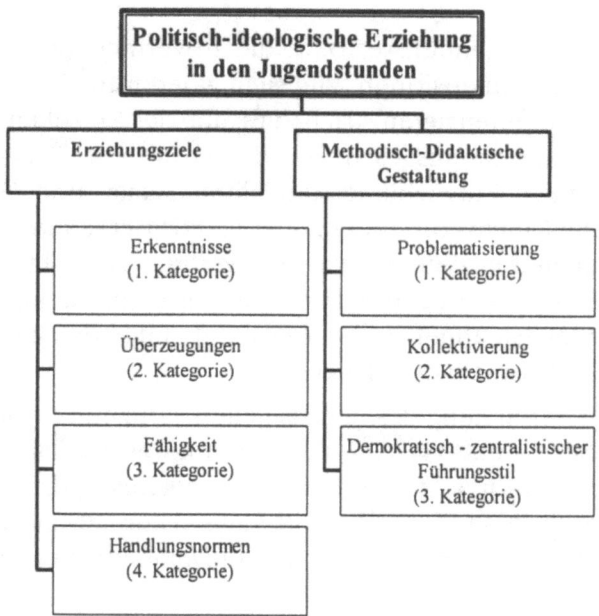

Diese Zielkategorien wirkten und entwickelten sich nicht unabhängig voneinander. Die Herausbildung von Fähigkeiten und die Manifestierung von Handlungsnormen blieb an den Kenntniserwerb gebunden, das Vorhandensein von Fähigkeiten/Handlungsnormen war wiederum Voraussetzung für den Prozess der Wissensaneignung. Die Überzeugungen bildeten sich auf der Grundlage von Kenntnissen und Erkenntnissen und entsprechenden Fähigkeiten heraus. Sie wirkten sowohl auf die Wissensaneignung als auch die Fähigkeitsentwicklung und Handlungen zurück. In der Kategorie „Erkenntnisse" möchte ich anhand einer Argumentationslinie exemplarisch die in der Zeitschrift vorfindbaren Intentionen darstellen. Die anderen Kategorien (Überzeugungen, Fähigkeiten und Handlungsnormen) können in ihren Ausprägungen nur angerissen werden, zumal der Anspruch einer alles umfassenden Erziehung in den mir vorliegenden Texten zwangsläufig zu inhaltlichen Überschneidungen und Wiederholungen führen musste. Ausführlicher werde ich mich dann mit den Umsetzungsmöglichkeiten der Erziehungsziele in den Jugendstunden auseinander setzen.

2.1.1 Intendierte Erkenntnisse an einem Beispiel: Die DDR – ein demokratischer Staat

Die Zielkategorie „Erkenntnisse" bzw. die zu vermittelnden Inhalte gliedert sich in drei Dimensionen, die sich wiederum in mehrere Teildimensionen ausdifferenzieren. Nach Maßgabe des ZA sollten die Jugendlichen mit der Entstehungsgeschichte der DDR (erste Dimension), mit dem gegenwärtigen Entwicklungsstand ihrer Staats- und Gesellschaftsordnung (zweite Dimension) und mit der marxistisch-leninistischen Ideologie/Weltanschauung (dritte Dimension) vertraut gemacht werden. Welche konkreten Orientierungen/Argumentationslinien die Jugendstundenleiter und Gesprächspartner in der Zeitschrift „Jugendweihe" vorfanden, möchte ich hier beispielhaft aufzeigen.

Im Kontext der Vermittlung des damals gegenwärtigen Entwicklungsstandes der DDR-Staats- und Gesellschaftsordnung (zweite Dimension) sollten die Jugendlichen u. a. zu der Erkenntnis gelangen, dass die DDR ein demokratischer Staat sei. Vor allem die Jugendstunden mit den Themen „Dieser Staat sind wir" und „Dein Recht und Deine Pflicht im Sozialismus" (*Jugendstundenprogramm von 1970*, zit. n. *Thenorth* u. a. 1996, S.165) boten den Verantwortlichen zufolge einen geeigneten Rahmen für die Auseinandersetzung mit „sozialistischer Demokratie". Was in dieser Zeit unter „sozialistischer Demokratie" verstanden wurde, lässt sich mit dem

Begriff „demokratischer Zentralismus" fassen. Als *„marxistisch-leninistische Vorhut der Arbeiterklasse"*, hatte die SED, *„ausgerüstet mit einer wissenschaftlichen Weltanschauung und Strategie"* (*Müller* in: JW 1982, Nr.3, S.2) die führende Rolle in der sozialistischen Gesellschaft inne, während der sozialistische Staat das Hauptinstrument der Machtausübung der Arbeiterklasse und ihrer Partei war. Nach dem hier vorherrschenden Deutungsmuster, dass die Arbeiterklasse als legitimierte Vertreterin, unter Führung einer Partei (Zentralismus) die Interessen des Volkes vertrat, schien das gesamte Volk per se Teilhaber an der politischen Macht zu sein (Demokratie), im Sinne von: „Alles für das Volk, alles durch das Volk". So galt es, den Jugendlichen die Erkenntnis nahe zu bringen, dass *„die Arbeiterklasse als politische Hauptkraft der Gesellschaft fest mit allen anderen Werktätigen, Klassen und Schichten verbündet ist und ihre Interessen und Ziele mit denen aller Werktätigen übereinstimmen"* (*Beschluss des ZA* in: JW 1981, Nr.3, S.2). Die Vermittlung dieses Deutungsmusters von „sozialistischer Demokratie" gliederte sich in drei inhaltliche Schwerpunkte: (1) die Rolle der Arbeiterklasse und der SED bei der Verwirklichung sozialistischer Demokratie, (2) die Gegenüberstellung der politischen Systeme Sozialismus und Kapitalismus, (3) die Rolle der Jugendlichen bei der Verwirklichung der sozialistischen Demokratie.

(1) In allen Beschlüssen, Berichten und Referaten wird auf die Darstellung der steigenden politischen Macht der Arbeiterklasse und ihrer Bündnispartner (Klasse der Genossenschaftsbauern, der Intelligenz und anderer Werktätigen) unter Führung der marxistisch-leninistischen Partei im Bündnis mit den andern Parteien und der Parteipolitik hingewiesen. „Sozialistische Demokratie" wurde nicht nur als Ergebnis der Politik der Arbeiterklasse und ihrer führenden Partei und als Voraussetzung für die weitere Festigung der DDR angesehen, sondern „Demokratie" und „Macht der Arbeiterklasse" schienen dasselbe zu bedeuten. Nach dem proklamierten Motto *„Arbeite mit, plane mit, regiere mit"* (*Freyer* in: JW 1987, Nr.4, S.5) sollte den Jugendlichen z. B. anhand der Kommunalwahlen vom 7. Mai 1989 gezeigt werden, dass *„immer mehr Bürger an der Leitung von Staat und Gesellschaft"* teilnähmen (*Ders.* in: JW 1989, Nr.4, S.3f.)[9]. Die Gesprächspartner wurden aufgefordert, den Jugendlichen „spürbar" zu machen, *„daß der Sozialismus in der DDR Platz für alle hat, daß alle gebraucht werden, unabhängig von sozialer Herkunft, von Weltanschauung und Religion, daß sozialistische Demokratie im Unterschied zur westlichen Demokratie reale Mitbestimmung in allen Belangen"* (ebd.) bedeutete. Dass es mit der Mitbestimmung de facto nicht weit her sein konnte, wird schon daran deutlich, dass die Erkenntnisse, zu denen die Jugendlichen gelangen sollten, nicht ihre eigenen waren, sondern bis ins Detail

vordefinierte. Auch hatte die sozialistische Demokratie in der Realität keineswegs Platz für alle. Es fehlen beispielsweise in den Texten Hinweise für die Auseinandersetzung mit der Tatsache, dass DDR-Bürger aufgrund ihrer politisch-kritischen Einstellung des Landes verwiesen wurden. In konsequenter Ausblendung dessen galt es vielmehr, anhand von Parteitagsbeschlüssen, den Jugendlichen in der als „lebensnah" beschriebenen Konfrontation mit örtlichen und betrieblichen Gegebenheiten Wirksamkeit und Errungenschaften (soziale Geborgenheit, Frieden, Vollbeschäftigung, Demokratie etc.) der SED-Politik deutlich zu machen. Dass es jedoch auch in einer „sozialistischen Demokratie" konkrete und für die Jugendlichen unübersehbare Probleme z. B. in der (Land-) Wirtschaft gegeben hatte und sie vom Institutionsvorstand zumindest als solche erkannt wurden, zeigt folgende Aufforderung an die Gesprächspartner. Es sollte Problematisches so dargestellt werden, *„daß die Jugendlichen begreifen lernen, die gesellschaftliche Entwicklung ist nicht glatt und problemlos, Widersprüche in ihrer Lösung sind nichts Negatives, sondern gehören zum normalen Entwicklungsprozeß auch im Sozialismus"* (*Oppermann* in: *JW* 1981, Nr.8, S.11) zeigen. Doch selbst dieses „Wahrnehmen" realer Schwierigkeiten wurde mit einer Kombination aus Ausblendung und phrasierender Blickverstellung beantwortet. Denn die Gesprächspartner aus der Landwirtschaft wurden nicht zu einer mit optionalen Problemlösungen offen gestalteten Auseinandersetzung mit wirtschaftlichen Gegebenheiten angehalten, vielmehr sollten sie anhand der Darstellung der Perspektivenentwicklung landwirtschaftlicher Genossenschaften, der Statuten und Betriebsordnungen, die Rechte und Pflichten der Genossenschaftsbauern erläutern und machten damit die konkreten Probleme sukzessiv unsichtbar. Ein weiteres probates Mittel zur Marginalisierung und letztendlichen Negierung gesellschaftlicher wie wirtschaftlicher Probleme bildete die permanente Gegenüberstellung des kapitalistischen Systems und seiner negativen sozialen Folgen.

(2) Der zweite Schwerpunkt richtete sich auf die Darstellung der politischen Systeme Sozialismus vs. Kapitalismus und die („natürliche") Unterlegenheit des letzteren. In der Gleichsetzung von „sozialistischer Demokratie" und „Macht der Arbeiter und Bauern" sollte den Jugendlichen der grundlegende Unterschied zwischen sozialistischer und kapitalistischer Gesellschaftsordnung vor Augen geführt werden. Da im Kapitalismus die politische Macht nicht in den Händen der Arbeiterklasse und ihrer Verbündeten liegen würde, sondern Besitz des Großkapitals sei, galt das System per se als undemokratisch. Die Jugendlichen sollten demzufolge erkennen, dass das Leben in der sozialistischen Gesellschaftsordnung *„besser, menschlicher, gerechter ist als in jedem beliebigen kapitalistischen Land"*

(*Chowanski* in: *JW* 1988, Nr.4, S.3). Die vorliegenden Texte liefern keine Hinweise, die auf eine differenzierte Auseinandersetzung zwischen „westlicher" und „sozialistischer Demokratie" in den Jugendstunden schließen lassen könnten. In der plakativen Gegenüberstellung ging es ausschließlich um die Darstellung der Vorzüge und Errungenschaften des Sozialismus (Ende der 80er Jahre taucht verstärkt der Begriff „soziale Geborgenheit" auf) und dem Sichtbarmachen fehlender „sozialer Sicherheit", Arbeitslosigkeit, Jugendkriminalität, neofaschistischer Tendenzen etc. in einer „menschenfeindlichen" kapitalistischen Gesellschaft. Völlig ausgeklammert blieben in den Vorgaben die Fragen nach oppositionellen Gruppen in der DDR (inoffizielle Friedensbewegung, Umweltbewegung, Punks, Neofaschisten etc.).

(3) Der dritte Schwerpunkt schließlich thematisierte die Rolle der Jugendlichen selbst, also die Frage, welchen Platz sie in der „Ausgestaltung der sozialistischen Demokratie" *„an der Seite der Arbeiterklasse, der Genossenschaftsbauern und der sozialistischen Intelligenz"* (*Müller* in: *JW* 1983, Nr.3, S.4) einzunehmen hätten. In allen Texten forderte der ZA, den Jugendlichen die Notwendigkeit ihrer Bereitschaft zur Verteidigung der „sozialistischen Demokratie" und die Notwendigkeit ihres eigenen aktiven gesellschaftlichen Einsatzes zur Entwicklung und Vervollkommnung derselben deutlich zu machen. So heißt es im Beschluss von 1981, die *„Vorbereitung auf die aktive Teilnahme am Kampf für den Frieden, an der ökonomischen Stärkung der DDR und an der Verteidigung der politischen Macht der Arbeiterklasse und des sozialistischen Vaterlandes"* sei in den Mittelpunkt der Jugendstundenarbeit zu stellen (*Beschluss des ZA* in: *JW* 1981, Nr.3, S.1f.). Aktive Teilnahme umfasste inhaltlich für die Jugendlichen beispielsweise das Nachdenken und Reflektieren über die *„eigene Lern- und Arbeitshaltung"* (*Chowanski* in: *JW* 1988, Nr.4, S.5) im Kollektiv (Schulklasse, Jugendweihegruppe) und bei Arbeitseinsätzen in Betrieben (die auch innerhalb der Jugendstunden stattfanden). Hinsichtlich der Verteidigungsbereitschaft bei Jugendlichen gab u. a. der Bericht von 1982 vor, den Teilnehmern die Verteidigung des Staates nicht nur als ihre Pflicht, sondern auch als ihr Recht nahe zu bringen, mit der Begründung, so wie sie ein Recht auf Arbeit, soziale Sicherheit, Mit- bzw. Selbstbestimmung hätten, so besäßen sie ein ebensolches Recht, diese ihre Errungenschaft, ihre Selbstbestimmung zu schützen, zumal sie damit auch das Leben der ihnen nahe Stehenden, wie Eltern, Freunde und Genossen, Frauen und Kinder gegen jeden Angriff der Feinde des Sozialismus verteidigen könnten – auch mit der Waffe. (*Müller* in: *JW* 1982, Nr.3, S.4). Die formelhafte Gleichsetzung von „Recht" und „Pflicht" schien, zumindest nach den Vorstellungen der Jugendweiheverantwortlichen, zwangsläufig die selbstver-

ständliche Bereitschaft in den Jugendlichen zur ggf. waffenunterstützten Verteidigung der, pathetisch als „ihre" bezeichneten, Errungenschaften, entstehen.

2.1.2 Intendierte Überzeugungen: weltanschauliche, politische, moralische

Wie bereits erwähnt, richteten sich die Intentionen der Institution Jugendweihe ebenso auf die Herausbildung von ideologischen Überzeugungen auf der Basis, des in den Jugendstunden erworbenen bzw. aus anderen Kontexten zu manifestierendem Wissen und gewonnenen Erkenntnissen. Die Überzeugungen gliedern sich in drei Dimensionen: (1) Weltanschauung, (2) Politik und (2) Moral. So sollten die Jugendstunden genutzt werden, *„einen wirksamen Beitrag bei der Erziehung der Vierzehnjährigen zu einer festen weltanschaulichen, politischen und moralischen Grundhaltung zu leisten und ihre Lebensauffassung und Lebenshaltung im Sinne der Weltanschauung und Moral der Arbeiterklasse formen zu helfen"* (*Müller* in: *JW* 1977, Nr.4, S.4). Eine präzise Abgrenzung zwischen den drei Dimensionen ist nicht möglich. Die Unschärfen, sichtbar in den Überzeugungsinhalten, erfüllten aber scheinbar eine bestimmte Funktion. Sie manifestierten die Leitidee einer „Einheit von weltanschaulicher, politischer und moralischer Erziehung" in der Jugendstundenarbeit.

(1) Im Bereich der intendierten „weltanschaulichen Überzeugungen" bildeten zentrale Lehrsätze des historisch-dialektischen Materialismus die zu vermittelnde theoretische Basis. Auch wenn der Begriff „historisch-dialektischer Materialismus" in den Texten nicht explizit auftaucht, so finden sich doch Hinweise darauf, dass die Jugendlichen auf „adäquate" Weise an die Weltanschauung herangeführt werden sollten. Ausgehend von der Materialität und Erkennbarkeit der Welt galt es, den Jugendlichen den *„objektiven Charakter der Gesetzmäßigkeiten in Natur und Gesellschaft"* (vgl. *Beschluss des ZA* in: JW 1979, Nr.3, S.1), die *„historische Mission der Arbeiterklasse"* (*Beschluss des ZA* in: JW 1981, Nr.3, S.2) und den *„unvermeidlichen Sieg des Sozialismus"* (*Müller* in: JW 1976, Nr.1, S.3) vor Augen zu führen. Konkret sollten die Jugendlichen zu folgenden Überzeugungen gelangen: a) die Entwicklung in Natur und Gesellschaft hat einen gesetzmäßigen objektiven Charakter und der Mensch ist fähig, diese Gesetzmäßigkeiten zu erkennen sowie sie in bewusster, verändernder Tätigkeit anzuwenden; b) die Zukunft der Welt liegt im Sozialismus und das Volk in der DDR gehört zu den „Siegern der Geschichte"; c) die Arbeiterklasse hat unter der Führung der marxistisch-leninistischen Partei eine

historische Mission zu erfüllen und ihre führende Rolle bzw. wachsende Verantwortung präge sich im revolutionären Kampf bei der Gestaltung der entwickelten sozialistischen Gesellschaft immer mehr aus.

(2) Basis der „politischen Überzeugungen" bildete die Vermittlung vier inhaltlicher Aspekte. Laut den vorliegenden Texten sollten sich die Jugendlichen mit der Rolle der Arbeiterklasse im Kapitalismus und Sozialismus, der historischen Stellung und Aufgabe der DDR, der herausragenden Rolle der Sowjetunion und der sozialistischen Staatengemeinschaft und mit der Notwendigkeit der Stärkung der DDR sowie des sozialistischen Weltensystems befassen. Dabei sollten die Jugendlichen sich folgende Überzeugungen zu Eigen machen: a) die Jugendlichen seien in den Prozess der Gestaltung der entwickelten sozialistischen Gesellschaft, der Meisterung des wissenschaftlich-technischen Fortschritts und der Verteidigung der DDR und der sozialistischen Staatengemeinschaft eingebunden und trügen dafür Verantwortung; b) Frieden, Demokratie, Fortschritt und Menschlichkeit sei nur dort gesichert, wo das werktätige Volk unter Führung der Arbeiterklasse und ihrer Partei die politische Macht ausübe; c) die UdSSR und die sozialistische Staatengemeinschaft nähmen in der weltweiten Auseinandersetzung zwischen Sozialismus und Imperialismus die entscheidende Rolle ein.

(3) Die „moralischen Überzeugungen" bezogen sich auf Verhaltensorientierungen des einzelnen klassenbewussten Sozialisten. Sie stellten die Transformation der „weltanschaulichen" und „politischen" Überzeugungen in konkrete persönliche Handlungsziele (Lernen, Arbeiten, Verteidigen) dar, welche sich den Vorgaben zufolge zum einen im „bewussten Ablegen" des Gelöbnisses und zum anderen in der eigenen Lebensgestaltung manifestieren sollten. Das hieß: a) im Versprechen, *„Meister seines Faches zu werden", „unentwegt zu lernen"* und *„alles Wissen und Können"* für die Verwirklichung der *„großen humanistischen Ideale"* einzusetzen, kämen Grundhaltungen zum Ausdruck, die den *„Lebenssinn eines sozialistischen Staatsbürgers"* ausmachten (*Freyer* in: *JW* 1985, Nr.8, S.17); b) die Vertiefung und Festigung der „Freundschaft mit der Sowjetunion", und des „Bruderbundes" mit den sozialistischen Ländern, der Schutz des Friedens und die Verteidigung des Sozialismus gegen jeden imperialistischen Angriff gehörten zu den *„Wesenszügen eines klassenbewussten Patrioten und proletarischen Internationalisten"* (Beschluss des ZA in: *JW* 1979, Nr.3, S.1).

2.1.3 Intendierte Fähigkeit: Kognitives dialektisch-materialistisches Herangehen an gesellschaftliche Fragestellungen

Den Vorgaben zufolge wurde in den Jugendstunden in erster Linie die *„geistige Aktivierung"* (ebd.) der Jugendlichen angestrebt. Dabei bestimmten nicht idealistische oder metaphysische Auffassungen vom „Prozess des Denkens" als einer rein geistig-spontanen Tätigkeit die Zielsetzung. Das Denken wurde als ein Prozess gesehen, der unmittelbar verbunden ist mit der materiellen Tätigkeit bzw. der eigenen gesellschaftspolitischen Praxis, als entscheidende Determinante. Die kognitiven Fähigkeiten galten als Voraussetzung für nachfolgende Handlungen, diese wirkten wiederum auf die Entwicklung der „geistigen Fähigkeiten" zurück. Grundlage dieser Zielkonzeption bildete die Ideologie des Marxismus-Leninismus, welche nicht nur zur „wissenschaftlichen Erklärung der Welt" herangezogen wurde, sondern gleichzeitig Methode der Erkenntnisgewinnung und Anleitung zum Handeln für die Jugendlichen sein sollte. Die Entwicklung und Festigung folgender kognitiver Fähigkeiten standen hier im Vordergrund: „Erkennen", „Analysieren", „Beurteilen", „Werten" und „Schlussfolgerungen ziehen". Ziel war es, die Jugendlichen zu einem materialistisch-dialektischem Herangehen an die Erscheinungen des gesellschaftlichen Lebens zu befähigen. Das hieß, gesellschaftliche Prozesse so zu erkennen, *„wie sie wirklich sind"*, sie in ihrem *„inneren Zusammenhang"* und in ihrer *„dialektischen Entwicklung"* zu erfassen und sie stets *„konkret-historisch"* zu betrachten (*Clauss* in: *JW* 1978; Nr.8, S.6). Vom Grad der „kognitiven Fähigkeiten" würde es im Wesentlichen abhängen, wie die Jugendlichen die angeeigneten theoretischen Erkenntnisse nutzten, um das gesellschaftliche Geschehen wissenschaftlich und parteilich zu werten, ideologische Positionen und Argumente des „Klassengegners" zu durchschauen und sich in wichtigen gesellschaftlichen Entscheidungen richtig, d. h. im „Sinne der Weltanschauung und Moral der Arbeiterklasse und ihrer führenden Partei" zu verhalten bzw. zu handeln.

Eigenständiges „politisches Denken" blieb bis zum Herbst 1989 unerwünscht. Zwar wurde in den Orientierungen immer wieder gefordert, die Jugendlichen zum „selbständigen Befassen mit weltanschaulichen Fragestellungen" zu erziehen. Da die Inhalte als Basis der Entwicklung kognitiver Fähigkeiten aber vordefiniert waren, blieben die Möglichkeiten für selbstbestimmtes politisches Denken, für das Infragestellen und die Auseinandersetzung mit den ideologisierten Inhalten begrenzt. Denn auch das, was die Jugendlichen an Schlussfolgerungen aus den vermittelten Erkenntnissen hinsichtlich ihrer eigenen Lebensauffassung und Lebensorientierung ziehen sollten, wurde in den Texten vorformuliert.

2.1.4 Intendierte Handlungsnormen: Lernen, Arbeiten, Verteidigen

Die Jugendstunden boten nach Ansicht der Vorstandsgremien eine ausgezeichnete Möglichkeit, ein „allumfassendes" Erziehungskonzept zu verwirklichen. Auf der Basis der vermittelten Erkenntnisse, den daraus gewachsenen und „automatisch" gefestigten Überzeugungen als auch den angestrebten Fähigkeiten sollten die Jugendlichen zu aktiv gesellschaftspolitisch Handelnden erzogen werden. Die Intentionen für die „Aktivierung" der Jugendlichen wurden v. a. aus dem „Gelöbnis zur Jugendweihe" abgeleitet. Ziel war es, die Jugendlichen in den Jugendstunden auf das „bewusste Ablegen" des Gelöbnisses vorzubereiten, d. h. sie sollten das Gelöbnis als die für ihr späteres Erwachsenendasein gültige Handlungsnorm anerkennen. Das bedeutete im Einzelnen, die Jugendlichen für zweierlei „bereit zu machen": (1) den Sozialismus zu stärken durch „Lernen und Arbeiten" und (2) den Sozialismus „gegen jeden imperialistischen Angriff" aktiv zu verteidigen. Dies bezog sich keineswegs allein auf die DDR, sondern auf die gesamte sozialistische Staatengemeinschaft, insbesondere die UdSSR. Die Jugendlichen sollten sich also nicht nur für „ihren Staat" verantwortlich fühlen und entsprechend als „Patrioten" handeln, sondern sich auch als „Internationalisten" verstehen, die mit ihren Möglichkeiten: Lernen, Arbeiten, Verteidigen (*Oppermann* in: *JW* 1981, Nr.8, S.7) den Gang der „gesamten Weltgeschichte" beeinflussen könnten, in dem sie durch ihr persönliches sozialistisches Handeln den weltweiten Sieg des Sozialismus über den Kapitalismus herbeiführten.

(1) Die Konfrontation mit den Anforderungen des „wissenschaftlich-technischen Fortschritts" in den Betrieben und dem Arbeitsverhalten der Werktätigen, die Vorführung „hervorragender Persönlichkeiten" aus Vergangenheit und Gegenwart sollte in den Jugendlichen neben einem ganzen Kanon an „*sozialistischen Charaktereigenschaften*" (ebd.)[10] auch eine „*kommunistische Lern- und Arbeitseinstellung*" (*Müller* in: *JW* 1980, Nr.3, S.4)[11] ausprägen helfen. „Lernen" und „Arbeiten" wurden in den Orientierungen als zusammengehörige und sich gegenseitig bedingende Handlungsnormen angesehen.

(2) Die Erziehung zur Verteidigungsbereitschaft nahm einen ebenso breiten Raum ein. Deutlich wird das z. B. in der Wahl der Gesprächspartner (Angehörige der bewaffneten Organe) oder auch in dem expliziten Jugendstundenthema: „Der Friede ist kein Geschenk". Mehrfach taucht in den Vorgaben die Forderung auf, die Jugendlichen zu „*aktiven Friedenskämpfern*" zu erziehen. Die Bereitschaft zur Verteidigung des Friedens und des Sozialismus umfasste dabei, die Bereitschaft, sich „*hohes Wissen*" anzueignen, die „*aktive Mitarbeit an der allseitigen Stärkung der DDR*",

die *"offensive Unterstützung der Friedensanstrengungen der Sowjetunion und der sozialistischen Staatengemeinschaft"*, die *"klassenmäßige Einstellung zur Konfrontations- und Rüstungspolitik der USA, der BRD und anderer NATO-Staaten"* und nicht zuletzt die aktive *"Wehrbereitschaft"* (*Hinweise zum Beschluss* von 1981 in: *JW* 1981, Nr.4, S.2). Gefordert wurde, die Jugendlichen dazu zu erziehen, dass sie für das *"verfaulende imperialistische System nur Abscheu und Hass empfinden und keiner Täuschung unterliegen"* sowie eine Verletzung der DDR-Grenzen niemals zulassen würden (*Freyer* in: *JW* 1983, Nr.8, S.4). Die Jugendstunden sollten dazu führen, dass alle Jungen ihren Wehrdienst leisten und/oder im Rahmen der schulischen Zivilverteidigung in der Gesellschaft für Sport und Technik (GST) und dem DRK mitarbeiten. (*Müller* in: *JW* 1982, Nr.3, S.7f.).

2.2 Die methodisch-didaktische Umsetzung der Erziehungsziele

Der Anspruch, die Jugendlichen allumfassend erziehen zu können, forderte die Einheit von Theorie und Praxis, Gespräch und Erlebnis, Bildung und Erziehung. Diese Einheit zu verwirklichen, stand in der Jugendstundengestaltung als leitende Prämisse im Vordergrund.[12] Nach Auffassung der Institutionsleitung konnte diese Einheit jedoch nicht spontan entstehen, sondern musste zum einen mit Hilfe der Methoden gezielt herbeigeführt werden. Diese sollten erstens einen klar strukturierten Erkenntnisprozess zu gewährleisten, zweitens den Erziehungsprozess emotional und sozial absichern und drittens durch die Aktivierung der Jugendlichen, anhand „geistiger und praktischer" Tätigkeiten, deren parteiliches Engagement hervorrufen. Die Gestaltung der bzw. die Methodenanwendung in den Jugendstunden sollte nach den Vorgaben der Vorstandsgremien durch verschiedene Merkmale gekennzeichnet sein: 1) Wissenschaftlichkeit, 2) Lebensverbundenheit, 3) Parteilichkeit, 4) Problemorientierung und 5) Kollektivierung. Die Frage, in welcher Art und Weise die Jugendstundenleiter didaktisch diese Methoden zur Vermittlung der Inhalte anwenden sollten, beendet dieses Kapitel.

2.2.1 Wissenschaftlichkeit

Wie bereits beschrieben, stand die Vermittlung der marxistisch-leninistischen Ideologie als „wissenschaftliche Weltanschauung der revolutionären Arbeiterklasse" im Mittelpunkt der Jugendstundenarbeit und sollte dementsprechend von den Jugendlichen auch auf wissenschaftliche, d. h. dialektisch-materialistische Art und Weise, angeeignet werden (vgl. Kap.2.3.1.). „Wissenschaftlichkeit" hieß hier, den Jugendlichen das „Wesen" und die „Gesetzmäßigkeiten der gesellschaftlichen und historischen Entwicklung" greifbar zu machen. *„In Übereinstimmung mit dem Inhalt des Gelöbnisses orientiert es* [das Jugendstundprogramm, Anm. d. Verf.'in] *auf die Beschäftigung mit Grundfragen unserer Zeit, deren Kenntnis notwendig ist für Entwicklung eines wissenschaftlichen Weltbildes der Jugendlichen"* (*Müller* in: *JW* 1982, Nr.3, S.8). Methodisch wurde vor allem mit Vorträgen/Referaten seitens der Jugendstundenleiter und Gesprächspartner gearbeitet. Die dadurch entstandene einseitige Belastung sollte dann durch die Förderung der Selbsttätigkeit von Jugendlichen ausgeglichen werden, z. B. durch Sammlung, Aufbereitung, Wiedergabe und Analyse von Informationen mit Hilfe von Wandzeitungen oder vorbereiteten Diskussionsbeiträgen, meist Fragekataloge an den jeweiligen Gesprächspartner[13]. Derart „problemorientierte" politische Diskussionen sollten die innere Auseinandersetzung mit den zu vermittelnden Inhalten bewirken.

2.2.2 Lebensverbundenheit

Durch eine „lebensverbundene und anschauliche" Vorgehensweise in den Jugendstunden sollte den Jugendlichen die Weltanschauung der Arbeiterklasse und die konkrete gesellschaftliche Wirklichkeit offenbart, die daraus gewonnenen Erkenntnisse untermauert und deren Umsetzung in die gesellschaftliche Praxis erleichtert werden. Nach der im Analysematerial vorfindbaren Auffassung bedingten und beeinflussten sich die marxistisch-leninistische Ideologie/Weltanschauung und die gesellschaftliche Realität gegenseitig, da die Ideologie als Anleitung zum Handeln und der „reale Sozialismus" in der DDR als ihre Verwirklichung verstanden wurde. Die daraus resultierende methodische Konsequenz sei die „Aktualisierung", d. h. die Forderungen des Jugendstundenprogramms bewusst und ständig mit den neuesten Beschlüssen von Partei und Regierung zu verbinden und aktuelle Ereignisse zweckmäßig in die Jugendstundengestaltung einzubeziehen. Laut den Beschlüssen, Berichten, Referaten galt es, *„sich den Fragen der Mädchen und Jungen zu stellen, lebensverbunden zu argumentieren und aktuelle politische Ereignisse mit zu erläutern"* (*Beschluss des ZA* in: *JW* 1982, Nr.3, S.2). Mit der Einbeziehung von Problemen des örtlichen Territoriums und der Betriebe, mit der Verbindung von Jugendstunden, PA-Unterricht (Produktive Arbeit) und dem FDJ-Leben, die Einbeziehung vorbildlicher Vertreter der gesellschaftlichen Praxis aus Vergangenheit und Gegenwart, dem Erteilen kurz- und langfristiger Aufträge an die Jugendlichen sollten nicht nur die Lebensbereiche und die unmittelbaren Erfahrungen der Jugendlichen zu Ausgangs- und Bezugspunkten der Jugendstundenarbeit gemacht werden, sondern vor allem die Art der *„politi-*

schen und sozialen Erfahrungen" (Böttcher in: *JW* 1980, Nr.8, S.3) beeinflusst werden. Die Sammlung von Erfahrungen und die aktive Auseinandersetzung mit der Umwelt, musste *„planmäßig und zielgerichtet organisiert werden, um sie für den Prozess der Erziehung und Selbsterziehung nutzen zu können"* (ebd. in: *JW* 1976, Nr.4, S.10).

2.2.3 Parteilichkeit

Der dritte Aspekt, die Forderung nach Parteilichkeit, ergab sich aus ihrem Gegenstand, der marxistisch-leninistischen Ideologie. Die marxistisch-leninistische Weltanschauung sollte der Erkenntnisfähigkeit und der Veränderung der Welt dienen. Sie galt als *„Ausdruck der wissenschaftlichen Interessen der Arbeiterklasse"* und war zugleich *„Theorie und Methode für deren revolutionäre und schöpferische Anwendung"* (Clauss in: *JW* 1978, Nr.8, S.6). Den Jugendlichen die Parteilichkeit des Marxismus-Leninismus zu erschließen, bedeutete, dass neben die rationale Komponente auch die emotionale treten musste. Hier kam die „ästhetische Erziehung" zum Tragen, denn in der Jugendstundenarbeit sollte es nicht nur um Wissensvermittlung, sondern auch um „Erziehung der Gefühle" gehen. In einem Referat von *Böttcher* heißt es: *„Die Verinnerlichung von Weltanschauung und Moral erfolgt am wirksamsten über eine sinnlich-wahrnehmbare anziehende Gestaltung, ein ästhetisches, d. h. emotional wirksames Gewand"* (Böttcher in: *JW* 1980, Nr.8, S.3). Beispielsweise die Auseinandersetzung mit künstlerischen und literarischen Werken, die „sinnliche" Anschauung in Betrieben (z. B. wenn Jugendliche „Maschinen bedienen durften"), die Aktivitäten im Bereich „Umwelt", wie Bäume pflanzen, sollten das methodische Inventar bereichern.

2.2.4 Problemorientierung

Nach den Vorgaben für die Jugendweihearbeit musste jede Jugendstunde problemhaft angelegt sein, das hieß, die *„im Gelöbnis enthaltenen ideologischen Probleme"* zu vermitteln und die Jugendlichen damit kontinuierlich vor Aufgaben zu stellen. Gesellschaftliche Probleme bzw. so genannte „Grundprobleme"/„Grundfragen" (Freyer in: *JW* 1984, Nr.4, S.11), manifestiert in den 10 Jugendstundenthemen, bildeten die Ausgangspunkte für die Jugendstundengestaltung. Sie ergäben sich aus Entwicklungsproblemen des Sozialismus in der DDR und in der sozialistischen Staatengemeinschaft, aus Widersprüchen zwischen Wesen und Erscheinung der gesellschaftlichen Wirklichkeit (Oppermann in: *JW* 1981, Nr.8, S.11), aus Erscheinungen der allgemeinen Krise des Kapitalismus und der weltweiten Konfrontation zwischen Sozialismus und Imperialismus in der Gegenwart und aus Entwicklungsproblemen des revolutionären Weltprozesses (*Müller* in: *JW* 1982, Nr.3, S.4). Diese gesellschaftlichen Probleme müssten deshalb so „aufbereitet" werden, dass für die Jugendlichen eine Problemsituation entstünde. Das hieß, sie auf ihre objektive und subjektive Bedeutsamkeit für die Jugendlichen zu überprüfen und eine Widerspruchssituation zu erzeugen. Unter der Voraussetzung, dass diese „Grundprobleme" mit den bereits vorhandenen Kenntnissen nicht zu lösen waren, ergäbe sich der Widerspruch zwischen Wissen und Nichtwissen und somit der Antrieb zum Lernen. Die „problemorientierte Erkenntnisgewinnung" gestaltete sich in den Jugendstunden als dreistufiger Prozess, der von einer „Problemstellung" ausging und über die „Problembearbeitung" zur „Problemlösung" gelangen sollte. Bereits die Problemstellung fungierte als elementares Führungsmittel des Jugendstundenleiters/Gesprächspartners, da ja, durch die manifeste Themenstellung gegeben, die Problemsituationen und -stellungen nicht von den Jugendlichen ausgewählt werden konnten, sondern absichtsvoll vordefiniert wurden. Gemäß dem Ziel der Jugendstunden, die Jugendlichen zu bestimmten, an den „objektiven Gesetzmäßigkeiten der gesellschaftlichen Entwicklung" orientierten Erkenntnissen und Überzeugungen zu führen, bezog sich der wichtigste Auswahlgesichtspunkt also auf das „objektiv Bedeutsame", dessen nähere Kodifizierung im Jugendstundenprogramm festgelegt war. Um der Unberechenbarkeit „subjektiver" Positionen der Jugendlichen entgegenzuwirken und gleichzeitig trotzdem „echte" Problemsituationen schaffen zu können, wurde in den Vorgaben wiederholt gefordert, sich eine genaue Kenntnis des Wissensstandes und ideologischen Einstellung der einzelnen Jugendlichen, als auch der in der Jugendstundengruppe wirksamen Gruppenstruktur anzueignen. (*Beschluss des ZA* in: *JW* 1982, Nr.3, S.2). Die Jugendstundenleiter wurden deshalb zur verstärkten Zusammenarbeit mit Klassenlehrern, Staatsbürgerkundelehrern, Eltern und FDJ-Leitungen aufgefordert. Bei der Frage nach dem Verhältnis von „objektiv und subjektiv Bedeutsamen", so lässt sich aufgrund der Textanalyse sagen, dass das „objektiv Bedeutsame" (wie gesellschaftliche und ideologische Fragestellungen) zumindest nach den offiziellen Vorgaben die absolute Vorrangstellung einnahmen, da die subjektiven Probleme der Jugendlichen (wie Freundschaften, Liebe, Sexualität, Musik, Hobbys) lediglich als Rahmenbedingungen in die Jugendstundenplanung eingingen. (*Beschluss des ZA* in: *JW* 1983, Nr.3, S.2). Die Aufgabe der Jugendstundenleiter bestand also darin, die vorgegebenen „objektiv bedeutsamen Probleme" zu „subjektiven Problemen" der Jugendlichen zu transponieren und so eine emotional und rational wirksame Problemsituation herzustellen (ebd. S.3).

Die Bearbeitung der „Grundprobleme" sollte dadurch erreicht werden, dass die Jugendlichen durch den Jugendstundenleiter angeleitet, die jeweilige Problemsituation durch individuelle Denktätigkeit und Auseinandersetzung in der Gruppe analysierten. Als „Problemlösung" galten die jeweiligen von den Jugendstundenleitern gemäß den in den Beschlüssen und dem Jugendstundenprogramm anvisierten „parteilichen Wertungen" und „Schlussfolgerungen". Diese betrafen die Inhalte sowie das eigene gesellschaftspolitische Handeln und Verhalten. Die Jugendlichen sollten in den Jugendstunden konsequent und kontinuierlich zu persönlichen Stellungnahmen herausgefordert werden. *Clauss* brachte es in einem Referat auf eine einfache Formel: *„Erziehung muss bewirken, all das, was notwendig, richtig, gut und gerecht für unsere Sache ist, auch für sich selbst als richtig, gut, gerecht zu verstehen, zu werten und entsprechend zu handeln"* (*Clauss* in: *JW* 1978, Nr.8, S.7).

2.2.5 Kollektivierung

Wie bereits beschrieben, wurden laut den Vorgaben kollektive gegenüber individuellen Handlungsorientierungen favorisiert. Daher sollten gerade in den Jugendstunden entsprechende kollektive Formen der Gestaltung im Vordergrund stehen. Außerdem bestand die Auffassung, dass politisch-ideologische Überzeugungen effektiver durchgesetzt werden könnten, wenn über die Einwirkung des Jugendstundenleiters/Gesprächspartners hinaus eine *„positive öffentliche Meinung"* in der Jugendgruppe mobilisiert würde. Die Meisterung der *„revolutionären Aufgaben"* erfordere *„kollektives Handeln"* (*Beschluss des ZA* in: *JW* 1980, Nr.3, S.1). Indem die Jugendstunden Probleme der kollektiven Beziehungen z. B. in der FDJ-Gruppe aufgegriffen und die Jugendlichen veranlasst wurden, sich damit auseinander zu setzen, sollte *„Einfluss auf die Bewusstheit ihres Handelns und auf ihre gesellschaftliche Aktivität"* genommen werden (*Müller* in: *JW* 1980, Nr.3, S.6). Die Erziehung in den Jugendstunden verlief demnach als ein kollektiver Prozess, darauf ausgerichtet, ein Kollektiv mit positiven, sprich: gesellschaftlich nützlichen Gruppennormen (z. B. Disziplin, Ordnungsliebe, Leistungsorientierung, Kritik und Selbstkritik) zu schaffen und es für die politisch-ideologische Überzeugungsbildung einzelner Jugendlicher nutzbar zu machen. Es galt, im Kollektiv *„die Erfahrungen der Besten"* zu analysieren, sie auf andere zu übertragen und eine kontinuierliche Leistungssteigerung anzustreben, d. h. *„sich nicht zufrieden [zu] geben, sondern den effektivsten und wirkungsvollsten Weg zur Aufgabenerfüllung"* zu suchen (*Böttcher* in: *JW* 1980, Nr.8, S.3). Nach Ansicht der Jugendweiheverantwortlichen bot hier das Kollektiv den besten Rahmen für die soziale Kontrolle Einzelner. Kollektive Wertungen die die Leistungen des Einzelnen, seine Persönlichkeitseigenschaften und seine Aktivitäten für das Kollektiv betrafen, sollten die Jugendlichen zur „Selbsterziehung" befähigen, ihre aktive Mitwirkung anregen und damit *„die Fixierung ihrer gesellschaftlichen Stellung fördern"* (*Clauss* in: *JW* 1978, Nr.8, S.8). Für die Wirkung positiver Gruppennormen in Form der „öffentlichen Meinung" einer Jugendstundengruppe musste planmäßig und zielgerichtet Gelegenheiten geschaffen werden, z. B. durch das „politische Gespräch", die „politische Diskussion" und „kollektive Aufträge". Sie boten die Möglichkeiten zur gegenseitigen und „gleichberechtigten" Einflussnahme: Jugendliche sollten ihre rezeptive Rolle verlassen, eine eigene Meinung formulieren und diese im Kollektiv von Gleichaltrigen vertreten und verteidigen.

2.2.6 Der Führungsstil des Jugendstundenleiters: demokratisch-zentralistisch

In allen Beschlüssen, Berichten und Referaten erscheint die Führung durch den Jugendstundenleiter[14] als das wichtigste Mittel zur Erziehung. Dieser „sozialistische Führungsstil" orientierte sich am Prinzip des „demokratischen Zentralismus", beruhte auf einer hohen Partei- und Staatsdisziplin und war auf die Erziehung und Bildung sozialistischer Persönlichkeiten und Kollektive gerichtet. Die erfolgreiche Anwendung eines sozialistischen Führungsstils hatte eine klare marxistisch-leninistische Klassenposition des Jugendstundenleiters zur Voraussetzung. Nach Ansicht der Institutionsleitung konnte ein Jugendstundenleiter nur dann einen *„wirkungsvollen Beitrag zur kommunistischen Erziehung"* leisten, wenn er sich mit den Parteitagsbeschlüssen der SED als auch der KPdSU vertraut gemacht hatte (*Müller* in: *JW* 1976, Nr.1, S.3). Charakterisiert werden kann die Führungstätigkeit des Jugendstundenleiters durch eine straffe Einzelleitung und die konsequente Durchsetzung der von der Gesellschaft notwendigen und geforderten Erziehungsziele bei aktiver aber systemkonformer Mitgestaltung und Mitentscheidung durch das Kollektiv der Jugendstundengruppe (*Clauss* in: *JW* 1978, Nr.8, S.8). Der Jugendstundenleiter musste konsequente, aber alters- und entwicklungsgemäße Forderungen an die Jugendlichen richten, die in Forderungen des Kollektivs an die einzelnen Mitglieder und in Forderungen des Einzelnen an sich selbst übergehen sollten. Die Achtung vor den Jugendlichen sollte in dem Bemühen zum Ausdruck kommen, sie zur Mitgestaltung, Mitverantwortung und Mitentscheidung heranzuziehen (*Clauss* in: *JW* 1978, Nr.8, S.6). Die Korrektur negativer Einstellungen und Verhaltensweisen einzelner Jugendliche durfte nach Möglichkeit nicht durch ein System von Regeln, Anordnungen oder Strafen erfolgen, sondern durch positive Sanktionierung und Impulse mit Hilfe der Jugendstundengruppe oder durch die Erteilung von Aufträgen zur Vor- und Nachbereitung und Gestaltung der Jugendstunden. Seine Autorität sollte der Jugendstundenleiter durch die eigene vorbildhafte Persönlichkeit und durch die Berücksichtigung subjektiver Positionen der Jugendlichen sichern (*Böttcher* in: *JW* 1980, Nr.8, S.3f.).

3. Resümee: Der Widerspruch zwischen den Erziehungszielen und ihren Umsetzungsmöglichkeiten in den Jugendstunden

Die Politisierung und Ideologisierung der Pädagogik zum Zwecke der Umgestaltung einer ganzen Gesellschaft, schlugen sich in entscheidendem Maß gerade in den Vorgaben für die Erziehungsarbeit in den Jugendstunden nieder. Die im Kapitel II kurz angerissenen Erziehungsziele, Erziehungsinhalte und Erziehungsmittel zeugen von dem Versuch, Generationen von Vierzehnjährigen mit einem geschlossenen und herrschaftskonformen politischen Bewusstsein auszustatten. Die Erziehungsarbeit in den Jugendstunden blieb bis zum Herbst 1989 darauf ausgerichtet, durch Vermittlung ideologischer Inhalte und dem Sammeln „unmittelbarer" gesellschaftspolitischer Erfahrungen (z. B. in Betrieben, Gedenkstätten etc.), automatisch die Internalisierung ideologiekonformer Verhaltensdispositionen hervorzurufen. Dieses lineare und kausal-mechanistische Verständnis von Erziehung, d. h. davon auszugehen, dass sich bei den Jugendlichen durch eine (theoretische als auch praktische) Vermittlung vordefinierter Inhalte zwangsläufig ideologiekonforme Erkenntnisse und Überzeugungen herausbilden und festigen würden, und darauf basierend ebenso automatisch entsprechende Fähigkeiten und Verhaltensweisen entstünden, bestimmte die Gestaltung der Jugendstunden. Diese Eindimensionalität einer so verstandenen Erziehung wird nicht nur in den Inhalten, sondern auch in der Art und Weise der Umsetzung der Erziehungsziele sichtbar.

Die in der Jugendstundenarbeit praktizierte Setzung „gesellschaftspolitischer" Problemstellungen zum Mittelpunkt jeder Stunde, schränkte die thematische Auswahl in starkem Maße ein. Die zumindest für den Analysezeitraum (1976-1989) bestehende Unflexibilität und ideologisch determinierte Festschreibung der Themenwahl und -umsetzung verhinderte von vornherein, spezifisch jugendliche und ebenso auch unpolitische Interessen (z. B. Sexualität, Liebe, Freundschaft, Freizeitgestaltung etc.) zu berücksichtigen. Die Politisierung und Ideologisierung aller Jugendstundeninhalte bzw. die daraus notwendig gewordene „Umwandlung" von subjektiven Problemstellungen der Jugendlichen in „objektive" gesellschaftspolitisch und ideologisch relevante Probleme, die kontinuierliche Problemkanalisierung bis zur Vorgabe von Lösungen konterkarierte die gerade dem „forschenden", „entdeckenden" Lernen und der kritischen Auseinandersetzung innewohnenden Mehrdimensionalität. Es durfte nach den Vorgaben der Jugendweiheinitiatoren weder alternative Problemstellungen (z. B. die Frage nach einer möglichen Wehrdienstverweigerung, nach unterschiedlichen alternativen Lebensformen, Religionen etc.) noch verschiedene Lösungen geben. Alle Inhalte (auch grundsätzlich unpolitische und die Jugendlichen vielleicht interessierende, wie z. B. die Besichtigung und das Ausprobieren von Maschinen, Reiseschilderungen, künstlerische und literarische Themen) sollten durch den Jugendstundenleiter bzw. den jeweiligen Gesprächspartner politische und ideologische Relevanz erhalten.

Ebenso ist die „Kollektivierung" eindimensional angelegt. Aufträge, die den Jugendlichen die Auseinandersetzung mit den gestellten Problemen erleichtern sollten, wurden in erster Linie als Aufträge an ein Kollektiv und nicht an einzelne Jugendliche vergeben bzw. es musste bei Einzelaufträgen das Endergebnis im Jugendstundenkollektiv „reflektiert" werden. Insgesamt wurden die Jugendlichen in ihrer Individualität und Subjektivität ausschließlich als Teil eines Kollektivs gesehen, zu dessen Vervollkommnung die einzelnen Jugendlichen unbedingt ihren Beitrag zu leisten hätten. Vor diesem Hintergrund lässt sich die Annahme vertreten, dass die Subjektpositionen der Jugendlichen nur im Rahmen ihrer von den Jugendweiheinitiatoren angestrebten Vergesellschaftung eine Rolle spielten. Die Jugendlichen als einzelne Individuen, mit ihren spezifischen Interessen und Bedürfnissen fanden dem Analysematerial zufolge weder in den Erziehungszielen und -inhalten noch in der Umsetzung derselben einen Ort. Auf der Grundlage der ideologisierten Inhalte sollten die Jugendlichen zu bewussten Staatsbürgern, klassenbewussten Patrioten und Internationalisten herangebildet bzw. erzogen werden. Zwar sollte in den Jugendstunden das individuelle Engagement oder das persönliche, auf die Jugendlichen zugeschnittene Gespräch im Vordergrund stehen. Aber wie besonders bei der Frage nach der methodischen Gestaltung der Jugendstunden deutlich wird, blieben die Jugendlichen mit ihrer konkreten Lebenswelt und den daraus resultierenden Fragen unberücksichtigt. Die Forderung nach Kollektivität, kollektivem Handeln seitens der Institutionsleitung zeugen von der Absicht, die Jugendlichen zu in erster Linie gesellschaftspolitisch und ideologisch bestimmten „Subjekten" zu objektivieren.

Augenfällig wird die Eindimensionalität der Jugendweihearbeit auch in den Vorgaben für die Funktion des Jugendstundenleiters bzw. seinen „Führungsstil". Scheinbar demokratisch und damit möglicherweise mehrdimensional durch die von den Initiatoren gewünschte Einbeziehung der Jugendlichen in die Gestaltung der Jugendstunden „löst" sich diese „Demokratie", z. B. im Hinblick auf die vorgegebenen „Fragekataloge", die nur bestimmte, ideologiekonforme Fragen und bereits feststehende Lösungen enthalten sollten, in einer zentralistisch gesteuerten Führungstätigkeit des Jugendstundenleiters auf. Die Eindimensionalität wird auch in der erwarteten ausschließlich marxistisch-leninistischen Bewusstseins- und Verhaltensdisposition des Jugendstundenleiters deutlich.

Zusammenfassend lässt sich sagen, dass die Jugendweihe als ein Instrument politisch-ideologischer Erziehung in der DDR angesehen werden muss. Mit der Politisierung und Ideologisierung der Erziehungsziele, Erziehungsinhalte und Erziehungsmittel, also der kompletten Indoktrinierung, konnte sich in den Vorgaben für die Jugendstundenarbeit eine obrigkeitsstaatliche und autoritäre Pädagogik des Bewahrens, der Kontrolle und der Entmündigung der Subjekte (Jugendliche und Jugendstundenleiter) etablieren. Zu fragen bleibt außer nach den Wirkungen dieser Erziehungsintentionen auch nach den zukünftigen Entwicklungsmöglichkeiten der Jugendweihe. Die Frage nach einer möglichen sozialisierenden Funktion der Jugendweihe, nach Bedeutungen für individuelle Lebensentwürfe, kann nur durch die ehemaligen Akteure (Adressaten wie Verantwortliche) selbst beantwortet werden. Doch je länger der Abstand zwischen den gemachten Erfahrungen und ihrer Sichtbarmachung wird, desto mehr fällt dem Vergessen zum Opfer. Bei der Frage nach den Entwicklungsmöglichkeiten erscheint mir insbesondere ein Aspekt von Bedeutung. Meiner Ansicht nach kann sich die Jugendweihe erst dann zu einem den Bedürfnissen der Jugendlichen und ihrer Individualität entsprechenden Initiationsritual entwickeln, wenn sich die gegenwärtig Verantwortlichen mit der ideologieträchtigen Vergangenheit dieser Institution in aller Klarheit und ohne Tabus auseinander setzen und versuchen, neue Wege zu beschreiten, die den Jugendlichen in den Mittelpunkt stellen, nicht als ein Objekt bestimmter Erziehungsvorstellungen, sondern als ein Individuum, welches den Schritt in das Erwachsenendasein als etwas für ihn bedeutsames, bereicherndes und prägendes erleben kann. Vielfach wird dies bereits praktiziert.

Anmerkungen

[1] Der „Zentrale Ausschuss für Jugendweihe in der Deutschen Demokratischen Republik" bildete das höchste Gremium der Jugendweihe in der DDR. Strukturell bildete die Institution Jugendweihe einen überdimensionalen Apparat an Ausschüssen mit angegliederten

Sekretariaten und Kommissionen auf Bezirks-, Stadt- und Landkreis- sowie örtlicher Ebene. Instrumentalisiert für die politisch-ideologische Erziehung, nach Maßgabe der SED, kennzeichnete eine ausgebaute Anleitungs-, Kontroll- und Wettbewerbspraxis die Arbeitsweise und Organisation der Ausschüsse. (Handbuch zur Jugendweihe 1986, S.27, i. F. HBJW)

[2] Zur Auseinandersetzung mit Konzepten „politisch-idoelogischer Erziehung", „politischer Sozialisation" und der „Politisierung des Schulalltags" vgl. u. a. *Lemke* 1991 u. *Thenorth* u. a. 1996

[3] Darunter ist folgendes methodisches Spektrum zu verstehen: Instruktion (Belehrung), Vorbildverhalten (Nachahmung), Verstärkung (Belohnung/ Bestrafung) und Habitualisierung. Dazu ausführlicher im Kapitel II.

[4] Patenbrigaden waren Arbeitskollektive in Betrieben oder anderen gesellschaftlichen Einrichtungen. Jede Schulklasse sollte eine solche Patenschaft eingehen, damit die Kinder und Jugendlichen möglichst frühzeitig Einblicke in die „sozialistische Produktion" und „sozialistische Gesellschaft" bekamen. Angestrebt war ein enger und die Schüler prägenden Kontakt zwischen Klassen und Brigaden. Beispielsweise kamen Vertreter der Brigaden zu Zeugnisausgaben oder spendeten kleine Geschenke als Auszeichnungen.

[5] Die Vorbereitung auf das Jugendweihejahr begann bereits in der 7. Klasse. Dabei wurden von den örtlichen Ausschüssen folgende Schwerpunkte gesetzt: Information der Eltern, Teilnehmerinformation und –gewinnung, Mobilisierung der FDJ. Schlusspunkt dieser Vorbereitungsphase bildete die „Eröffnungsveranstaltung", mit der dann das Jugendweihejahr begann.

[6] Seit Anfang der 70er Jahre gingen kontinuierlich 97% der Jugendlichen zur Jugendweihe.

[7] (vgl. zur Methode: *Lamnek* 1995, S.113f., *Früh* 1991 und *Ritsert* 1972)

[8] Sie erschien acht Mal im Jahr. Nach meinen Recherchen existiert eine fast vollständige Sammlung aller vorhandenen Jahrgänge dieser Zeitschrift nur in der Forschungsstelle Berlin des Deutschen Institutes für Internationale Pädagogische Forschung. Analysegrundlage bilden die in der Zeitschrift veröffentlichten Dokumente der zweimal im Jahr stattfindenden ZA-Tagungen (insgesamt 27); die einmal im Jahr gefassten „Beschlüsse"; die „Berichte" des Sekretariates an den Zentralen Ausschuss und die „Referate", zumeist gehalten von den Vorsitzenden des ZA oder ihren Stellvertretern. Ebenso bezog ich in die Analyse Dokumente von anderen Veranstaltungen des Zentralen Ausschusses ein. Dazu zählen zwei Festveranstaltungen zum 25. und 30. Jahrestag der Gründung der Ausschüsse in den Jahren 1979 und 1984, das „Treffen der Generationen" zum 100. Jahrestag des Bestehens der proletarischen Jugendweihe 1989 und ein ebenfalls in diesem Jahr zum selben Anlass veranstaltetes Kolloquium zur Geschichte der Jugendweihe, eine Auszeichnungsveranstaltung anlässlich des 35. Jahrestages der Gründung der Ausschüsse und die Sondertagung des Zentralen Ausschusses im November 1989.

[9] Ausgeklammert blieben aber beispielsweise der Fälschungen der Wahlergebnisse durch die Parteiführung.

[10] z. B. Disziplin, Ordnung- u., Wahrheitsliebe, Bescheidenheit, Höflichkeit, Hilfsbereitschaft

[11] Die Begriffe „sozialistisch" und „kommunistisch" werden in den Texten oft synonym verwendet.

[12] In den folgenden Ausführungen wird die Arbeit von *Schmitt* zum Staatsbürgerkundeunterricht an gegebener Stelle vergleichend hinzugezogen. Schmitt kam bzgl. der methodischen Umsetzung von Erziehungszielen im fakultativen Fach „Staatsbürgerkunde" zu ähnlichen Ergebnissen. „Problemunterricht", „Kollektiverziehung" und ein „zentralistisch-demokratischer Führungsstil" des Lehrers sind konstitutive Elemente des Staatsbürgerkundeunterrichtes. (Vgl. *Schmitt* 1980, S.126f.) Im Unterschied zum Unterrichtsfach bot jedoch

die Jugendweihe zumindest theoretisch einen größeren Handlungsspielraum für Jugendstundenleiter, durch Exkursionen und Gesprächspartner aus der gesellschaftlichen Praxis und Lebenswelt der Jugendlichen eine „hohe Lebensverbundenheit" herzustellen. Die Bildungs- und Erziehungsarbeit in den Jugendstunden war im Vergleich zum Staatsbürgerkundeunterricht auch durch eine intendierte stärkere Handlungsorientierung gekennzeichnet.

[13] Einen solchen „Fragekatalog", der angeblich „bei den Jugendlichen beliebte" Fragen enthalten würde, findet sich in einem Referat von *Chowanski*, dass sich mit der Bedeutung der Geschichte von Heimatorten und Patenbetrieben für die Entwicklung des Geschichtsbewusstseins befasst. Dabei handelt es sich u. a. um folgende Fragen: *„Was taten die Arbeiter und Bauern, als sie 1945 in die Rathäuser und Bürgermeistereien einzogen? Was waren ihre ersten Maßnahmen? Wie kam es zur Gründung der volkseigenen Betriebe und der landwirtschaftlichen Produktionsgenossenschaften? (...)"* (Chowanski in: Jugendweihe 1983, Nr.8, S.11).

[14] In erster Linie waren die Jugendstundenleiter während der gesamten Zeit der Vorbereitung auf die Jugendweihe für die Jugendstundengruppe und für die Gestaltung der 10 Jugendstunden verantwortlich. Die Gesprächspartner wechselten je nach Thema. Deshalb konzentriere ich mich auf den Führungsstil des Jugendstundenleiters.

Literaturverzeichnis

Primärquellen (Analysematerial)

Beschluss des Zentralen Ausschusses für Jugendweihe in der DDR (i. F. ZAJW) vom 03.05.1979: Die Aufgaben im Jugendstundenjahr 1979/80 (i. F. Die Aufgaben ...). In: Jugendweihe (i. F. JW) 1979, Nr.3, S.1-2
Beschluss des ZAJW vom 06.05.1980: Die Aufgaben ... 1980/81. In: JW 1980, Nr.3, S.1-2
Beschluss des ZAJW vom 06.05.1981: Die Aufgaben ... 1981/82. In: JW 1981, Nr.3, S.1-2
Beschluss des ZAJW vom 12.05.1982: Die Aufgaben ... 1982/83. In: JW 1982, Nr.3, S.1-3
Beschluss des ZAJW vom 05.05.1983: Die Aufgaben ... 1983/84. In: JW 1983, Nr.3, S.2-3
Böttcher, Herbert: Die Wirksamkeit des Einflusses der Arbeiterklasse auf die weltanschauliche und politisch-moralische Bildung und Erziehung in den Jugendstunden. In: JW 1976, Nr.4, S.9-11
Böttcher, Herbert: Aus dem Bericht des Sekretariates an den Zentralen Ausschuss. In: JW 1978, Nr.8, S.2-4
Böttcher, Herbert: Zur ästhetischen Erziehung. Die Erhöhung des Beitrages der Ausschüsse für Jugendweihe zur kommunistischen Erziehung der jungen Generation durch die gezielte und bewusste Nutzung der ästhetischen Erziehung. In: JW 1980, Nr.8, S.2-8
Chowanski, Joachim: Die Nutzung der Geschichte der DDR, der Kampf- und Arbeitstraditionen unseres Volkes sowie des antifaschistischen Widerstandskampfes für die weitere Herausbildung und Festigung des sozialistischen Geschichtsbewusstseins bei den Mädchen und Jungen. In: JW 1983, Nr.8, S.6-12
Chowanski, Joachim: Eine gute Vorbereitung der Mädchen und Jungen auf ihr Gelöbnis – unser Beitrag zum 40. Jahrestag der DDR. In: JW 1988, Nr.4, S.2-7
Clauß, Manfred: Erste Auswertung des VIII. Pädagogischen Kongresses, besonders im Hinblick auf die ethisch-moralische Erziehung in den Jugendstunden. In: JW 1978, Nr.8, S.6-8
Freyer, Egon: Aus dem Bericht des Sekretariates an die Tagung des Zentralen Ausschusses für Jugendweihe am 8. November 1983. In: JW 1983, Nr.8, S.3-5

Freyer, Egon: Aus dem Referat auf der Tagung des Zentralen Ausschusses für Jugendweihe in der DDR. In: JW 1984, Nr.4, S.4-14

Freyer, Egon: Das Ringen um den wissenschaftlich-technischen Fortschritt – Herausforderung an die Jugend. In: JW 1985, Nr.8, S.11-22

Freyer, Egon: Eine gute Vorbereitung der Mädchen und Jungen auf die Arbeit, auf das Leben in der DDR – unser Beitrag zur Verwirklichung der Beschlüsse des XI. Parteitages der SED. In: JW 1987, Nr.4, S.2-7

Freyer, Egon: Die Aufgaben der Jugendweihe zur Vorbereitung des XII. Parteitages der SED im Jugendweihejahr 1989/90. In: JW 1989, Nr.4, S.2-7

Hager, Kurt: Ansprache zur Verleihung des Vaterländischen Verdienstordens in Gold an den Zentralen Ausschuss für Jugendweihe in der DDR. In: Jugendweihe 1984, Nr.8, S.2

Müller, Sonja: Aus dem Bericht des Sekretariates an den Zentralen Ausschuss für Jugendweihe (i. F. Aus dem Bericht ...) In: JW 1976, Nr.1, S.3-6

Müller, Sonja: Aus dem Bericht .... In: JW 1977, Nr.4, S.4-6 und S.22-23

Müller, Sonja: Aus dem Bericht .... In: JW 1980, Nr.3, S.3-8

Müller, Sonja: Aus dem Bericht .... In: JW 1982, Nr.3, S.3-10

Müller, Sonja: Aus dem Bericht des Sekretariates an die Tagung des Zentralen Ausschusses für Jugendweihe am 5. Mai 1983. In: JW 1983, Nr.3, S.4-11

Oppermann, Lothar: Zur weiteren Verwirklichung der Schulpolitik der SED nach dem X. Parteitag für die Erhöhung der Qualität der kommunistischen Erziehung. In: JW 1981, Nr.8, S.2-8

Sekretariat des Zentralen Ausschusses für Jugendweihe in der DDR: Hinweise zur Arbeit mit dem Beschluss des Zentralen Ausschusses für Jugendweihe in der DDR vom 6.5.1981 „Die Aufgaben im Jugendstundenjahr 1981/82 . In: JW 1981, Nr.4, S.1-2

2. Sekundärliteratur

Abteilung Presse und Information des Staatsrates der Deutschen Demokratischen Republik (Hrsg.): Aus der Tätigkeit der Volkskammer und ihrer Ausschüsse. Heft 9, 6. Wahlperiode, 1974. (Gesetzblatt der DDR I/1974, S.45f., §1Abs.1,2)

Früh, Werner: Inhaltsanalyse. Theorie und Praxis. München 1991

Lamnek, Siegfried: Qualitative Sozialforschung. Bd.1 Methodologie. Weinheim 1995, 3. korrig. Aufl.

Lemke, Christiane: Die Ursachen des Umbruchs 1989. Politische Sozialisation in der ehemaligen DDR. (Schriften des Zentralinstituts für sozialwissenschaftliche Forschung der Freien Universität Berlin, Bd.62) Opladen 1991

Ritsert, Jürgen: Inhaltsanalyse und Ideologiekritik. Ein Versuch über kritische Sozialforschung. Frankfurt am Main 1972

Schmitt, Karl: Politische Erziehung der DDR. Ziele, Methoden und Ergebnisse des politischen Unterrichtes an den allgemein bildenden Schulen der DDR (Studien zur Didaktik, Bd.2) Paderborn 1980

Tenorth, Heinz-Elmar/ Kudella, Sonja/ Paetz, Andreas: Die Politisierung des Schulalltags. In: In Linie angetreten. Die Volksbildung der DDR in ausgewählten Kapiteln. Eine Publikation des Ministeriums für Bildung, Jugend und Sport des Landes Brandenburg. Hrsg. vom Ministerium für Bildung, Jugend und Sport des Landes Brandenburg. (Geschichte, Struktur und Funktionsweise der DDR-Volksbildung, Bd.2) Berlin 1996, S.21-210

Zentraler Ausschuss für Jugendweihe in der DDR (Hrsg.): Handbuch zur Jugendweihe. Eine Anleitung für die Mitglieder der Ausschüsse für Jugendweihe und Jugendstundenleiter. Berlin 1986

Inga Pinhard

Funktion und Bedeutung der Jugendweihe/ JugendFEIER aus der Sicht der Jugendlichen – eine erziehungswissenschaftliche Perspektive

„Also Jugendweihe das ist eben so n Ende eines Lebens, also eines Abschnitts des Lebens... und eben dieses, dieses Neue. Ich meine, gut, es ist nicht so von einem Tag auf den andern, dass dann eben, so gestern warst du Kind, heute bist du erwachsen. Nee, das geht natürlich nicht. (...) für mich hat sich doch innerlich doch schon was geändert. Vom Gefühl her. Ich weiß nicht, was es ist. Fühle ich mich jetzt ein bisschen mehr akzeptiert? Oder ist es, also, ich weiß es wirklich nicht, ich kann's nicht sagen, aber irgendwie hat es da dann doch Klick gemacht und jetzt könnte es irgendwie ein bisschen anders vor sich gehen. Und ich hab da auch das Gefühl, dass es ein bisschen so ist" (Pinhard 2000, 90).

So beschreibt die dreizehnjährige Jana die Relevanz der Jugendweihe für ihr Leben, die sie noch schwer in Worte fassen kann, derer sie sich aber sicher und bewusst ist.

In meinem Beitrag geht es darum, die *Funktion* und nachhaltige *Bedeutung* der Jugendweihe für den Prozess des Aufwachsens aus *erziehungswissenschaftlicher Perspektive* zu beleuchten. Meine *These* ist, dass Rituale des Übergangs, und darunter fasse ich Jugendweihe und JugendFEIER, einen wichtigen Beitrag zu der emotionalen und praktischen Bewältigung von Schwellensituationen in Kindheit, Jugend und Erwachsenenalter leisten (vgl. ausführlich dazu meine Magisterarbeit (*Pinhard* 2000), auf die sich auch die folgenden Ausführungen beziehen).

Besonders in der oft als „krisenhaft" beschriebenen Jugendphase vermitteln Rituale ein Gefühl der Akzeptanz, Ordnung und Sicherheit. Die immer weiter voranschreitende Modernisierung und Individualisierung führen zu einer Destandardisierung des Lebenslaufs, gekennzeichnet durch zahllose Übergänge und häufigen Wandel. Veränderungen im Leben sind nur noch bedingt voraussehbar oder fest gegliedert. *Rituale* hingegen vermitteln Stabilität und Bestimmtheit, sie sind verbunden mit *Gemeinschaft* und *Tradition* und übernehmen damit eine wichtige Funktion in der gesellschaftlichen und generationalen Ordnung. Der Wunsch nach kollektiven Erlebnissen, nach Zusammenhalt und Anerkennung oder bewusster Abgrenzung scheint auch in der modernen Welt ungebrochen.

Insbesondere Jugendliche brauchen Rituale als Fixpunkte in ihrem Leben. Dies wird dadurch bestätigt, dass sie bereits vorhandene Angebote annehmen oder sich selbst Rituale schaffen.

Es ist wichtig eine grundsätzliche Unterscheidung zwischen *zwei Typen von Ritualen des Aufwachsens* zu treffen: nämlich zwischen *organisierten, meist institutionalisierten Ritualen* einerseits und *informellen Ritualhandlungen*, die von Jugendlichen zum Zwecke der *Selbstdarstellung, Selbstabgrenzung* oder *Initiation* inszeniert werden andererseits. Rituale, die von Jugendlichen in den Peergroups geschaffen werden, ein Beispiel dafür sind Mutproben zur Aufnahme in Cliquen, werde ich im Rahmen dieses Beitrags vernachlässigen.

1. Problem- und Fragestellung – methodisches Vorgehen

Die Jugendweihe heute ist ihrem Bestreben nach ein von Erwachsenen geschaffenes und institutionalisiertes Ritual, das die Aufnahme der Jugendlichen in die Erwachsenenwelt symbolisieren soll, obwohl, wie später vorgestellte Interviews zeigen, die TeilnehmerInnen selbst darin eher den Übergang vom Kind zum Jugendlichen sehen.

Jugendweihe oder JugendFEIER ist fester Teil der Lebensrealität der Jugendlichen im Osten Deutschlands. Die Praxis der Jugendweihe ist im Westen unserer Republik kaum bekannt. Befragt man westdeutsche Jugendliche oder auch Erwachsene nach Jugendweihe, verbinden diese die Feier irgendwie mit der DDR, reagieren aber überrascht auf die Tatsache, dass Jugendweihen und JugendFEIERN auch noch heute und mit stetigem Erfolg durchgeführt werden. Im Jahr 2000 nahmen über 100 000 Jugendliche an den Jugendweihen und JugendFEIERN der verschiedenen Veranstalter teil (*Pinhard* 2000, 53/58), das sind etwa 45-50 Prozent der Altersklasse der Vierzehnjährigen in den neuen Bundesländern (*Fincke* 2000, 168).

Am Beispiel der Jugendweihe möchte ich die Bedeutung von Übergangsritualen für die Biographie der teilnehmenden Jugendlichen exemplarisch aufzeigen.

Rituale des Aufwachsens müssen grundsätzlich auch aus der Perspektive dieser Aufwachsenden in den Blick genommen werden, was bisher kaum geschehen ist. Stattdessen führte man besonders von theologischer und sozialhistorischer Seite einen hoch normativen Diskurs (zum Beispiel *Meier* 1998 und *Gandow* 1994).

Eine erziehungswissenschaftliche Perspektive muss die *Akteure als Experten* in den Vordergrund stellen und deren Motivationen und Deutungsmuster ernst nehmen, auch und umso mehr, wenn es sich um Jugendliche handelt. Die betroffenen Jugendlichen sind aus dem bisherigen Diskurs um Jugendweihe und JugendFEIER weitgehend ausgeklammert worden. Doch gerade ihre Interpretationen dieses Übergangsrituals sollten im Mittelpunkt der Diskussion stehen, da erst dann ein differenzierter Blick auf das Phänomen Jugendweihe/FEIER möglich wird.

Nach einem kurzen Überblick über den spezifisch ostdeutschen Kontext der Feier, in dem ich auf die Frage eingehe, was sich hinter dem Phänomen *Jugendweihe heute* verbirgt und wer die *Veranstalter* des Rituals sind, stehen soziologische und entwicklungstheoretische Überlegungen über die Relevanz der Institutionalisierung der *Schwellensituation* Kindheit-Jugend im Mittelpunkt meiner Überlegungen.

Wie Jugendliche ihre Jugendweihen und JugendFEIERN im Jahr 2000 erleben und wie sie diese deuten, werde ich anhand der Auswertung von Interviews mit sechs Teilnehmerinnen und Teilnehmern vorstellen. Die Interviews wurden mit den einzelnen Jugendlichen *vor und nach dem Festakt* durchgeführt, um die Erwartungen und Gefühle der Beteiligten vor der Feier zu erfassen, und den Mädchen und Jungen in einem zweiten Interview zu ermöglichen, die Feier retrospektiv zu betrachten und in Hinsicht auf ihre vorherigen Hoffnungen und Wünsche zu interpretieren. Methodisch erschienen *narrative Interviews* als das geeignete Erhebungsinstrument, da dieses Verfahren den Jugendlichen erlaubt, das Interview aktiv mitzugestalten und persönliche Deutungsmuster auf eigene Weise zu transportieren.

Um eventuelle Unterschiede zwischen den verschiedenen Veranstaltern aufzuzeigen, wurden jeweils zwei Jugendliche, ein Mädchen und ein Junge, die an den Feiern der „*Interessenvereinigung für humanistische Jugendarbeit und Jugendweihe Berlin-Brandenburg*", des „*Humanistischen Verbands Berlin (HVD)*" und des „*Deutschen Freidenker Verbands Baden-Württemberg*" teilnahmen, interviewt. Die Jugendlichen sind zum Zeitpunkt des Interviews zwischen dreizehn und vierzehn Jahre alt und kommen aus verschiedenen Teilen Berlins und der weiteren Umgebung von Heidelberg, um auch möglichen Unterschiede in den *Deutungsmustern* zwischen Jugendlichen, die ihre Feiern in den *neuen und den alten Bundesländern* erleben, zu erfassen.

An dieser Stelle wird den Akteuren ein Forum gegeben, aktiv in die Debatte über die Bedeutung von Ritualen in der Jugendphase einzugreifen. Besonderer Augenmerk soll neben der Beschreibung der *Motivation* zum Begehen der Jugendweihe/JugendFEIER, der *Einschätzung des Vorbereitungsprogramms* und von *Funktion*, *Form* und *Inhalten des Rituals*, auf der *Bedeutung* der Feiern für den individuellen Lebenslauf der Jugendlichen liegen.

2. Jugendweihe im vereinten Deutschland – (n)ostalgisches Relikt?

Jugendweihe und JugendFEIER sind heute ein fester Bestandteil der Biographie vieler ostdeutscher Jugendlicher, deren Aufwachsen durch einen rasant vonstatten gehenden Transformationsprozess gekennzeichnet ist.

Die Beurteilung der Jugendweihe als (n)ostalgisches Fest, in dem DDR-Traditionen weitergeführt und verklärt werden, ist zu einseitig, übergeht aktuelle Anliegen und Wünsche der Jugendlichen und bietet keine ausreichende Erklärung für die konstant bleibende Zahl von Anmeldungen zur Jugendweihe. Das Festhalten an der Jugendweihe scheint mir weniger das bewusste Weiterführen einer, besonders im Westen, oft negativ besetzten *DDR-Tradition* oder eine "ostalgisch" geprägte Trotzreaktion zu sein, als dem Wunsch der Jugendlichen und ihrer Familien zu entspringen, einen Brauch zu erhalten, der den Jugendlichen in den Mittelpunkt der Aufmerksamkeit stellt und Anlass für ein Zusammensein von Familie und Freunden bietet. Die Jugendweihe war keine originäre Erfindung der DDR, sondern entwickelte sich aus der freireligiösen Bewegung des 19. Jahrhunderts hin zu verschiedenen Ausdifferenzierungen, wie freidenkerischen und humanistischen Weihen mit betont aufklärerischen Tendenzen, proletarischen oder kommunistischen Jugendweihen (den umfassendsten Überblick über die Geschichte der Jugendweihe geben *Hallberg* 1978 und *Meier* 1998).

Man muss sich immer wieder bewusst machen, dass die heute Vierzehnjährigen beim Fall der Mauer nicht älter als drei oder vier Jahre waren und ihre Sozialisation vom gesamtdeutschen Alltag geprägt ist. Sie haben an das DDR-System keine eigene Erinnerung mehr. Und dennoch sind sie, wenn auch indirekt durch ihre Eltern, Familienangehörige und durch die Reaktionen der Gesellschaft, von dem Transformationsprozess, der aus dem Wechsel von einer sozialistischen zu einer kapitalistisch geprägten Gesellschaftsform resultiert, betroffen. Der Begriff *Transformation* kann als „nachholende Modernisierung" definiert werden, wobei die deutschdeutsche Wiedervereinigung dadurch gekennzeichnet ist, dass eine „institutionell variationsoffene Gesellschaftsentwicklung" nicht möglich war (*Wingens* 1999, 255). Die Menschen in der DDR fanden sich 1990 in der äußerst schwierigen Lage wieder, dass das Transformationsziel die komplette Anpassung und Angleichung an die westdeutsche Gesellschaft war. Sämtliche Strukturen der DDR mussten innerhalb kürzester Zeit westdeutschen Vorgaben weichen und selbst Errungenschaften, wie garantierte Hort- und Kindergartenplätze, Jugendclubs etc., gingen im Verlauf dieser Eingliederung verloren.

Das Beibehalten der Jugendweihe ist ein Zeichen für die besondere Situation der Menschen in Ostdeutschland, die durch eben diesen auch heute noch anhaltenden Transformationsprozess gekennzeichnet und insofern *spezifisch ostdeutsch* ist. Während die Jugendlichen in der DDR in ein fast lückenloses System eingebunden waren, das ihren Alltag kontrollierte und ihren Lebenslauf strukturierte, stehen die Jugendlichen heute einer weitgehend destandartisierten, variationsoffenen Realität gegenüber.

Die *Kontinuität* der Jugendweihe liegt meiner Meinung nach in ihrer *sozialen Funktion*, sie symbolisiert in einer Zeit des ständigen Wandels das Festhalten an einer positiv belegten Tradition. Der positive Erinnerungswert an die DDR-Weihen liegt im Andenken an das *Familienfest*, in das Zurückziehen ins *Private* schon zu DDR-Zeiten, nachdem der offizielle Teil absolviert war und weniger in der staatlichen Inszenierung.

Kritiker der heutigen Weihepraxis, wie Politiker und Vertreter der Kirchen, stehen der Jugendweihe skeptisch gegenüber, da sie eines der systemaffirmativen Elemente des DDR-Regimes war (dies spiegelt sich besonders in der Presse wieder vgl. *Pinhard* 2000, 3-4). Man muss sich die Frage stellen, inwieweit sich das Ritual dahingehend gewandelt hat, dass es in der gesamtdeutschen Gesellschaft bestehen kann, ohne dem ständigen Vorwurf der ideologischen Verblendung ausgesetzt zu sein. Inhaltliche Beliebigkeit und ein völliger Verzicht auf klare Standpunkte, wie sie manche Veranstalter praktizieren, können dabei keine Lösung sein.

Gelöbnisse waren von Anfang an ein wesentliches Element der Jugendweihen und spiegeln mit ihren unterschiedlichen Formeln beispielhaft die jeweiligen Intentionen der Veranstalter wieder. Alle heutigen Jugendweiheveranstalter verzichten völlig auf ein Gelöbnis, was zum einen sicher auf eine deutliche Distanzierung von der DDR-Vergangenheit schließen lässt, zum anderen aber als symptomatisch für den Versuch der *inhaltlichen Wandlung* der Jugendweihe zu deuten ist.

Die gegenwärtigen Feiern der verschiedenen Verbände differieren in Inhalten und der äußeren Gestaltung ihrer Jugendweihen/JugendFEIERN, eines ist ihnen jedoch gemein: eine Weihe findet in ihrem ursprünglichen Sinne nicht mehr statt. Das öffentliche Bekenntnis zu einem Staat, einer Organisation oder einer Geisteshaltung entfällt.

Der *Ablauf der Feier* unterscheidet sich zwischen den einzelnen Veranstaltern nicht wesentlich und ist folgendermaßen gegliedert: zuerst der

Einzug der Weihlinge; darauf folgend Kulturprogramm; die Festrede; das namentliches Aufrufen der Jugendlichen in Gruppen, zum Teil mit Übergabe der Urkunden und der Buchgeschenke, häufig verbunden mit Geleitsprüchen; und zum Abschluss wiederum Kulturprogramm. Diese starre, fast sakralisierte Abfolge orientiert sich ebenso an den frühen Jugendweihen des neunzehnten und beginnenden zwanzigsten Jahrhunderts, wie die ehemaligen Jugendweihen der DDR.

Positionen der Veranstalter

Die Bandbreite der Jugendweihe- und JugendFEIERveranstalter reicht von kleinen örtlichen Trägern bis hin zu den drei größten Organisatoren, deren Positionen ich kurz skizziere.

Die *„Interessenvereinigung für humanistische Jugendarbeit und Jugendweihe"* ist der am meisten frequentierte Anbieter. Sie steht in direkter Nachfolge der Ausschüsse für Jugendweihe der DDR und erreicht durch ihre bereits bestehenden Strukturen den größten Anteil der Jugendlichen. Sie führen etwa 90 Prozent der Jugendweihen durch. Die Interessenvereinigung ist der einzige Verband der weiterhin den Terminus Jugendweihe verwendet, während die anderen Anbieter den heute oft negativ besetzten Begriff durch die neutralere Bezeichnung JugendFEIER ersetzt haben, um sich auch äußerlich von den Verpflichtungsfeiern der DDR abzugrenzen. Die Jugendweihen der Interessenvereinigung sind eher *konventionell*, konsumorientiert und inhaltlich beliebig. Sie bietet den Jugendlichen die Teilnahme an ihrem offenen Freizeitprogramm als Vorbereitung auf die Jugendweihe an. Dieses ist aber nicht konkret auf die Altersgruppe ausgerichtet und thematisiert die Feier nur im Zusammenhang mit Modeschauen, Schminkkursen etc.

Wie bei den anderen Veranstaltern beruht die Teilnahme am Vorbereitungsprogramm auf absolute Freiwilligkeit und ist nicht Voraussetzung für die Teilnahme an der Festveranstaltung (vgl. *Pinhard* 2000, 52-56 und *Chowanski/Dreier* 2000).

Der *„Humanistische Verband Deutschlands"* (HVD) ist ein Zusammenschluss aus verschiedenen west- und ostdeutschen Freidenkerverbänden und versteht sich als Weltanschauungsgemeinschaft, als Interessenvertretung konfessionsloser Menschen. Der Schwerpunkt der Arbeit der Humanisten liegt auf der Ausrichtung des Lebenskundeunterrichts, insbesondere an Berliner Schulen und der Durchführung von JugendFEIERN und anderen Festen der Lebenswende. Die JugendFEIER des HVD ist mit ihrer Inszenierung als pädagogisch-wertvolles Jugend-Musical am weitesten von den traditionellen Jugendweihen entfernt. JugendFEIER wird zum *virtuel-*

len Ritual, zum *Event*. Die Humanisten offerieren den Jugendlichen ein allein auf sie zugeschnittenes Vorbereitungsprogramm, basierend auf Workshops mit unterschiedlichen Schwerpunkten und eine JugendFEIERfreizeit. Das Thema der Geschichte und Entwicklung der JugendFEIER wird auch hier nur peripher angesprochen. Der Verband bemüht sich jedoch um die Vermittlung traditioneller humanistischer Werte wie Toleranz und Selbstverantwortung (vgl. *Pinhard* 2000, 56-59 und *Ziese-Henatsch* 2000).

Der „*Deutsche Freidenker Verband*" knüpft direkt an die Tradition der Ende des 19. Jahrhunderts entstandenen Freidenkerbewegung an und ist sowohl in den neuen, wie in den alten Bundesländern aktiv. Ein Großteil der Eltern derjenigen Jugendlichen, die an den JugendFEIERN im Westen teilnehmen, wurde in der DDR sozialisiert und die Familien leben erst seit dem Fall der Mauer in den alten Bundesländern, so auch meine beiden Interviewpartner. Die JugendFEIER der Freidenker ist stark *politisiert* und *religionskritisch*, im Ablauf aber eher traditionell. Der Freidenker Verband vertritt konkrete weltanschauliche, gesellschaftliche und politische Ziele, die in das speziell für die teilnehmenden Jugendlichen aufgestellte Vorbereitungsprogramm integriert sind (vgl. *Pinhard* 2000, 59-62).

Ob und inwieweit die Unterschiedlichkeit der Veranstalter Auswirkungen auf die Motive und Interessen der Jugendlichen hat, wird anhand der Interviews erklärt werden.

Die Funktion der Jugendweihe/JugendFEIER als Erziehungsveranstaltung tritt jedoch immer mehr in den Hintergrund. Während sich die Veranstalter in verschiedenem Ausmaß bemühen den Jugendlichen inhaltliche Angebote zu machen, reicht dieses jedoch noch lange nicht aus und so steigt die Tendenz bei den Jugendlichen die Organisatoren der Feiern eher als Dienstleistungsanbieter zu betrachten, denn als Vermittler von Werten und Idealen.

3. Soziologische und entwicklungstheoretische Überlegungen

Die spezifisch ostdeutsche Situation, dass achtzig Prozent der Jugendlichen *konfessionslos* sind, und sich auch nach der Wende das Interesse an den Kirchen kaum veränderte, trägt in beachtlichem Maße zur Attraktivität der Jugendweihen und JugendFEIERN bei.

Konfirmation und *Jugendweihe* sind beide Rituale mit ähnlichen Intentionen, einmal gekleidet in einen religiösen Kontext, im zweiten Falle betont weltlich. Es geht um die Anerkennung der Jugendlichen als vollwertige Mitglieder der Kirchengemeinde, bzw. die Aufnahme dieser in die Welt der Erwachsenen, wie es die Weiheveranstalter propagieren. Zu prüfen ist, ob der Zeitpunkt der Feiern im Alter von vierzehn Jahren für einen Passageritus noch relevant sein kann, und inwieweit man von einem Übergang zwischen Kindheit und Erwachsensein sprechen kann oder ob, wie schon angedeutet, nicht eher der Übergang vom Kind zum Jugendlichen symbolisiert wird. Der *Zeitpunkt der Jugendweihe* wurde ursprünglich auf den Moment der Schulentlassung gelegt, dem Eintritt der Jugendlichen ins Berufsleben. Von diesem Zeitpunkt an mussten die "Kinder" Rechte und Pflichten von Erwachsenen übernehmen und konnten finanziell und emotional unabhängig vom Elternhaus werden. Obgleich sich im Alter von vierzehn Jahren, abgesehen von der Rechtsmündigkeit, für die Jugendlichen heute keine schwer wiegenden äußerlichen Veränderungen ergeben, sehen die Jugendlichen zu diesem Zeitpunkt nach wie vor die Notwendigkeit einer Feier, die sie in den Mittelpunkt stellt und die ihr Älterwerden dokumentiert. Dies ist sicher zum einen durch die Gewohnheit, die Tradition erklärbar, zum anderen ist die Zeit der Pubertät eine *Zeit der Orientierung* und, wenn auch in anderem Maße als im 19. Jahrhundert, die Zeit der beginnenden *Loslösung vom Elternhaus*. Es scheint, als bräuchten die Jugendlichen feste Rituale, die den Übergang von einer Phase des Lebens in eine andere bezeichnen.

Können Jugendweihe und JugendFEIER den Anspruch erheben, mehr als eine leere Form, ein starres Ritual ohne Bedeutungsgehalt und Transzendenz zu sein? *Arnold van Gennep* geht in seinem Buch „*Übergangsriten - Les Rites de Passage*" von einem prozessualen Charakter von Übergangsritualen aus, die in drei Schritten erfolgen: Trennung, Umwandlung und Angliederung (*van Gennep* 1999, 21). Die Jugendlichen nehmen symbolisch Abschied von der Kindheit, im Festakt vollzieht sich sinnbildlich die Umwandlung vom Kind zum Jugendlichen und darauf folgt die Angliederung an die neue Altersgruppe. Innerhalb des Rituals wird eine Entwicklung durchlaufen, die konkrete Auswirkungen auf das weitere Leben der Teilnehmer hat. Dass Jugendweihen und JugendFEIERN in diesem Sinne als Übergangsritual verstanden werden müssen, ergeben die Deutungsmuster der Jugendlichen, die bezeugen, dass durchaus eine innere und äußere Wandlung vonstatten geht.

Der *Übergang* zwischen Kindheit und Jugend ist durch einen *Statuswechsel* gekennzeichnet, der sich in mehrere Teilpassagen aufsplittert, während denen verschiedene Entwicklungsaufgaben bewältigt werden müssen. *Erikson* geht von einem Stufenmodell der psychosozialen Entwicklung aus. Er teilt den Lebenszyklus in acht Stufen ein, die nacheinander durchlaufen werden und aufeinander aufbauen. Jede Stufe stellt ein neues Niveau sozialer Interaktion dar, in dem die Haltung zu anderen und zu sich selbst verändert wird. Auf jeder Stufe muss sich der Mensch mit einer *Krise* auseinander setzen und der Grad der Bewältigung dieser Krise beeinflusst die weitere Entwicklung wesentlich. Das wichtigste Ziel in der Adoleszenz ist nach *Erikson* das Schaffen einer eigenen Identität, die dann gelungen ist, wenn das Individuum ein festes Vertrauen in die eigene Person aufgebaut hat. Die Krise der Adoleszenz liegt in dem Konflikt zwischen Identitätsfindung und Rollenkonfusion.

Der *Aufbau einer eigenen Identität* hängt eng zusammen mit der Stabilisierung eines positiven Selbstbildes in Interaktion mit der Umwelt. Der Jugendliche steht vor der Aufgabe sich selbst in Bezug zu anderen zu definieren. Um dies zu erreichen müssen aus entwicklungstheoretischer und soziologischer Perspektive verschiedene *Entwicklungsaufgaben* durchlaufen werden. Soziale Rollen werden neu bestimmt. Dazu gehört die Transformation des Eltern- Kind Verhältnisses durch die Ablösung von der Herkunftsfamilie und der gleichzeitigen Erweiterung der sozialen Kompetenzen und Kontakte in der Interaktion mit der *Peergroup*. Dies ist eng verbunden mit einer stärkeren Konsum- und Freizeitorientierung. Andere wichtige Faktoren sind die Übernahme der männlichen oder weiblichen Geschlechtsrolle und die Akzeptanz der eigenen Körperlichkeit. Wichtig dabei ist den Umgang mit Sexualität zu lernen. In der Herausbildung einer Leistungsidentität, die besonders im Hinblick auf die Schule und die spätere Berufswahl wesentlich ist, der Entwicklung eines Norm- und Wertesystems als Leitfaden für das Verhalten und die Integration in die Gesellschaft liegen weitere Herausforderungen der Jugendphase (*Fend* 2000, 210 f., *Hurrelmann* 1994, 38-52).

Dieser Statusübergang ist nicht eindeutig definierbar und kann auch nicht zeitlich festgelegt werden. Er ist einmal abhängig von den gesellschaftlichen Gegebenheiten und zum anderen von individuellen Voraussetzungen des Einzelnen.

Die Veranstalter der Jugendweihen und JugendFEIERN versuchen durch ein zeremonielles Ritual diesen Übergang von Kindheit zur Jugend zu thematisieren und ihn symbolisch zu vollziehen, obwohl ihnen dabei die *Prozesshaftigkeit der Übergangsphase* bewusst sein muss. Der Statuswechsel der Jugendlichen vollzieht sich nicht am Tag der Jugendweihe/JugendFEIER, aber trotzdem geben 27 Prozent der ostdeutschen Jugendlichen diesen Tag als konkretes Ereignis für das *Ende ihrer Kindheit* an. Dagegen sehen nur ein Prozent der westdeutschen Jugendlichen in der Konfirmation einen Statusübergang (*Zinnecker/Silbereisen* 1996, 177-181), was trotz der vielen Parallelen zwischen den beiden Feiern für eine unterschiedliche Funktion der beiden Rituale aus Sicht der Jugendlichen spricht. Im Folgenden werde ich die sich aus den narrativen Interviews ergebenden Deutungsmuster der beteiligten Jugendlichen vorstellen und in einen erziehungswissenschaftlichen Zusammenhang stellen.

4. Funktion und Bedeutung der Jugendweihe/JugendFEIER aus Sicht der Akteure

Die Jugendweihe/JugendFEIER nimmt im Lebenslauf der beteiligten Jugendlichen durchweg einen wichtigen Stellenwert ein, was zu der Annahme führt, dass Rituale durch ihre gliedernde und stabilisierende Funktion eine entscheidende Rolle für den Prozess des Aufwachsens spielen. Die *Jugendphase* als „gestrecktes Moratorium", ist im heutigen Deutschland weitgehend destandardisiert und unterliegt starken Ausdifferenzierungen und ständigem Wandel. Gesellschaftliche Rituale als Fixpunkte, die bei der *Strukturierung des Lebenslaufs* helfen und die Übergänge symbolisch unterstreichen, sind selten geworden. Der Erfolg der Jugendweihe/JugendFEIER liegt zum einen in dem Bedürfnis der Jugendlichen nach einer ritualisierten Feier, die diesen Übergang zwischen Kindheit und Jugend thematisiert, und zum anderen in dem Bestreben der Erwachsenen, den Jugendlichen durch eine zeremonielle Reifefeier gesellschaftliche Anerkennung und Stabilität zu vermitteln, ein Versprechen, das sie in der Realität nicht immer einlösen können.

Motivation

Bevor ich die Bedeutung der Jugendweihe/-FEIER als Übergangsritual aus Sicht der Jugendlichen weiter ausführe, möchte ich auf die Gründe der Jugendlichen, an der Jugendweihe/JugendFEIER teilzunehmen, zu sprechen kommen.

Der Auslöser für das Interesse an der Jugendweihe/JugendFEIER ist bei allen Jugendlichen das persönliche Erleben der Feier von jugendlichen Angehörigen oder die Beschreibung dieser Feierlichkeit durch die Eltern oder die Verwandten. Für alle Befragten ist die Jugendweihe/JugendFEIER eine *Familientradition*, die sie fortführen möchten, was auch zumeist dem *Wunsch der Eltern* entspricht. Fred erklärt:

„*Also, äh, also meine Schwestern ham das gemacht, ich war bei meiner Cousine, bei meiner andern Cousine. Ja und jedenfalls, ähm, wir sind, ich wollte auch Jugendweihe machen, meine Eltern wollen das auch, dass ich das mach, weil die ham früher auch ihren Spass gehabt, wenn se mir da irgendwelche Storys erzählen mit diesen Ho-, mit diesen engen Schlaghosen und so, wo man sich die Hoden eingequetscht hat. Und dann is man da total hacke auf der Tanzfläche abgehottet und so [...]"* (Die hier und im Folgenden verwendeten Zitate sind Fragmente aus den im Rahmen meiner Magisterarbeit durchgeführten Interviews und können in den Transkripten bei der Autorin eingesehen werden).

Ihre eigene Jugendweihe ist für die Eltern der heutigen Weihlinge in lebendiger Erinnerung, wobei die private Feier und weniger der staatlich inszenierte Festakt mit dem Gelöbnis im Vordergrund sieht. Ihre positive Erfahrung und Einstellung übertragen sich auf die Kinder.

Für die beiden im Westen lebenden Jugendlichen sind die Eltern der entscheidende Impulsgeber für die Teilnahme an der JugendFEIER und die Organisation, die Suche nach dem Veranstalter, die Gestaltung der privaten Feier etc., liegen in ihren Händen. Ben berichtet:

„Meine Eltern wollten nicht, dass ich da Konfirmation oder Kommunion mach, also ham sie gesagt, ich soll da irgendwie was machen, das ist Jugendweihe. Die ham im Internet nachgeguckt nach Jugendweihe und sind dann auf n'humanistischen Verband gestoßen und da wurden die Freidenker aufgeführt [...]. Und dann ham wir uns da mal angeguckt, was die da so machen [...]".

In Berlin spielen die Eltern eine wichtige, aber nicht die alleinige ausschlaggebende Rolle bei der Entscheidungsfindung, da die *Gleichaltrigengruppe* maßgeblich an dem Entschluss beteiligt ist. Die Wahl des Veranstalters und die Anmeldung zur Feier obliegen den Elternvertretern, nur selten, wie im einem Fall, sind die Jugendlichen in diesen Prozess mit einbezogen.

An der Planung des weiteren Tagesablaufs haben die Berliner Jugendlichen großen Anteil, da sie von ihrer Jugendweihe/FEIER mehr erwarten als eine konventionelle Familienfeier, und besonders das Zusammensein mit ihren Freunden und MitschülerInnen in den Mittelpunkt des Tages stellen.

Aufgrund der geringen Zahl der erhobenen Interviews ist es schwierig, *geschlechtsspezifische Unterschiede* im Umgang mit der Jugendweihe/ JugendFEIER aufzuzeigen. In den Gesprächen zeigen sich jedoch einige Unterschiede, die gewisse Tendenzen erahnen lassen. Bei den beiden Mädchen aus Berlin wird die abendliche Party mit den Gleichaltrigen von den Eltern organisiert, was die Neigung der Eltern sichtbar werden lässt, die Mädchen „beschützen" zu wollen, indem sie in einem kontrollierten Rahmen feiern, während der Abend bei Jungen oft informell und spontan im Kreis der Freunde abläuft.

Auffällig ist, dass die beiden Mädchen den Charakter der Jugendweihe/ FEIER als Klassenfeier stark betonen. Dies nicht nur in Bezug auf den offiziellen Festakt, während dem der Klassenverband auch von den Jungen erwünscht ist, denn dieser Akzent setzt sich im weiteren Tagesverlauf in der Klassenfeier am Abend fort. Bei männlichen Jugendlichen scheint dieser Aspekt eine untergeordnete Rolle zu spielen, ihnen ist das Beisammensein mit den eigenen Freunden wichtiger, als die künstlich geschaffene Gemeinschaft mit der Schulklasse.

Sind formelle Gruppen für Mädchen wichtiger, wohingegen sich Jungen eher an informellen Cliquen orientieren? Um diese Frage zu beantworten, wäre eine größere Anzahl von Interviews nötig, *sozialisationstheoretisch* erscheint sie folgerichtig, da Mädchen aufgrund ihres Geschlechts stärkerer Kontrolle und Schutzmechanismen von Seiten der Eltern unterliegen, während den Jungen mehr Freiräume nach außen gelassen werden.

Nur einer der Jugendlichen verbringt den Abend nicht mit Freunden oder Klassenkameraden, sondern feiert im Kreis seiner Familie und deren Bekannter. Ob dies seinem Wille entspricht oder auf die Vorstellungen seiner Eltern zurückgeht, ist aus dem Interview nicht ersichtlich.

Die privaten Feiern der süddeutschen Jugendlichen sind stärker auf die Familie konzentriert, was möglicherweise darauf zurückzuführen ist, dass Konfirmation und Firmung im Süden Deutschlands traditionell reine Familienfeiern sind, zu denen nur selten gleichaltrige Freunde geladen werden, und diese Sitte sich auf den Charakter der JugendFEIER überträgt.

Ein Gesichtspunkt ist in früheren Veröffentlichungen zur Jugendweihe unberücksichtigt geblieben: nämlich die Schwerpunktverlegung durch die Jugendlichen von der Jugendweihe/JugendFEIER als Familienfest hin zu der Betonung der Wichtigkeit der privaten Feier am Abend mit den Gleichaltrigen. Die Interaktion mit der Peergroup wird höher bewertet als das Zusammensein mit der Familie. Jana beschreibt das so:

„Nee, Jugendweihe sehe ich nicht so als familiäres Fest. Des ist für mich mehr wichtig, dass da im Nachhinein dann die Freunde da sind [...] Das wichtigste für mich ist eigentlich das Zusammensein mit meinen Freunden, dann doch. Was is da so wichtig, ja, dieses klasseninterne dann auch später bei der Feier. Also es is dann dieses zusammen reden, dieses zusammen feiern und alles, find ich eigentlich am wichtigsten. Also mir is die Familie an diesem Tag dann auch nich so ganz wichtig".

Eine *Dreigliedrigkeit im Tagesablauf* ist bei allen Jugendlichen vorhanden, er variiert von Familie zu Familie, setzt sich aber zumeist aus drei Komponenten zusammen: offizieller Festakt (Öffentlichkeit), private Feier im engen Familienkreis (Intimität) und gemeinsames Feiern mit Freunden, der Klasse oder Bekannten (Gemeinschaft). Die drei Elemente *Öffentlichkeit*, *Intimität* und *Gemeinschaft* sind *Spezifika* der Jugendweihen/JugendFEIERN, die nicht nur im Tagesablauf, sondern auch in der offiziellen Feier wiederzufinden sind. Eben diese Elemente sind, neben Transzendenz, Förmlichkeit und Veränderung, unverzichtbare Kriterien zur Definition von Ritualen (vgl. *Michaels* 1999, 23-49).

Die *Geschichte der Jugendweihe* und deren Instrumentalisierung durch die DDR-Regierung beeinflussen die Entscheidung der Jugendlichen für die Feier nur indirekt. Die Jugendlichen verbinden die Feier insofern mit der DDR, als ihre Eltern im Osten des geteilten Deutschlands aufgewachsen sind und dort ihre Jugendweihe erhalten haben, sehen in der heutigen Veranstaltung aber kein Relikt der DDR. Immer wieder wird betont, dass sie selber keine aktiven Erinnerungen an die DDR besitzen, was auf eine inhaltliche Distanzierung von dem sozialistischen Staat hinweist. Innerhalb der Familien findet eine unterschiedlich starke Auseinandersetzung mit dem Thema statt. Die meisten Eltern haben ihre eigene Jugendweihe jedoch positiv in Erinnerung, was sich auf ihre Kinder überträgt. Fred erklärt den Einfluss der DDR wie folgt:

> *„Äh, also ich kanns nicht so krass beurteilen, weil, ich war ja drei oder vier Jahre alt, als die Mauer gefallen is ... eben und ich hab das ja nich viel miterlebt so. Ich bin eigentlich so, meine Eltern meinen, n`absolutes Westkind mit meinen teuren Klamotten manchmal so. Na ja, aber meine Eltern sind stolz darauf, dass wir aus dem Osten kommen [...] na ja, ich meine die DDR, die DDR hat eigentlich nichts mit meiner Jugendweihe zu tun".*

Nur ein Elternpaar steht der Entscheidung ihrer Tochter, zur JugendFEIER zu gehen, skeptisch gegenüber. Grund dafür ist weniger die zweifelhafte Vergangenheit, als die vermeintliche Materialisierung der Feier, die jedoch nicht erst nach der Wende eingesetzt hat.

Der Hauptunterschied liegt darin, das zu DDR-Zeit Sachgeschenke vorherrschten, während nach dem Fall der Mauer die Tendenz einsetzt, Geld zu verschenken (*Kauke* 1998, 168).

Herkunft und Gedankengut der Jugendweihe/JugendFEIER sind den Jugendlichen nicht mehr bekannt und werden auch von den Veranstaltern nicht thematisiert. Auch unter den Jugendlichen wird wenig über Sinn und Gehalt der Feier diskutiert, die Gespräche über die Jugendweihe/JugendFEIER beschränken sich meist auf die privaten Vorbereitungen und die erwarteten Geschenke.

Dessen ungeachtet ist die Jugendweihe/JugendFEIER für fast alle Jugendlichen ein *fester Bestandteil ihrer ostdeutschen Identität* und wird nicht in Frage gestellt oder kritisch reflektiert, sondern als gegeben hingenommen. Dabei gibt es einen Unterschied in der Wahrnehmung des Rituals zwischen den in (Ost)Berlin lebenden Jugendlichen und denen, die mit ihren Familien nach Süddeutschland übergesiedelt sind und in Kleinstädten leben.

Für die Berliner ist die Jugendweihe/JugendFEIER in ihrem Alltag ständig präsent und wird von einem Großteil der Jugendlichen nicht mehr in Frage gestellt, sie gehört selbstverständlich zum Leben dazu. In Bezug auf die Einschätzung der Jugendweihe/JugendFEIER als ostdeutsche Tradition schwanken die Meinungen, oft wird sie kaum noch als ostdeutscher Brauch erkannt, da die Jugendlichen davon ausgehen die Feierpraxis wäre in ganz Deutschland verbreitet.

Andere wissen um das ostdeutsche Gepräge der Feier und betrachten es als Teil ihrer Identität. Die Feier ist *Teil ihrer Sozialisation, fest in die ostdeutsche Gesellschaft integriert und von der Öffentlichkeit akzeptiert.* Meist begeht die gesamte Klasse gemeinsam ihre JugendFEIER oder Jugendweihe. Jana erzählt:

„Ich denke auch, dass es eine Veranstaltung ist, die man mit der Klasse eventuell zusammen machen sollte [...] Weil ich denke, wir sind, halten auch als Klasse sehr zusammen. So dass diese ganze Klasse das Gefühl hat: ja, jetzt geht es einen Schritt weiter oder so. [...] Ähm mit denen, die nicht Jugendweihe machen, mit denen hab ich nich so viel ..., das sind auch nur ein, zwei glaub ich. Mit denen hab ich nich so viel zu tun [...] er is jetzt eben nich bei ner Klassenfeier dabei."

Der Gruppenzwang, dem die SchülerInnen einer Klasse im Bezug auf die Jugendweihe ausgesetzt sind, ist nicht zu unterschätzen, spielt die Schule, wenn auch scheinbar indirekt durch die Elternvertreter, eine bestimmende Rolle bei der Werbung für die Feier und der Wahl der Veranstalter. Da die Jugendweihe zumeist als Klassenfeier erlebt wird, geraten diejenigen Jugendlichen, die nicht an ihr teilnehmen, leicht in eine Außenseiterposition. Zu überprüfen wäre, wie diese „Außenseiter" den Gruppenzwang einschätzen, und ab eine Nichtteilnahme an der Jugendweihe konkrete Konsequenzen für die Stellung im Klassenverband hat.

Ganz anders erleben die Jugendlichen im Westen ihre Jugendfeier, deren Existenz in der süddeutschen Provinz, in der die Kirchen tief verwurzelt sind, nur vereinzelt bekannt ist. Die JugendFEIER ist hier das *Ritual einer Minderheit*. Die Entscheidung für die Jugendfeier ist ein „Schwimmen gegen den Strom" und stellt in der westdeutschen Gesellschaft fast ein „abweichendes Verhalten" dar. Die Reaktion der nähren Umwelt auf dieses Handlungsweise wird von den beiden Jugendlichen unterschiedlich wahrgenommen, ist jedoch hauptsächlich von Desinteresse geprägt. Einmal wird diese Gleichgültigkeit als Ablehnung der eigenen Person und ihrer ostdeutschen Identität interpretiert. Die verzehnjährige Franka berichtet:

"Dort machen es halt alle und hier machen es halt ganz wenige und das find ich schon nen Unterschied und wenn sie dich immer fragen, nein dann musste dann immer erzählen was ist das, nein manche fragen dann, ist das ne Sekte oder so. [...] Nee dann meinte das ist so und so, dann meinen se, ne ich bleib bei meiner Konfirmation, also sie halten nicht so viel davon, auch weils halt was anders ist und davon sind se nicht so begeistert. Also ich sag dann meist, ich mach Konfirmation, damit sie nicht so viel fragen. Weil immer geht einem das auf die Nerven, die meisten halten nicht so viel davon. Manche sind dann so richtig abwegig, ja manche ham was gegen die ehemalige DDR Bürger, das ist halt so meistens mehr im Osten verbreitet. [...] Ich weiß nicht, weils ja auch in der DDR gemacht wird, da wird ja keine Konfirmation gemacht, im Westen wird bloß Konfirmation gemacht."

Im anderen Fall wird die Ignoranz der Umgebung und der gut gemeinte Ratschlag der Freunde, doch lieber Konfirmation zu machen, gelassen aufgenommen. Der Befragte gefällt sich in seinem *Sonderstatus*, thematisiert die JugendFEIER im Kreis seiner Freunde aber wenig. Ben überlegt:

"Vielleicht du bist vielleicht was ganz besonderes, weil du als Einziger Jugendweihe machst und weil die andern alle Konfirmation machen."

Die Attraktivität der Jugendweihe/JugendFEIER auf eine Mystifizierung der Vergangenheit oder ostdeutsches Protestverhalten zu reduzieren, wird der Komplexität der Thematik nicht gerecht. Dennoch sind Jugendweihe und JugendFEIER ein eindeutig ostdeutsches Phänomen, dessen Erfolg und Verbreitung direkt mit der DDR-Vergangenheit zusammenhängt. Ohne die dauerhafte Etablierung des Rituals in der DDR, die diese Traditionsbildung erst ermöglicht hat, wäre die Jugendweihe, wie im Westen der Republik, eine Randerscheinung.

Die Jugendlichen nehmen auch zehn Jahre nach dem Fall der Mauer eine deutliche Abgrenzung zwischen Ostdeutschland und Westdeutschland, den jeweiligen Menschen, den Verhaltensweisen und Eigenschaften vor. Stark vereinfachend könnte man sagen, dass die „Mauer zwischen den beiden Teilen Deutschlands" auch in den Köpfen der neuen Generation weiterhin besteht.

Trotz der Differenzen zwischen der gesellschaftlichen Situation in Ost- und Westdeutschland gibt es grundlegende Übereinstimmungen in der Motivation der Jugendlichen, Jugendweihe und JugendFEIER zu begehen. Das säkularisierte Initiationsritual ist für die, mit einer Ausnahme, konfessionslosen Jugendlichen die weltliche Alternative zu christlichen Reifefeiern, wie Konfirmation und Firmung. Die Attraktivität der Jugendweihe deutet Ben folgendermaßen:

"Vielleicht weil auch nicht das nachlässt mit der Kirche oder so, vielleicht weil viele aus dem Osten kommen, und dass sie alle Tradition bewahren wollen

und so weiter äh und.. und...Vielleicht weils auch was anderes als das kirchliche ist und...

Ja, vielleicht, weil im Osten nicht so 'ne Religion gab, ham die wahrscheinlich das gemacht. Und das 'ne Alternative ist, weil soviel ich kenne gibt's so was ich weiß nicht genau, ob das jetzt stimmt, aber so wie, meiner Ansicht nach, gibt's so was [Religion, I.P.] im Osten nicht."

Die atheistische Grundeinstellung der Jugendlichen bildet die innere Voraussetzung für ihre Teilnahme an der Jugendweihe/JugendFEIER, von der sie sich eine gewisse Transzendenz für ihr Leben erhoffen, die sie in einer Religion für sich nicht zu finden glauben. Jana ist trotz ihrer Konfessionslosigkeit fasziniert von dem Gedanken an Religion und eine Vorstellung von Gott, steht der Institution Kirche aber ablehnend gegenüber:

„Und ich bin ja nun selbst heidnisch. Ich hab nicht unbedingt so n Draht zu Gott oder zu irgend einer anderen Religion und, ähm, deshalb interessiert mich das auch.

Also ja das is so n... Ich hab nichts gegen Menschen, die irgendwie gläubig sind. Ganz im Gegenteil sogar, zum Teil bewundere ich die Menschen sogar, dass, also dass die wirklich eine Bezugsperson haben, die für sie da ist. Ja also in gewisser Weise könnte i- ich vielleicht auch sagen, manchmal, trotz..., ja warum nicht. Es gab schon einige Momente in meinem Leben, wo ich äh, wirklich oder... Ich weiß nich wie ich das beschreiben soll, ich hab, ähm, so ne Bezugsart zu Gott, die is... Ich will nich unbedingt sagen, dass es ihn gar nicht gibt, aber ich will auch nich sagen, dass es ihn gibt, also dieses dazwischen eben."

Obwohl die befragten Jugendlichen für sich den Glauben an einen Gott eher ausschließen, stehen sie der Religiosität anderer tolerant gegenüber. Fred erklärt:

„Man sollte klar tolerieren, dass manche Leute eben ihre Religion für sich haben, auch wenn ich das jetzt nich hab.[...] Man kann ja Leute nich danach beurteilen, was sie für eine Religion haben.."

Die These von *Griese*, dass gegenüber *Religion und Kirche* oder deren Alternativen in der heutigen Jugend *Toleranz und Verständnis* herrsche, und Abweichung im Kontext von Religion und Glauben zur postmodernen Normalität gehöre (in: *Bolz/Fischer/Griese* 1998, 167), wird durch die Ausführungen der Berliner Jugendlichen weitgehend gestützt, stimmen jedoch nicht mit den Erfahrungen der im Westen lebenden Jugendlichen überein. Es scheint mir möglich, dass es in dieser Hinsicht einen Unterschied zwischen Stadt und Land gibt.

Fazit: Die *Feier* des Übergangs zwischen Kindheit und Jugend und der damit einher gehende *Statuswechsel* ist, neben den *materiellen Motiven*, der entscheidende Grund, an der Jugendweihe/JugendFEIER teilzunehmen. *Die Jugendlichen unterscheiden klar zwischen einer ideellen und einer materiellen Ebene,* die beide von ausschlaggebender Bedeutung sind.

Erwartungen und Bedeutungsebenen

Der Großteil der Jugendlichen sieht in der Jugendweihe/JugendFEIERzeit mit dem Höhepunkt des öffentlichen Festakts eine Phase der inneren Wandlung und des Statuswechsels, der aber mit der Feier noch lange nicht abgeschlossen ist. Die *Prozesshaftigkeit der Entwicklung* wird von den Mädchen und Jungen deutlich reflektiert. Sie sehen in der Feier auch nicht die Bedingung für ihr erwachsen werden, sondern werten sie als *Bestätigung* eines Prozesses, dessen sie sich nicht entziehen können, der allerdings durch die öffentliche Zeremonie eine Aufwertung erfährt. Judith reflektiert als Einzige den Einfluss des Veranstaltungsprogramms auf die Jugendlichen. Nicht allein durch der Festveranstaltung, sondern erst durch die damit verbundene Teilnahme an Seminaren, dem Feriencamp etc. kann eine emotionale und kognitive Weiterentwicklung erfolgen:

„Also ich wär auch erwachsen geworden, wenn ich nich, wenn ich jetzt nich JugendFEIER hätte, wenn ichb jetzt nich die Veranstaltung hätte. Es, äh, na ja, es hilft vielleicht ein bisschen, aber ich glaub man wird dadurch nicht erwachsener, wenn man nicht irgend ne, äh, Veranstaltung besucht oder ins Feriencamp fährt."

Die jungen Menschen schätzen die Bedeutung der Jugendweihe/JugendFEIER für ihr Leben sehr realistisch ein, und sind sich bewusst, dass die Feier nur wenige unmittelbar fassbare Auswirkungen auf ihr Leben hat. Und dennoch glauben sie fest an eine Veränderung, die sie jedoch nur schwer beschreiben können. Jana versucht ihre Gefühle in Worte zu fassen:

„Was ich mir von der Jugendweihe verspreche ist auch mehr dieses ... Ich weiß nicht ob man s nennen kann: Anerkannt werden? Beachtet werden, vielleicht auch mehr? Von den Erwachsenen oder so?"

Die Anerkennung als eigenständige Persönlichkeit durch die Umwelt hat entscheidenden Einfluss auf die Bewältigung der Schwellensituation Kindheit - Jugend und insbesondere die Bestätigung durch die Erwachsenen ist bedeutend für eine gelungene Identitätsentwicklung.

Der *Statusübergang von der Kindheit zur Jugend* vollzieht sich in mehreren Teilpassagen, deren Zeitpunkt nicht fixiert ist. Dieser Statusübergang ist eng verbunden mit einer praktischen, sozialen und kognitiven Verselbständigung der Jugendlichen (Kasten 1999, 83). Kennzeichnende Elemente dieser *Verselbständigung* finden sich in den Erzählungen der Jugendlichen über die Erfahrungen ihrer Jugendweihe/JugendFEIERzeit wieder.

Wichtigstes Ziel der Jugendlichen ist offenbar die *Ablösung von der Herkunftsfamilie* und eine Veränderung ihres Verhältnis zu den Erwachsenen. Sie möchten als Persönlichkeiten akzeptiert und respektiert werden. Die Interaktion mit den Gleichaltrigen gewinnt in dieser Altersphase immer mehr an Bedeutung. Die Jugendlichen erhoffen sich durch das Übergangsritual, das sie als symbolischen Abschied von der Kindheit deuten, größere Freiheiten von Seiten der Eltern, die sich insbesondere in längeren Ausgangszeiten am Abend manifestieren.

Fred beschreibt die erhoffte Bedeutung der JugendFEIER auf sein weiteres Leben so:

„Äh, ne total wichtige Rolle spielt die Jugendweihe für mich. Also weil, des is einfach du bist dann erwachsen, das pushed dich unheimlich auf so Jugendweihe. Ja, weils einfach, vierzehn is Jugendweihe und so und erwachsen werden und so. [...] Na gut man könnt Jugendweihe auch mit sechzehn machen, aber das würde mir nich so gefallen, ich mein so. Nee, also mit vierzehn is schon so n richtig geiles Alter. Man hat auch mehr Freiheiten und so als mit zwölf, da darfst du nich länger als acht raus im Winter, es is zu dunkel und so. Dann kannste wenn, wenn de vierzehn bist da kannste einfach mal, kann ich dann auch auf Partys gehen und bei der Preview und so, Hip-Hop Partys. Dann kann ich auch mal länger runter in ner Woche und so und da bin ich eigentlich heiß drauf. Also das wird dann passieren so, ja das ham se mir versprochen. [...] Also es gehört schon mit dazu zum Leben eines Kindes: Achte Klasse. Punkt, Jetzt Jugendweihe, und biste endlich erwachsen. Ja, ick meine man, ob man nun, jetzt nun Jugendweihe hat oder nich. Ich meine, man wird irgendwann trotzdem erwachsen, würd ick mal sagen.[...] Dass man erst mal diesen Lebensabschnitt überstanden und so, wenn man es überhaupt Lebensabschnitt nennen kann. Dass man jetzt erst mal den Abschnitt vom Kleinkind irgendwie überstanden hat, würd ick mal sagen. Weil die Entwicklung is jetzt erst mal bis dahin abgeschlossen."

Das Interesse am anderen Geschlecht und an Sexualität wird häufig thematisiert. Kondome sind ein beliebtes „Fun"-Geschenk, das gleichzeitig mit Stolz und Scham aufgenommen wird. Sowohl Jungen als auch Mädchen berichten über erste feste Beziehungen und für beide ist es von entscheidender Bedeutung, dass der Partner oder die Partnerin auch zu der Jugendweihe/JugendFEIER eingeladen und damit in die Familie integriert wird. Dies bedeutet die Anerkennung der Jugendlichen als geschlechtliche Wesen und trägt wesentlich zum Aufbau ihrer *sexuellen Identität* bei.

Der Stellenwert der erwarteten Geldgeschenke ist für alle Jugendlichen enorm und die *materiellen Aspekte* der Feier sind ein ausschlaggebendes Motiv für die Attraktivität der Feier. Die Mädchen und Jungen berichten ausführlich über die Geschenke und das erhaltene Geld. Auf die Frage nach dem bedeutsamsten Moment ihrer JugendFEIER antwortet Franka:

Ja, ich glaub es gab keinen wichtigsten, also die Geschenke waren wichtig. Also ich hab' Geld bekommen, ein paar kleine Geschenke, aber also mehr Geld, ich hab' ja auch gesagt, was soll ich mit dem anderen anfangen, meistens ist es sowieso nie so zutreffend

Für die verlängerte Jugendphase in den modernen Industriestaaten ist die *lange finanzielle Abhängigkeit* von den Eltern symptomatisch. Die Geldgeschenke zur Jugendweihe/JugendFEIER sind für die Jugendlichen eng verbunden mit einer gewissen materiellen Unabhängigkeit, die ihnen äußerst erstrebenswert zu sein scheint. Während ein Teil der Jugendlichen, in Mehrzahl die Mädchen, das Geld sehr überlegt und zielgerichtet (Führerschein, Studium, etc.) für die Zukunft anlegt, verwenden die anderen das Geld für die Erfüllung unmittelbarer Wünsche, die Musikanlage oder Inline Skates. Besonders beliebt sind auch (Sprach)Reisen, die wiederum ein Zeichen für die neue Selbständigkeit der Jugendlichen und die Loslösung von den Eltern sind. Die Jugendweihe/JugendFEIER ist auch mit der Hoffnung verbunden, mehr Taschengeld zu erhalten, über das sie eigenverantwortlich entscheiden können.

Der erstmalige *Konsum von Alkohol und Zigaretten in* Anwesenheit von Autoritätspersonen scheint untrennbar mit der Jugendweihe/JugendFEIER verbunden zu sein. Alkohol und Rauchen sind für die Jugendlichen Statussymbole der Erwachsenen, mit deren Übernahme sie ihren *neuen Status* nach außen präsentieren.

Auch die Selbstbestimmung bei der Entscheidung für ihr äußeres Erscheinungsbild nach *eigenem Geschmack und Stil*, gerade bei einem öffentlichen Anlass, gehört zur praktischen Verselbständigung der Jugendlichen. Bei den Mädchen sind das erste Make-up, die sorgfältig ausgewählte Frisur und Kleidung, und das erstmalige Tragen von Stöckelschuhen zur Jugendweihe/JugendFEIER, Symbole des Erwachsenseins.

Auch die Jungen legen besonderen Wert auf ihr Äußeres an diesem einzigartigen Tag, denn ein unangemessenes Aussehen würde den Charakter der Feier zerstören. Hendrik macht sich schon Monate vor seiner Jugendweihe Gedanken über sein Aussehen, was im fast etwas peinlich zu sein scheint:

„ Komm wir wieder zu den Klamotten. Es war, es wurde ja ne Modenschau zwei Mal gemacht und nun weess ick dadurch, also ick war nich bei der Modenschau, aber ick weess dat weinrot nu irgendwie, weinrot und schwarz [...] die liegen im Trend is. Was hab ich gemacht, ich hab mir ne schwarze Hose und, und so n Jackett nennt man das glaub ick, schwarz mit grün. Ich hatte auch

was Weinrotes da, aber ich hab mich geweigert das anzuziehen [...] Kann mir auch gar nich vorstellen, wie ick dann dastehen werde [auf der Bühne I.P.], ob ick da die Hände in die Tasche stecke, mich krümmer mache oder ob ich meine Arme hängen lasse [...] Wenn ich mir das so überlege, dann stehste da vorne und die finden dich total albern, weil, weil de da stehst, wie n Schneemann, oder?"

Neben dem äußeren Erscheinungsbild spielt auch der *Habitus*, das adäquate Auftreten und die *Inszenierung des eigenen Selbst* eine wichtige Rolle und wird von den Jugendlichen eingehend vorbereitet und einstudiert. Wiederum geht es dabei darum, den korrekten Ablauf des Rituals nicht zu beeinträchtigen, und sich selbst von der besten Seite zu präsentieren.

Relevanz des Festakts

Für alle Jugendlichen ist der wesentliche Moment ihrer Jugendweihe/ JugendFEIER das *Aufrufen ihres Namens*, mit dem Gang auf die Bühne oder dem Einblenden auf die Leinwand. Sie stehen für einige Sekunden im Mittelpunkt des Geschehens. Darin sehen sie das *eigentliche Ritual*, manche sogar eine Weihe. Die Jugendlichen legen besonderen Wert darauf, diesen Augenblick der Intimität zusammen mit ihrer Klasse oder Freunden zu erleben, so auch Hendrik:

„Und dann kam ich eben auf den Gedanken, ok, du willst Jugendweihe machen, aber alleine is ja scheiße, wenn dedenn da mit wildfremden Leuten auf der Bühne stehst is det och nich det wahre."

Das *Gemeinschaftsgefühl*, das innerhalb des Festakts entsteht, ist ein wichtiges Element für den kollektiven Charakter des Rituals. *Kollektivität* und *Öffentlichkeit* sind wesentliche Bedingungen der Jugendweihe/Jugend-FEIER. Daneben spielt die Einmaligkeit der Feier eine bedeutsame Rolle. Einmaligkeit und Unwiderrufbarkeit sind kennzeichnende Merkmale von Ritualen (vgl. *Michaels*, 29f.) und betonen den besonderen Charakter der Feier. Auch Jana erlebt dies:

„Jugendweihe [...] Man kanns nur einmal im Leben machen, zu vergleichen, ja nich ganz, mit der Hochzeit. Aber es is eben, is was einmaliges, was auch nie wieder passiert. Was, denk ich mir in der Erinnerung bleibt und was einfach schön ist und was noch mal symbolisch dargestellt wird: so jetzt is die Kindheit langsam vorbei, und...."

Die Jugendlichen beschreiben den Ablauf ihrer Feiern sehr detailliert. Auffällig sind die inhaltlichen und gestalterischen *Unterschiede* zwischen den verschiedenen Veranstaltern. Der konventionelle, stark ritualisierte Ablauf der Feiern der Interessenvereinigung und der Freidenker entspricht den Erwartungen der Jugendlichen, wird aber durch die Dominanz der

Festreden und ein durchschnittliches Rahmenprogramm als eher *langweilig* empfunden. Trotzdem sind die Jugendlichen begeistert von ihren Festveranstaltungen, was weniger an den Inhalten, als an der Befolgung der erwarteten starren Form der Feier liegt, denn das Fehlen von festgelegten Programmpunkten würde das Ritual brechen und die Jugendlichen damit enttäuschen. Trotzdem wünschen sich die Jugendlichen eine weniger auf die Erwachsenen zentrierte, *zeit- und jugendgemäßere Ausrichtung der Jugendweihe/JugendFEIER*, die sich aber auf das kulturelle Rahmenprogramm beschränken soll. Die statische Ritualhandlung soll beibehalten werden.

Die Jugendlichen, die an der JugendFEIER des Humanistische Verbandes teilnehmen, erwartet ein verändertes Konzept der Feier. Die JugendFEIER wird zum *Event* mit Musicalcharakter, der klassische Gang auf die Bühne, die räumliche Trennung der Jugendlichen von den Gästen, wird aufgehoben und eine *virtuelle Trennung* vorgenommen. Es ist nicht mehr der Jugendliche selbst, sondern sein Bild auf der Leinwand, das im Zentrum steht. Der persönliche Kontakt, der sich in den konventionellen Feiern in dem Händeschütteln während der Gratulation wiederfindet, fällt weg. Die Grenzen zwischen Realität und virtueller Wirklichkeit verschwimmen, eine Tendenz die sich in unserer Mediengesellschaft immer weiter verstärkt. Der Wirkung der Ritualhandlung auf die teilnehmenden Jugendlichen tut dies jedoch keinen Abbruch. Fred beschreibt seine Gefühle auf eindringliche Weise:

„Dann ham sie die Namen aufgerufen. Und dann als irgendwann unsere Klasse dran war, wees ick noch ganz genau, ich hab mein Sakko ausgezogen, hab dagesessen und dachte: scheiße, tausend Leute oder so hier drinne, das is bestimmt jetzt peinlich so. So dann auf einmal: Fred Jansen, ... und Fred Jansen. Dann bin ich uffgestanden, hab meine Mütze runtergenommen und hab so den, hab mich so verbeugt vor dem Publikum und hab so n total verpeiltes Gesicht gezogen, so so da hing so das Verzweiflungslächeln sozusagen, weil ich wusste ja nich was ich machen sollte. Man is dann für Sekunden im Mittelpunkt des ganzen Geschehens. Aber ich muss mal sagen, es is hinterher, is das so n total geiles feeling so. Ja, dann so, da kannste sagen: ich war im Rampenlicht – einmal ham se mich in der großen Leinwand gezeigt. Ich meine, ham se mit 200 andren Leuten och gemacht, aber ich fand det schon nich schlecht so."

Die gesungene Festrede und der wenig förmliche Stil der Feier versetzen die Jugendlichen in Erstaunen, werden aber rückblickend positiv bewertet. Besonders anerkennend beurteilen die beiden Jugendlichen die Jugendzentrierung und Vielseitigkeit der Feier.

Die *Festrede* nimmt für die Jugendlichen in allen Feiern eine besondere Funktion im Ritualablauf ein und wird von allen eingehend beschrieben.

Sie soll den anwesenden Personen den positiven Sinn der Feier veranschaulichen und sie dadurch legitimieren. Hiermit ist zu erklären, weshalb die Jugendlichen, welche die Ansprache zumeist, Ausnahme ist auch hier die gesungene Rede des HVD, als langweilig und für die Erwachsenen gedacht empfinden, nicht auf diesen Programmteil verzichten möchten.
Während in den ostdeutschen Feiern meist *jugendkulturelle Themen* überwiegen, ist die JugendFEIER der süddeutschen Freidenker hochpolitisch, inhaltlich fundierter und stärker nach den Werten und Normen der Freidenker ausgerichtet. Die *Politisierung der JugendFEIER* stößt entweder auf harsche Kritik oder wird nicht kommentiert. Ben beanstandet:

„Also die Ansprachen waren schon so, wie ich mir die vorgestellt hatte. Ja, die Jugendlichen, das sie jetzt halt mehr Freiheiten haben und ja und die Vorbereitung auf die Zukunft, fürs Älterwerden und so, und alles Mögliche, vielleicht auch ein bisschen was über die Politik und [...]Ja, nur muss vielleicht auch etwas, also nicht ganz politisch, etwas ausgiebiger, also das Thema fand ich, das die da mal angesprochen haben, den Kosovo, das fand ich hat überhaupt nicht dazu gepasst, das war schon regelrecht geschmacklos.[...] Weil das für die Jugendlichen ist und nicht für Anti-Kriegs-Fanatiker, also so was passt da nicht rein, die Jugendlichen sollen älter werden und nicht was über den Krieg wissen, was viel schlimmer ist. Äh nein, sie werden vielleicht klug, wenn sie was darüber wissen sollen, aber das da zu ner Jugendfeier bringen, das find ich total doof."

Inwieweit eine Politisierung der Jugendweihe/JugendFEIER bei den teilnehmenden Familien, vor dem Hintergrund der politischen Instrumentalisierung der Jugendweihe in der DDR, auf Akzeptanz treffen kann, bleibt zu überprüfen.
Die konkreten *Inhalte* der Feier sind für die Jugendlichen nebensächlich, ihr Schwerpunkt liegt auf dem Moment, in dem sie im Mittelpunkt stehen, das „davor" und „danach" soll unterhalten und Spaß machen. Selbst an Inhalten interessierte Jugendliche sind in diesem Augenblick zu sehr von der eigenen Aufregung und der Besonderheit des Augenblicks gefangen genommen, so dass eine Konzentration auf Inhalte kaum möglich ist. Erst im Nachhinein, bei der Lektüre des JugendFEIERbuches und beim Anhören der Musik, hinterlassen die Geschichten und Liedtexte, die Thema ihrer JugendFEIER waren, wie bei Judith, einen nachhaltigen Eindruck:

„Ja, also ähm, wir haben ja 'ne CD gekriegt, wo die ganzen Lieder drauf waren. Und die hab ich mir auch ein paar mal angehört, und die hör ich jetzt noch jeden Tag fast, weil ich die ziemlich gut finde und da, ähm, hab ich mich auch noch mal mit den Liedern auseinander gesetzt, also hab, hab auf den Text gehört und so. Ähm, weil da war ich so aufgeregt, da hab ich einfach so, das ist ja ganz schön und so. Aber dann also die Inhalte das waren Probleme,

schon so mit denen ich auch zu tun habe, wie gesagt Drogen oder Erwachsen werden oder nicht, weil mal nicht, weiß was man anfangen soll mit seinem Leben und sich alleine fühlt und dann so was. Ja. Dann die Probleme mit den Eltern, da war auch so ein Lied. Da hat die Mama gesungen und das Kind. Die haben so über die Probleme gemeinsam gesungen und so. Das war schon gut. Das war dann nah bei mir."

Eine kritische Auseinandersetzung mit dem Ablauf der Veranstaltung findet nur in Ansätzen statt, an Form und Inhalten des Rituals wird nicht gezweifelt.

Nachhaltigkeit und *Sinngebung* kann nicht allein durch eine einmalige Feier geschaffen werden. Deshalb schätzen die Jugendlichen den *Stellenwert des Vorbereitungsprogramms*, während dem der Aufbau sozialer Kontakte mit Gleichaltrigen wesentlich ist, hoch ein. Gerade bei der Vorbereitung besteht ein großer Unterschied zwischen den verschiedenen Veranstaltern, der sich in der unterschiedlichen Beurteilungen der Aktivitäten ausdrückt. Die Teilnehmer an der Jugendweihe der Interessenvereinigung kritisieren die Strategie des Verbandes kein speziell auf die Jugendweihlinge zugeschnittenes Vorbereitungsprogramm zu organisieren.

Die Teilnehmer an der Feier der Humanisten beklagen zwar das geringe Interesse ihrer Altersgenossen an den Veranstaltungen teilzunehmen, was sich im Ausfallen einiger Programmpunkte und geringen Teilnehmerzahlen ausdrückt, loben aber die Inhalte und die Tatsache, dass die Humanisten den Jugendlichen ein Forum bieten, mit Gleichaltrigen zusammenzukommen.

Das Prinzip der Freiwilligkeit wird nur von einer Teilnehmerin kritisiert, die darin die Gefahr der Beliebigkeit der JugendFEIER erkennt. Sie schlägt einige verpflichtende Kurse für alle JugendFEIERteilnehmerInnen vor, die historische, weltanschauliche und jugendkulturelle Themen beinhalten sollen.

Das Vor- und Nachbereitungsprogramm der Freidenker wird von allen Jugendlichen besucht und mit seiner politisch, gesellschaftlich, historisch und weltanschaulichen Ausrichtung positiv aufgenommen. Trotz der starken Betonung von Inhalten liegt der Schwerpunkt für die Jugendlichen auf den sozialen Kontakten mit Mädchen und Jungen im selben Alter.

Alle der interviewten Jugendlichen nehmen aktiv an den Veranstaltungen der verschieden Verbände teil, womit sie, verglichen mit der Gesamtheit der Teilnehmerinnen und Teilnehmer an den Jugendweihen und JugendFEIERN, eine Ausnahmestellung einnehmen, was sicher auch ihre Aussagen zum Thema beeinflusst. Judith, die am Programm und der Feier des HVD teilnahm, erzählt:

"Ich hab jetzt hier mal die anderen gefragt, die ham ja auch Jugendweihe [...] und es gibt ganz wenige hier, die nen Kurs gemacht haben oder bei irgendwelchen Veranstaltungen sich beteiligt haben. Also da sind wir, glaube ich, die Klasse, die am meisten irgendwie, ähm, was macht. [...] Also es gab schon verschiedene viele Kurse zur Auswahl: Feriencamp, Lesenächte, die Disco oder ja Tanzveranstaltungen etc. [...] Also ich finde, ähm, als Verbesserungsvorschlag, man müsste auf jeden Fall ein paar, ähm, Programme oder Veranstaltungen Pflicht machen. So was müsste halt Pflicht sein, was halt wichtig ist und was man in der Schule so eigentlich nich erfährt.[als Themen nennt sie im Anschluss Nationalsozialismus, Situation in Deutschland, Aufklärung und Drogen]"

Die Jugendlichen längerfristig an seinen *Verband* zu binden, gelingt wohl keinem der Veranstalter. Einzige Ausnahme ist die enge Beziehung von einem der Jungen zu der Interessenvereinigung, die sich aber nicht erst in der Jugendweihezeit entwickelte, sondern bereits vor der Teilnahme an der Jugendweihe, infolge persönlicher Kontakte bestanden hat.

In der *symbolischen und rituellen Neuzuordnung zu einer Altersgruppe* liegt eine erhebliche Bedeutung der Jugendweihe/JugendFEIER. Die Jugendlichen sehen in der Feier ein Fest, welches sie selbst, ihre Gefühle und Probleme zum Thema hat, ohne von religiösen, weltanschaulichen oder politischen Ideologien und Interessen der Veranstalter überlagert zu sein, eine Feier zu ihren Ehren, wie Fred bildhaft beschreibt:

"Dann noch eben, dass die ganze Familie einfach mal jetzt hinter einem mal steht, so: und ja, und wir sind stolz auf dich. Weil da, dann kommt man sich eben schon n bisschen gut vor. Ja, jetzt endlich erwachsen und alle stehen zu dir und so. Also des is cool. Also ick meine, Jugendweihe an sich is schon geil, da, weess ick nich, da hätten se mir auch gar nich so viel Geld schenken brauchen."

5. Zusammenfassung in erziehungswissenschaftlicher Sicht

In der Bedeutung für ihre Biographie stellen die Jugendlichen die Jugendweihe gleich mit anderen Ritualen des Lebenszyklus, wie Geburt, veränderungsbringende Geburtstagen, Einschulung, Schulabschluss und Hochzeit. All diese Rituale strukturieren den Lebenslauf und vermitteln den Aufwachsenden Sicherheit und Stabilität.

Die Jugendweihe/JugendFEIER, als Übergangsritual, und die Veranstalter als ihre Ausrichter, können den Jugendlichen Hilfestellung bei der *Bewältigung der Entwicklungsaufgaben* des Jugendalters geben, indem sie diese Aufgaben im Vorbereitungsprogramm und während der Feier thematisieren und Strategien der Bewältigung vorstellen. In der Praxis gibt es auf dieser Ebene deutliche Qualitätsunterschiede zwischen den Veranstaltern.

Die Jugendweihen und JugendFEIERN heute sind, aus Sicht der Jugendlichen nicht mehr an eine Weltanschauung oder eine Institution, die diese Weltanschauung verkörpert, gebunden. Die Mädchen und Jungen füllen die Feier mit eigenem Sinn und Gehalt, indem sie ihre persönlichen Wünsche und Ideen auf das Ritual übertragen. Im Zentrum steht dabei immer die *Kommunikation* und *Interaktion* mit den Gleichaltrigen, die Suche nach *Gemeinschaft* und gesellschaftlicher Akzeptanz. Das Interesse an und der Grad der Identifikation mit der Feier, nicht mit dem Veranstalter, ist abhängig von den subjektiven persönlichen und familiären Voraussetzungen der einzelnen Jugendlichen. Mit Identifikation meine ich, inwieweit das Individuum bereit ist die Bedeutung des Rituals für das eigene Leben kritisch zu reflektieren und eigene Gedanken mit einzubringen, dabei gibt es große Unterschiede zwischen den befragten Jugendlichen.

Die *Verschiedenheit* der *ost- und westdeutschen Jugendweihen* und *JugendFEIERN* liegt einerseits in der inhaltlichen Zielsetzung, der stärkeren Akzentuierung genuin humanistischer und freidenkerischer Inhalte, während der Feier und im Vorbereitungsprogramm im Westen, und andererseits in der unterschiedlichen Stellung des Rituals innerhalb der ost- und westdeutschen Gesellschaft. Im Osten ist die Jugendweihe/JugendFEIER eine gesellschaftlich anerkannte *Reifefeier für die Masse*, während sie im Westen eine *Ausnahmeerscheinung* verkörpert.

Das begleitende Vorbereitungsprogramm ist bei den wenigsten Veranstaltern verpflichtend. Das seit der Wende von den Veranstaltern der Feiern etwas überstrapazierte Motto der totalen *Freiwilligkeit*, der die JugendFEIER/Jugendweihe heute unterliegt, beruht meiner Meinung nach auf ein Missverständnis. Die Freiwilligkeit sollte in der Entscheidung für oder gegen die Teilnahme an der JugendFEIER/Jugendweihe liegen, und nicht in einer falsch praktizierten Freiwilligkeit, die den Jugendlichen eine *unverbindliche Feier* verschafft, ohne sich selbst in irgendeinem Bereich engagiert oder sich mit relevanten Themen auseinander gesetzt zu haben. Erstaunlicherweise ergeben sich in der *Deutung* des Festakts durch die Jugendlichen, trotz der starken inhaltlichen Differenzen zwischen den verschiedenen Veranstaltern, keine grundlegenden Unterschiede, dass heißt *Inhalte, Ideologie oder Weltanschauung* sind, wie schon angesprochen, *sekundär*. Vorrangig sind die Feier, das private Fest, die Geschenke und der Kontakt zu den Gleichaltrigen. *Materielle Interessen*, zum einen an den erwarteten (Geld)Geschenken und zum anderen an der adäquaten Ausstattung für die Feier, der neuen Kleidung, Schuhen und der Gestaltung des privaten Zusammenseins, sind ein bestimmendes Motiv für die Attraktivität der Jugendweihen und JugendFEIERN, sie treten jedoch hinter dem Gefühl im Mittelpunkt der familiären und gesellschaftlichen Aufmerksamkeit zu stehen zurück.

Die wichtigste *Funktion* der Jugendweihen und JugendFEIERN liegt in der *Thematisierung der Komplexität der weitgehend entstrukturierten Jugendphase*, und des prozesshaft vonstatten gehenden *Statuswechsels des Kindes zum Jugendlichen*.

Dabei geht es ebenso um auf die Jugendweihe/JugendFEIER folgende, konkret fassbare Veränderungen im Alltagsleben der jugendlichen TeilnehmerInnen, wie um die innere Bestärkung der Aufwachsenden ihr Leben zukünftig selbstverantwortlich und aktiv mitzugestalten.

Die Jugendweihe/JugendFEIER ist, aus Sicht der Jugendlichen, die öffentliche Bestätigung und Anerkennung dieses Übergangs und symbolisiert die Neuzuordnung zu einer Altersgruppe. Auf einer metaphorischen Ebene finden, ganz im Sinne van Genneps, Trennung, Umwandlung und Angliederung statt: der Abschied von der Kindheit, das sinnbildliche Erleben der Umwandlung während dem Festakt und die Angliederung an die Altersklasse der Jugendlichen mit neuen Pflichten und Rechten.

Der ehemalige Jugendweihling Hendrik illustriert dies auf eindringliche Weise mit den Worten:

> *"Das wichtigste ist [...] dat man nun sagen kann,*
> *Leute, ich hatte ja nun Jugendweihe*
> *und möchte ja dann doch nich mehr*
> *wie so n kleinet Kind behandelt werden!"*

Literaturverzeichnis

Bolz, Alexander; Fischer, Christina u. Griese, Hartmut M. (Hg.): Jugendweihen in Deutschland. Idee, Geschichte und Aktualität eines Übergangsrituals, Berlin 1998.

Caduff, Corina u. Pfaff-Czarnecka, Joanna (Hg.): Rituale heute. Theorien-Kontroversen-Entwürfe, Berlin 1998.

Chowanski, Joachim u. Dreier, Rolf: Die Jugendweihe. Eine Kulturgeschichte seit 1852, Berlin 2000.

Fend, Helmut: Entwicklungspsychologie des Jugendalters, Opladen 2000.

Erikson, Erik: Kindheit und Gesellschaft, Stuttgart 1968.

Erikson, Erik: Jugend und Krise, Berlin 1968.

Fincke, Andreas: Konfirmation, Jugendweihe, christliche Jugendfeier, in: Hempelmann, Reinhard/Dehn, Ulrich (Hg.): Dialog und Unterscheidung. Religionen und neue religiöse Bewegungen im Gespräch, Berlin 2000, 167-184.

Fix, Ulla (Hg.): Ritualität in der Kommunikation der DDR. Ergänzt durch eine Bibliographie zur Ritualität, Frankfurt am Main 1998.

Gandow, Thomas: Jugendweihe. Humanistische Jugendfeier, München 1994.

Gennep, Arnold van: Übergangsriten (Les rites de passage). Studienausgabe, Frankfurt am Main, New York 1999.

Griese, Hartmut M. (Hg.): Übergangsrituale im Jugendalter. Jugendweihe, Konfirmation, Firmung und Alternativen Positionen und Perspektiven am runden Tisch, Manuskript 2000.

Hallberg, Bo: Die Jugendweihe. Zur deutschen Jugendweihetradition, Göttingen 1978.

Hurrelmann, Klaus: Lebensphase Jugend. Eine Einführung in die sozialwissenschaftliche Jugendforschung, Weinheim, München 1994.

Kasten, Hartmut: Pubertät und Adoleszenz. Wie Kinder heute erwachsen werden, München 1999.

Kauke, Wilma: Ritualbeschreibung am Beispiel der Jugendweihe, in: Fix 1998, 101-214.

Meier, Andreas: Jugendweihe-JugendFEIER. Ein deutsches nostalgisches Fest vor und nach 1990, München 1998.

Michaels, Axel: "Le rituel pour le rituel" oder wie sinnlos sind Rituale?, in: Caduff/Pfaff-Czarnecka 1999, 23-48.

Pinhard, Inga (2000): „Ich hatte ja nun Jugendweihe, und möchte ja dann doch nich mehr wie so'n kleinet Kind behandelt werden!" Jugendweihe/Jugendfeier. Funktion und Perspektiven eines säkularisierten Übergangsrituals im 21. Jahrhundert, Magisterarbeit Universität Heidelberg.

Wensierski, Hans-Jürgen von: Die Jugendweihe. Standardisierung und Ritualisierung der Jugendphase in der sozialistischen und postsozialistischen Gesellschaft, in: Griese 2000, 50-61.

Wingens, Mathias: Der "gelernte DDR-Bürger": biographischer Modernisierungsrückstand als Transformationsblockade? Planwirtschaftliche Semantik, Gesellschaftsstruktur und Biographie, in: Soziale Welt. Zeitschrift für sozialwissenschaftliche Forschung und Praxis, Jahrgang 50, 3/1999, 255-280.

Ausblick und Anhang

Hartmut M. Griese

Ausblick:
Jugendtheorie und/als Ritualtheorie

Im gehe im Folgenden von der theoretischen Prämisse aus, dass „*Jugend*" im soziologischen Sinne (vgl. dazu z.B. *Griese 1987, 1996*) ein relativ junges historisch-gesellschaftliches Phänomen ist, dass mit und aus dem Komplexerwerden der Gesellschaft bzw. im Übergang zur kapitalistischen Industriegesellschaft prozesshaft und sich ständig verändernd entstand und sowohl *makrotheoretisch* (als soziale Gruppe oder Handlungszusammenhang in einer Gesellschaft) als auch *mikrotheoretisch* (als Abschnitt im Sozialisationsprozess, als biographische Phase) beobachtet, beschrieben und analysiert werden kann. Dieser Doppelaspekt und seine wechselseitige Interdependenz sowie das dialektische Verhältnis von „Jugend" und Gesellschaft ermöglichen von daher ganz unterschiedliche theoretische Zugangsweisen (Perspektiven) zu „Jugend".

Im Themenzusammenhang von „Jugend" und „(Übergangs-) Ritual" scheint es mir theoretisch bzw. heuristisch erfolgversprechend, „Jugend" mikrotheoretisch als einen „*extrem verlängerten Initiationsritus*" zu begreifen, der den Übergang von der Kindheit in das Erwachsenenalter bzw. die Integration in die Gesellschaft leisten bzw. regeln soll. In anderen Worten: Statt kurzfristiger, meist schmerzvoller Initiationsriten in sog. „primitiven" (engl. „primitive" = einfach, wenig komplex) Kulturen tritt nun – mit der tendenziellen Ausdifferenzierung und dem Komplexerwerden der Industrie-Gesellschaft (Stichwort: technischer und sozio-ökonomischer Wandel) sowie mit der dafür notwendigen Institutionalisierung von Ausbildung bzw. der dadurch bedingten Veränderung der Sozialisationsbedingungen und -instanzen (Schule, Ausbildung, Beruf) – „*Jugend*" als schicht- bzw. milieuspezifisch unterschiedlich (nach Dauer, Intensität, Qualität) verlaufende Übergangsphase an deren Stelle.

Siegfried *Bernfeld*, der Begründer einer deutschsprachigen Jugendforschung, spricht in seiner Dissertation „*Über den Begriff der Jugend*" (1914 / 15) in diesem Kontext z.B. von „gestreckter Pubertät" der „bürgerlichen" Jugend und von „verkürzter Pubertät" der „proletarischen" Jugend. „Jugend", so fern man den Begriff überhaupt sinnvoll auf vorindustrielle Gesellschaften anwenden kann, wäre also in „primitiven" Kulturen, mikrotheoretisch betrachtet, identisch mit dem individuell, aber in einer Bezugsgruppe erfahrenen „*Initiationsritus*" (als Übergangsphase) und entspräche in makrotheoretischer Perspektive der Gruppe der Initianden, der Gruppe der Gleichaltrigen – heute würden wir sagen – den „*peers*".

Von Übergangsritualen wissen wir (vgl. zuerst *van Gennepp 1909*, englisch 1960, deutsch 1986), dass sie, zwar unterschiedlich gewichtet und strukturiert, in der Regel gemäß einem dreiphasigen Schema verlaufen, das *Brunotte* wie folgt beschreibt (*1999*): „Am Anfang des rituellen Prozesses stehen die *Trennungsriten*, die das Individuum von einer Gesellschaft oder Gruppe ablösen (vgl. den Terminus „Ablösungsprozesse" in der Jugendforschung, H.G.); darauf folgen die *Schwellen- und Umwandlungsriten*, in denen die ‚*Verwandlung*' inszeniert wird (vgl. „kulturelle Suchbewegungen", Lebensstil-Inszenierungen, bricolage, subkulturelles Identitätsbasteln, peer-group-switching usw. – der eigentliche Ritus bzw. die eigentliche „Jugend", H.G.), und zuletzt folgt mit den *Angliederungsriten* die *Re-Integration* in die Gesellschaft nun mit ‚verwandeltem' Status" (vgl. Prüfungen bzw. Zertifikate, Anpassungsprozesse in Kleidung, Habitus und Rollenübernahme).

Bei Übergangsritualen (bzw. in unserem Kontext: in der „Jugend"), auch das hat bereits *van Gennep* bemerkt, spielen *Körper* (Aussehen, Kleidung bzw. Mode, Äußeres bzw. Outfit, Haltung bzw. Coolness, Rollenattribute, Haartracht bzw. Styling usw.) und *Raum* (Grenzen, Grenzerfahrungen, Grenzen überschreiten, Neuland betreten bzw. Street-corner, Disco, Mutproben, Abenteuer etc.) eine besondere Rolle. Die eigentliche (kurzfristig überschaubare oder permanente und unübersichtliche) Situation des Übergangs, die „*Liminalität*", birgt immer *Gefahren* in sich (Jugend als Risiko, was sich auch in extremen Verhaltensweisen oder zunehmender Kriminalisierungsgefahr dokumentiert), deren Überwindung aber einen Gewinn, den Erwachsenenstatus, mit sich bringt. Sie kann aber auch *Chancen* beinhalten, d.h. Kreativitäten freisetzen oder Wandlungsprozesse initiieren (vgl. „*Jugend als Faktor des sozialen Wandels*"). „Jugend" ist als Übergangsritual demnach hochgradig ambivalent und kann – gesellschaftlich, schicht-, milieu- bzw. gruppenspezifisch wie auch individuell – ganz unterschiedlich verlaufen bzw. genutzt werden.

Soeffner (*1995*, S. 103) spricht mit Blick auf die Moderne von einem „*undurchschaubaren Ritualismus*", der zwei Extremformen kennt: einen „*ritualisierten Anti-Ritualismus*" sowie einen „*naiven, inflatorischen Ritualismus*", wobei letzterer vor allem für Jugendliche und ihre inszenatorischen Selbstdarstellungen und stilistischen Selbstabgrenzungen zutreffen soll. Institutionalisierte Übergangsrituale – von Erwachsenen für Jugendliche organisiert – wie Konfirmation, Firmung oder Jugendweihe scheinen demgegenüber eher unzeitgemäß und quasi ortlos zu sein (vgl. zusammenfassend hierzu *Griese 2000a*).

Jugendliche wenden sich immer mehr von den Kirchen (wie auch von anderen traditionellen Institutionen) und ihren Sinn- und Deutungsangeboten ab. Gemäß der neuesten Shell-Studie kann man bei der *„Jugend 2000"* durchaus von einer ersten *„atheistischen Generation"* sprechen. Die jugendliche Distanz zur Kirche betrifft jedoch nicht so sehr deren (Initiations-)Rituale, sofern sie davon einen direkten, d.h. materiellen Nutzen, haben – und ihre Eltern dies traditionsgemäß wünschen (wie übrigens auch bei der Jugendweihe). Aber viele junge Leute inszenieren heute ihre Religiosität auf ästhetische Art und Weise selbst bzw. basteln sich ihre Religion. Begleitphänomene dieser Prozesse sind z.B. große Events (z.B. die „Love Parade") oder kleine Mutproben mit Ritualcharakter, welche in den Peer-Groups eine hohe mikrostrukturelle Integrationsfunktion haben (vgl. dazu *Raithel 2000*).

Raithel (in diesem Band) fragt daher, „ob Mutproben Jugendlicher in modernen Gesellschaften als eine Form von Initiationsritus verstanden werden können?" und beleuchtet sowohl deren gesellschaftliche Funktionalität (*makrostrukturell*) als auch ihre besonderen (*mikrostrukturelle*) „entwicklungsfunktionalen" Aspekte (wie Peer-group-Integration, Geschlechtsidentitätsentwicklung, z.B. Konstruktion von Männlichkeit). Er konstatiert: „Zwischen Initiationsriten in traditionalen Gesellschaften und Mutproben in modernen Gesellschaften zeigen sich aus soziologischer Sicht gewisse strukturelle und funktionale Parallelen" und gelangt zu dem Fazit: „In diesem Bedeutungskontext sind die Mutproben als moderne Formen traditional ritueller Initiationshandlungen zu sehen".

Die traditionell von den Erwachsenen (und ihren Interessen) inszenierten Übergangsrituale zur makrostrukturellen Integration der jungen Generation in die Gesellschaft oder ihre Institutionen werden gegenwärtig – zumindest in ihrer psychischen Funktion – tendenziell zweitrangig und immer mehr abgelöst durch selbstinitiierte Rituale der Jugendlichen, vor allem *„Mutproben"* (wie z.B. „S- und U-Bahn-Surfen, illegale Autorennen, Strommastklettern, ‚Airbagging' und Gleis-Roulette", vgl. *Raithel 2000*), welche eine mikrostrukturelle Integration in die jeweilige sinnrelevante Peer-Group garantieren. Dabei können die Rituale so unterschiedlich sein wie die Gruppen, Szenen oder Cliquen.

Oft haben die selbstständig organisierten und inszenierten Mutproben auch und vor allem eine ergänzende „psychologische Funktion der Selbstinitiation", die sich auf die „Bestimmung der Geschlechtsidentität und die Übernahme des Erwachsenenstatus" bezieht. So kann man in diesem Kontext abschließend fragen: „Ist eine ‚mutprobenausführende Peer-Group' etwa ein System in segmentierten (modernen) Gesellschaften, das Parallelen zum System ‚traditionale Gesellschaft' aufweist?" und haben wir es bei Initiationsriten – trotz aller Unterschiede in Form und Ausübung – mit einer „*anthropologischen Konstante*" zu tun (vgl. *Raithel, ebd., S. 329*)?

In einer aktuellen Publikation konstatiert *Soeffner (2000*; vgl. dazu auch unsere Einleitung), dass sich in „offenen, multikulturellen Gesellschaften" neben den Tendenzen der *Globalisierung und Individualisierung* eine „dritte Tendenz" als Antwort darauf erkennen lässt: „*Regionalisierung*, die Bildung kultureller, sozioökonomischer Inseln; radikaler Nationalismus und religiöser Fundamentalismus, aber auch Kommunitarismus, sie alle suchen ihr Heil gegenüber den unübersichtlichen offenen Gesellschaften ebenso wie gegenüber dem ‚atomisierten' Individuum im Rückweg zur Gemeinschaft, oder zu den geschlossenen Gesellschaften der Heimaten, Stämme und Heilsbruderschaften" (zitiert nach Manuskript S. 221).

Jugend(sub)kulturen sind zu recht als „Stammeskulturen" oder als „zweite Familie" oder eigentliche „Heimat" beschrieben worden, in denen symbolisch gezeigt werden muss, wohin man gehört: „Embleme und Rituale werden zu Unterscheidungsmerkmalen"; den Jugendlichen wird quasi abverlangt zu signalisieren, welchem Stil, welcher Musik, welcher Gruppe, welchem Outfit usw. sie (nicht) angehören. „Dazu gehört eine – zumindest grobe – Kenntnis der unterschiedlichen gesellschaftlichen Formationen und der mit ihnen verknüpften verschiedenen Zeichen-, Ritualund Emblemsysteme" (*ebd., S. 222*). Erst dadurch ist öffentliche Selbst- und Gruppeninszenierung und damit Identitätspräsentation möglich.

Wenn ich es recht sehe (vgl. oben), lassen sich viele Theoreme und Termini der sozialwissenschaftlichen *Jugendtheorien* (vgl. dazu *Griese 1987*) in Beziehung setzen zu Aussagen und Erkenntnissen einer Theorie der (*Übergangs-) Rituale* und vice versa (vgl. etliche Beiträge in *Griese 2000*; auch die Artikel in diesem Reader können unter dieser Perspektive – neu bzw. anders – gelesen werden) und erscheinen von daher in neuem (Erkenntnis-) Licht. Ein wechselseitiger Bezug aufeinander bzw. die Vermittlung beider Theoriebereiche, könnten, so meine These bzw. mein Plädoyer, zu fruchtbaren Anregungen und theoretischen Modifikationen zugunsten beider Konzepte führen. Betrachten wir daher den in der Soziologie und Jugendtheorie „unterbelichteten" Bereich (Initiations-) „Rituale" etwas näher.

Im „Wörterbuch der Ethnologie" (*Streck 1987*, S. 181ff) wird „*Ritual*" (nach *Turner*) definiert als „vorgeschriebenes, förmliches Verhalten bei Anlässen, die keiner technologischen Routine überantwortet sind ... Als rituell wird in der Ethnologie ein körperliches und sprachliches Handeln dann bezeichnet, wenn es keinem rational-technischen Zweck dient, sich aber an der Beachtung bestimmter Regeln orientiert". Rituale unterscheiden sich von Spielen und Theater. „Die Wirksamkeit der Riten (bleibt) an die Wahl des richtigen Zeitpunktes gebunden" und sie „sollen das Verhalten des Individuums in Beziehung zu anderen kontrollieren ... Das Ritual vollzieht sich in einer Zeit der Aufhebung und Umkehrung der alltäglichen sozialen Struktur". „*Initiation*" (*ebd., S. 92ff*) bezeichnet die „individuelle oder kollektive Einführung in eine neue Lebensphase (Erwachsensein ...) oder Menschengruppe" und ist „oft mit außerordentlichen Anforderungen an die Initianden verbunden ... Mut- und Standhaftigkeitsproben, die Abnahme von Prüfungen ... obliegen Zeremonienmeistern, die von Helfern (Paten ...) unterstützt werden. Ihr Handeln lässt sich als dramatische Konzentration der gesellschaftlichen *Erziehung* (Sozialisation, Enkulturation) verstehen ... Während das Thema der Initiation universell (! H.G.) ist, können ihre Formen raschem Wandel unterliegen".

„*Übergangsriten*" sind an eine „gesellschaftliche Krise im Sinne einer Statusverunsicherung, die rituell zu bewältigen sei", gebunden, insbesondere in der „Adoleszenz". Dabei lassen sich gemäß *van Gennep* (vgl. oben), dem Begründer und Klassiker der Ritualtheorie, jeweils „drei Phasen der Loslösung vom alten Status (*seperation* – Kindheit), der Übergangszeit (*marge* – Jugend) und der Einführung in den neuen Status (*agregation* – Erwachsensein)" beobachten. Und nun wird es – jugendtheoretisch betrachtet – interessant, wenn es heißt: „In der mittleren Phase („Jugend", H.G.) mache der Initiand eine Art ‚Gehirnwäsche' durch ... unternimmt Traumreisen ... oder genießt allgemeine Narrenfreiheit". Initiation (bzw. „Jugend") ist dann „Normentradierung", das „Lernen neuer Rollen oder ... die Zurichtung auf ein neues Amt" bzw. den Erwachsenenstatus. In dieser zweiten Phase („Jugend") steht die „gemeinschaftsstiftende Erfahrung kollektiven Leidens" im Mittelpunkt, eine Art „Entpersonalisierung" durch „*Liminalität*", d.h. „gemeinsame Grenzerfahrungen im Ausnahmezustand". „Jugend" erscheint hier – ritualtheoretisch – quasi als das „Gegenteil von Gesellschaft", als unstrukturierte Peer-Gemeinschaft, wobei der Eintritt in die (Erwachsenen-) Gesellschaft, die dritte Phase des Erwachsenwerdens, mit der Übernahme von an Rollen gebundenen Rechten und Pflichten ethnologisch als „*Re-Sozialisation*" gesehen wird (ebd.).

„In den Übergangsriten", so schreibt *Brunotte* (in diesem Buch), „formen und integrieren die Stammesgesellschaften individuelle und kollektive Krisen, Umbrüche und Veränderungen" und die Autorin betont die Unterschiedlichkeit der Riten nach *Geschlechtszugehörigkeit*. Psychoanalytisch betrachtet geht es bei der Initiation immer auch darum, das „Potential der

Sexualität in den Dienst der politischen Ordnung zu stellen", um dadurch die Geschlechterhierarchie zu reproduzieren. In der Jugend bzw. in ihren Gesellungsformen, Erlebnissen und Ritualen formiert sich der finale Geschlechtscharakter der Individuen, werden „Männer" und „Frauen" konstruiert bzw. produziert. Wenn zutrifft, dass unsere Epoche u.a. durch eine „Krise der Männlichkeit" zu charakterisieren ist, dann können die (post-)modernen Mutproben und Männlichkeitsinszenierungen in der Jugend als Reaktion darauf interpretiert werden und die „Initiationsfaszination in der Moderne" wird verstehbar(er).

Übergangsrituale haben zwar die Funktion der Integration und der Herstellung von (politischer und Geschlechter-)Ordnung, ihnen wohnt aber immer auch ein *„Veränderungspotential"* inne, das sich insbesondere in der Zwischenphase der „Liminalität" (*Turner*) als „unstrukturierter, intermediärer Zwischen- und Mischungsraum" Geltung verschaffen kann. Der Initiand (bzw. Jugendliche) befindet sich, so *Turner (1995)* „*betwixt and between*"; er hat, so könnte man mit Blick auf *Schelskys* klassische Jugenddefinition sagen, „nicht mehr die Rolle des Kindes und noch nicht die Rolle des Erwachsenen" inne, ist noch konturenlos, offen, eben „Jugendlicher". Mit *„Jugend zwischen ... Die Sandwich-Position der Heranwachsenden"* habe ich diese typische Zwischen-Situation an anderer Stelle beschrieben (*Griese 2000b*, S. 248f). „Jugend" ist „Liminalität", Marginalität, Grenzgängertum, Übergang, ein nicht-mehr und noch-nicht, aber andererseits auch etwas eigenes, eigenständiges (geworden). Die einstige „Übergangsphase Jugend" wurde im Rahmen der funktionalen Ausdifferenzierungsprozesse in modernen Gesellschaften mehr und mehr zur „eigenständigen Phase Jugend". „Liminalität" kann mit Turner auch als Phase der *„Reflexion"* beschrieben werden („stage of reflection"), in der der Heranwachsende sich mit der Gesellschaft, der Zukunft und dem Kosmos („Gott und die Welt") auseinandersetzt. *Jugend als antizipatorische Aktivität"*, als Nachdenken über die eigene, die gesellschaftliche oder die Zukunft der Gattung ist ein gängiges Theorem der Jugendforschung (im Gegensatz zu „Kindheit als imitatorische Aktivität"), das seinen Niederschlag als Themenbereich „Jugend und Zukunft(sperspektiven)" in fast allen aktuellen empirischen Jugendstudien findet.

Auch der Sinn der Initiation, als „neuer Mensch" mit neuer Identität quasi ein zweites Mal geboren zu werden, spiegelt sich im Theorem von der *„zweiten sozio-kulturellen Geburt"* des Menschen durch Sozialisation (*Claessens, König*) bzw. in der Jugend wieder. Um neu geboren zu werden, bedarf es gemäß der Mythologie der Initiation der Erfahrung von (todesähnlichen) Schmerzen, Mutproben und Angst. Da gesellschaftliche bzw. institutionelle Angebote dieser Art durch die Erwachsenen in der modernen Gesellschaft fehlen, inszenieren junge Menschen mehr und mehr ihre Initiation selbst. „Vor welchem Schrecken fliehen, auf welche einschneidenden Veränderungen antworten und wogegen protestieren nun die selbstinitiierten Stigmatisierungen, Mutproben und Todesbegegnungen Jugendlicher in unserer Gegenwart?", fragt *Brunotte*, und *Raithel* (beide in diesem Band) gibt Beispiele und Antworten darauf.

Der Eintritt in die moderne Risiko- und Erlebnisgesellschaft (diese beiden Gesellschaftsbegriffe aus dem großen Reservoir der Soziologie „passen" hier thematisch am besten, sind sozusagen anschlussfähig, viabel) vollzieht sich in der „Jugend" stufenweise durch gesellschaftliche Partialrituale, aber größtenteils durch selbstinitiierte und selbstinszenierte Grenzerfahrungen, durch „Gefahr, thrill, Schmerz und Rausch" oder, bereits gesellschaftlich integriert bzw. kommerzialisiert, durch Extrem- und Abenteuersportarten. Grund dafür ist, dass es „für die Geschichte der Jugend in Europa besonders wesentlich (erscheint), dass in der christlich-abendländischen Tradition die Initiation als eine im Anschluss an die Geschlechtsreife erfolgende, *umfassende Reifeerklärung* für alle Bereiche des Erwachsenenlebens fehlt. An dessen Stelle gibt es eine Fülle von Teilreifen" (*Mitterauer 1986*, zitiert nach *Sander*, in diesem Band).

Es scheint, dass Jugendliche in modernen Gesellschaften „Übergangsrituale" benötigen und daher mangels Angebot selbst initiieren, so wie eben „Kinder (angeblich) Märchen brauchen" (Bettelheim). Und in der überwiegend virtuell bzw. medial erfahrenen Risiko- und Erlebnisgesellschaft scheinen (müssen) die Selbstinszenierungen immer riskanter (erlebt zu) werden, um sich in den Ritualen „überhaupt noch als ‚real' zu erfahren" (*Brunotte*).

„Jugend" ist zwar gesellschaftlich entritualisiert bzw. in Partialrituale zerfallen und durch Selbstinitiationen charakterisiert, erhält aber als Lebensform, als *„Jugendlichkeit"* (*Tenbruck* nannte dies „Juvenilismus" bzw. „Puerilisierung der Gesamtkultur") bzw. jugendlicher Lebensstil (Habitus, Mode, Musik, Ästhetik, Konsum, Outfit) nunmehr einen gesamtgesellschaftlichen rituellen Wert (vgl. dazu *Sander* in diesem Band) und wirkt – allerdings konsumistisch-kommerziell gebrochen – als *„Mutationspotential"* verändernd auf die Gesellschaft zurück. Ein *„neues ästhetisches Jugendmuster"* hat sich gesellschaftlich durchgesetzt, lässt sich gleichsam kaufen und er-leben, steht nahezu allen Mitgliedern der (Erlebnis-) Gesellschaft zur Verfügung und zelebriert sich selbst in eigens dafür inszenierten neuen Ritualen, die als *„Events"* bezeichnet werden und altersmäßig offen sind (Love Parade, Open-air-Festivals, große Sporthappenings,

Feiern, Konzerte, Spaßaktionen). „Jugendlichkeit" als ritualisiertes Imitationsverhalten bzw. als „neues ästhetisches Muster" erobert den Freizeit- und Konsumbereich der Erlebnisgesellschaft.

Diese Verweise bzw. Assoziationen zur Vermittlung von Ritualtheorie (hier als Theorie der Initiationsriten) und Jugendtheorie mögen an dieser Stelle genügen, um die Chancen und die Fruchtbarkeit eines Dialogs zwischen beiden Bereichen im Hinblick auf eine Modifikation oder Perspektivenerweiterung der bereichsinternen Theoriediskussion anzudeuten. Die sozialwissenschaftliche Jugendtheorie würde ethnologischer und die Ritualtheorie jugendtheoretischer, was sicher nicht zum Schaden beider Disziplinen wäre.

Literatur:

Brunotte, Ulrike: Schwellenphasen als Bedrohung und Chance. Die Wiederentdeckung von ‚Übergangsriten', die Erfahrung formbar machen sollen. In: FR vom 17.8.1999.
Bernfeld, Siegfried: Über den Begriff der Jugend. Diss. Wien 1914/15.
Griese, Hartmut M.: Sozialwissenschaftliche Jugendtheorien. Eine Einführung. Weinheim und Basel 1987 (zuerst 1977).
Griese, Hartmut M.: Jugendsoziologie. In: Kreft / Mielenz (Hrsg.): Wörterbuch Soziale Arbeit. Weinheim und Basel 1996.
Griese, Hartmut M. (Hrsg.): Übergangsrituale im Jugendalter. Münster 2000.
Griese, Hartmut M.: Ausblick: Übergangsrituale im Jugendalter – was ist das eigentlich? In: Griese (2000) (2000a).
Griese, Hartmut M.: Personale Orientierungen im Jugendalter – Vorbilder und Idole. In: Uwe sander und Ralf Vollbrecht (Hrsg.): Jugend im 20. Jahrhundert. Neuwied 2000 (2000b).
Griese, Hartmut M.: Kulturelle Universalien. Unveröffentlichtes Manuskript zum Forschungsvorhaben „Kulturelle Universalien im interkulturellen Vergleich". Hannover 2001.
Jugend 2000. Hrsg. vom Jugendwerk der deutschen Shell. Opladen 2000.
Raithel, Jürgen: Mutproben im Jugendalter. Analogien, Äquivalenzen und Divergenzen zu Initiationsriten. In: deutsche Jugend, Heft 7-8 / 2000.
Soeffner, Hans-Georg: Die Ordnung der Rituale. Frankfurt 1995.
Soeffner, Hans-Georg: Zur Soziologie des Symbols und des Rituals. Manuskript 2000.
Streck, Bernhard (Hrsg.): Wörterbuch der Ethnologie. Köln 1987.
Turner, Victor: Das Ritual: Struktur und Antistruktur. Frankfurt/New York 1995 (1987).
Van Gennep, Arnold: Übergangsriten. Frankfurt 1999 (Original: Les rites de passage. Paris 1909)

Reinhard Hauke

Die „Feier der Lebenswende" im Erfurter Mariendom – der Versuch einer christlichen Alternative zur Jugendweihe[1]

1. „Und sie taten ihre Schätze auf"

Jugendliche der 8. Klasse in Erfurt informieren sich am Beginn des Schuljahres bei Freunden und Bekannten, wo man die Feier der Jugendweihe preisgünstig gestaltet bekommt. Da es sich bei der Jugendweihe im Osten Deutschlands um so etwas wie eine „Volkstradition" handelt, wird die Frage danach mit Ernsthaftigkeit behandelt. Es besteht ein berechtigtes Interesse an der Feier, wenn auch nicht ganz klar ist, was sie bedeutet. Für viele Jugendliche ist die Feierstunde das äußere Zeichen für den Start in das Leben der Erwachsenen. Durch die Kleidung wird der Schritt in diese neue Lebensaltersstufe angezeigt. Die Familie nimmt an dem Ereignis mit großer Selbstverständlichkeit und Ernsthaftigkeit Anteil. Der Anlass ist allen Beteiligten klar, jedoch scheint mir ein Problem darin zu bestehen, dass die inhaltliche Prägung unsicher ist. Im Sozialismus wurden die Jugendlichen auf die Ideale des Sozialismus eingeschworen. Im Gelöbnis hieß es:

> „Seid ihr bereit, als wahre Patrioten die feste Freundschaft mit der Sowjetunion weiter zu vertiefen, den Bruderbund mit den sozialistischen Ländern zu stärken, im Geiste des proletarischen Internationalimus zu kämpfen, den Frieden zu schützen und den Sozialismus gegen jeden imperialistischen Angriff zu verteidigen?"

Das bedeutet: Die Freunde lieben und die Feinde bekämpfen – das ist das Programm für das künftige Leben. Wer Freund und Feind ist, sagt die Partei der Arbeiterklasse.

Die damals genannten Freunde haben eine Revolution initiiert und sich gewandelt. Das Land des damaligen Imperialismus wurde mit dem Land des Sozialismus 1990 wiedervereinigt. Diejenigen, die gesagt haben, wer Freund und Feind ist, gibt es nicht mehr – zumindest nicht mehr in ehemaligen Machtposition. Was kann also heute der Inhalt einer Jugendweihe sein?

Die Jugendweiheverbände helfen sich mit Humanismus. Sie laden Persönlichkeiten des öffentlichen Lebens ein, um über den Wert des Lebens der Erwachsenen zu sprechen. Der Inhalt einer Jugendweihefeier wird heute wesentlich durch den Redner bestimmt. Es ist zweifelhaft, ob die Jugendlichen einen Einfluss auf die Auswahl der Redner haben. Damit ist unsicher, ob sie auf den Inhalt der Feier Einfluss nehmen können.

Wer Schätze anzubieten hat, findet leicht Interessenten. Steht in einer Stadt eine schöne Kirche, dann gehen Gläubige und Nichtgläubige gern hinein. Für Nichtgläubige gibt es heute zwar immer noch eine gewisse Hilflosigkeit, wie man sich dort bewegen soll, aber die freundliche Ansprache durch eine Aufsicht oder ein Faltblatt zur Orientierung kann hier Sicherheit geben. Kirchenschätze bestehen jedoch aus Gegenständen, die Kostbarkeiten fassen wollen, deren Wert nur durch den Glauben erfassbar sind. Kirchenfenster, die heute keine Versicherung wegen ihres unschätzbaren Wertes versichern will, umrahmen den Altarraum, in dem Eucharistie gefeiert wird. Ein Kelch im Wert eines Einfamilienhauses wird genutzt, um den konsekrierten Wein aufzubewahren. Was hat Menschen bewogen, diese Ausgaben zu machen?

Junge Menschen ohne christlichen Glauben fühlen sich manchmal von christlichen Werten – materieller und ideeller Art - angesprochen und sind offen für deren Deutung aus dem Glauben. Die ungetauften Jugendlichen werden vielleicht sagen: „Das kann ich nicht nachvollziehen!" Aber sie haben Respekt vor dem, was anderen kostbar ist. Auf der Suche nach Werten, für die es sich zu leben lohnt, werden die christlichen Werte wahrgenommen. Wenn es gelingt, sie im Gespräch in ihrer Werthaftigkeit zu erschließen, dann kann ein Weg beginnen. Es ist dabei nicht nötig, sofort das nizäno-konstantinopolitanische Glaubensbekenntnis bekannt zu machen. Jesus Christus begnügt sich am Anfang immer mit Gleichnissen. Das Gleichnis weckt Aufmerksamkeit, Widerspruch und Glauben. Die Methode Jesu Christi könnte auch heute ein Einstieg sein. Vielleicht kann auch manchmal der Christ zum Gleichnis werden und einladend wirken, wenn er umsetzt, was dort zu lesen ist:

- demjenigen, der unter die Räuber gefallen war, eine neue Chance zu geben;
- die eigenen Talente nicht zum Eigenbedarf erklären, sondern für andere nutzbar machen;
- alles hingeben, um die „kostbare Perle" und den „Schatz im Acker" zu erwerben.

2. Eine „atheistische Volkstradition" und die Alternative

Seit mehreren Generationen feiern Jugendliche der 8. Klasse, die keinen Bezug zur Kirche und zu anderen Religionen haben, im Osten Deutschlands die Jugendweihe. Die Anfänge dieser Feier „an der Schwelle zum Erwachsensein" gehen auf freireligiöse Gemeinden zurück, die seit 1852 Jugendweihefeiern als Ersatz für Konfirmation oder Firmung gestalteten. Auch im „Dritten Reich" wurden solche Feiern als Angriff auf die Kirchen gefördert. Ab 1954/55 war die Jugendweihe in der DDR ein offizieller Festakt, an dem alle teilnehmen mussten, die das System der Sozialismus unterstützen wollten, d. h. wer nicht daran teilnahm, galt als staatsfeindlich orientiert und musste mit Repressalien rechnen.[2] Somit nahmen mehr oder weniger freiwillig die Jugendlichen daran teil. 1989 waren es etwa 90% der Jugendlichen, die zur Jugendweihe gingen. Auch Christen, die dem Druck der politischen Gremien nicht standhalten konnten, gingen mit. Wenn sie danach ein deutliches Zeichen setzten, dass Ihnen die Feier nichts bedeutete, wurden sie wieder in das Gemeindeleben einbezogen.

Nach 1989 konnten auch die Kirchen mit Ihren Werten in die Öffentlichkeit gehen. In den Medien, im Religionsunterricht und in Schriften ist die Darstellung dessen möglich, was den Christen wichtig ist. Auch Nichtchristen werden dadurch mehr als zu früheren Zeiten mit dem bekannt gemacht, was Christen als Sinn des Lebens ansehen. Im Rahmen der neuen Möglichkeiten wuchs die Idee, für ungetaufte Jugendliche der 8. Klasse, die auch nach der Wende eine Feier wünschten, auf christlichem Hintergrund ein solches Angebot zu machen. Etwa 50% der ungetauften Jugendlichen nehmen nach der Wende die Angebote der Jugendweihevereine wahr. Dort kann man mit ca. 130,- DM Mitglied werden und erhält das Angebot zu zahlreichen Veranstaltungen, die jugendgemäß gestaltet sind, jedoch die Frage nach dem Woher und Wohin und Warum des Menschen nicht stellen.

Der Bischof von Dresden-Meißen, Bischof Joachim Reinelt, formulierte 1993 in der Zeitschrift „Gottesdienst" unter der Überschrift „Jugendweihe – weiter so?":

„Tausende von Jugendlichen in den neuen Bundesländern nehmen weiterhin an den Jugendweihefeiern teil, ... Freidenkerbewegungen sehen ihre Stunde gekommen. Sie vereinen nichts ahnende, nur an der Feierlichkeit interessierte Jugendliche und Eltern für eine bedenkliche Ideologisierung. Was aber tun wir? Wir können weder behaupten, dass wir für Nichtchristen nicht zuständig wären, noch vermag die Kirche junge Leute in katechumenale Prozesse einzugliedern. ... Hier sollten wir Wege finden, für die jungen Menschen Fest und Feier zu gestalten, ohne sie vereinnahmen zu wollen. Kirchen hätten ein reiches Instrumentarium dafür."

Christliche, aber von der Kirche distanzierte, und nichtchristliche Jugendliche nehmen – so die Erfahrung des Bischofs – mit Unterstützung der

Eltern die Angebote der Vereine an, die sich nach der Wende gegründet haben und Jugendweihefeiern organisieren. Die Eltern der jetzigen Schulkinder im Osten Deutschlands sind in den Traditionen eines sozialistischen Staates aufgewachsen. Nach der Wende wünschen viele – besonders die Eltern der ungetauften Kinder, die in einer konfessionellen Schule angemeldet werden – für ihre Kinder eine Erweiterung des Wissens und Lebensgestaltung durch das Kennenlernen der Religionen und des Christentums mit seinem Brauchtum. Für die Eltern stellte mehrheitlich die Jugendweihe den Wendepunkt vom Kind zum Jugendlichen dar. Dabei wurde die sozialistische Sicht vom Sinn des Lebens propagiert. Die Jugendweiheteilnehmer stimmten dieser Sinndeutung mehr oder weniger bewusst zu. Jedoch bestand für einen Schüler ohne konfessionelle Bindung keine andere Möglichkeit, als in der Form der Jugendweihe diesen entscheidenden Wendepunkt zu bedenken und zu feiern. Aus diesem Grund ist verständlich, dass die Jugendweihe zu einem Ereignis im Leben der Bevölkerung des östlichen Deutschlands geworden ist, das in der Zeit zwischen Ostern und Pfingsten in den Medien und auch Familiengesprächen bestimmend war.

1997 wurde festgestellt und wahrgenommen, dass die ungetauften Schüler in der 8. Klasse des katholischen Gymnasiums in Erfurt ihre Jugendweihe gefeiert hatten. In Erfurt besteht wie auch in anderen Städten der neuen Bundesländer die Möglichkeit, durch einen „Jugendweihe e. V." diese Lebenswende mit einer Feier gestalten zu lassen, die immer noch den Namen „Jugendweihe" trägt, jedoch nicht mehr unbedingt wie früher antikirchlichen Charakter hat. Ungetaufte Schüler der konfessionellen Schule hatten jedoch im Verlauf von 4 Schuljahren christliche Werte kennen gelernt und darüber diskutiert. Damit wurde die Situation als geeignet angesehen, diesen Jugendlichen nicht nur eine rein humanistische Sinndeutung der Wende vom Kind zum Jugendlichen zu geben, sondern auch das christliche Gedankengut dabei zu verwenden. Das Angebot durch den katholischen Lehrer des ehemaligen Grundkurses und Pfarrer der Dompfarrei in Erfurt wurde 1997 von 4 der möglichen 8 Jugendlichen dankbar angenommen. Es wurde der Begriff „Feier der Lebenswende" für diese alternative Form der „Jugendweihe" geschaffen . Von Anfang an war es ein Arbeitstitel und fand Befürworter und Kritiker. Er hat sich jedoch nunmehr gefestigt und wird – trotz aller Kritik – als Arbeits- und Identifizierungsbegriff verwendet. Der Begriff knüpft an die Bezeichnung der Ritenbücher in der katholischen Kirche an, die bezeichnet werden „Feier der Taufe", „Feier der Firmung", „Feier der Krankensalbung" etc. Zusammen mit dem Pfarrer begannen die Jugendlichen und Eltern im Oktober 1997 einen spannender Weg, der in der „Feier der Lebenswende" am 2. Mai 1998 sein Ziel fand.

Am 30. Oktober 1997 war das erste Treffen mit Interessenten im Erfurter Dom. Fünf Mädchen und ihre Eltern waren zum Treffen gekommen. Es sollten dabei die gegenseitigen Erwartungen und Vorstellungen ausgetauscht werden. Am 25. November erschien ein weiterer Artikel in der Tageszeitung mit einer Einladung zum zweiten Treffen am gleichen Tag. Bei diesem Treffen wurde durch eine Journalistin des MDR eine Sendung für das „Thüringenjournal" aufgezeichnet und einige Tage später gesendet. Den Jugendlichen und Eltern wurden bei diesem Treffen die Kunstwerke der Schatzkammern des Domes vorgestellt und deren religiöse und kunsthistorische Bedeutung nahe gebracht. Wichtig war dabei, das Anliegen der Künstler zu verdeutlichen, etwas Schönes zur Ehre Gottes herzustellen und nicht damit sich selbst einen großen Namen machen zu wollen. Am 18. Dezember erfolgte eine erneute Information in der Tageszeitung zum Treffen am 19. Dezember, bei dem die Jugendlichen mit ihren Eltern die Dachböden des Domes und die Türme besichtigen konnten. Bei diesem Treffen war ein weiterer Jugendlicher hinzugekommen.

Am 23. Januar 1998 trafen sich die Jugendlichen mit dem Pfarrer, um erstmals die inhaltliche Frage der Feier konkret zu besprechen. Dazu kamen die Jugendlichen im Dompfarramt zusammen. Einigkeit bestand darüber, den bisherigen und zukünftigen Lebensweg unter dem Thema „Verantwortung für den Mitmenschen" zu betrachten. Deshalb wurde bei diesem ersten Abend zur thematischen Vorbereitung der bisherige Lebensweg in Stationen beschrieben. Anhand einer Lebenslinie benannten die Jugendlichen Ereignisse ihres Lebens und überlegten, wie sie diese Ereignisse dokumentieren können. Das Ziel dieser Überlegung war, bei der Feier anhand dieser Gegenstände den bisherigen Weg zu beschreiben. Die Gegenstände wurden bei der Feier auf einem Tuch angeordnet, das in der Lieblingsfarbe der Jugendlichen gefärbt war und von den Eltern, die den Jugendlichen in das Leben gebracht haben, auf dem Boden ausgelegt wurde.

Bei einem weiteren Vorbereitungsabend am 18. Februar wurden die eigenen Zukunftswünsche durch Jugendlichen formuliert. Dabei schilderten sie ihre Erwartungen betreffs Berufsleben und persönlicher Lebensgestaltung. Das Ergebnis dieser Überlegungen wurde in der „Feier der Lebenswende" vorgetragen und eine Kerze, die zu dem Tuch gestellt wurde, sollte dabei ein Symbol der Zukunftshoffnung sein.

Am 4. März 1998 fand das dritte Treffen zur inhaltlichen Gestaltung der Feier statt, bei dem sich die Zahl der Interessenten mittlerweile auf acht erhöht hatte. Es wurde über die Probleme der Gesellschaft und Welt nachgedacht, um daraufhin Wünsche betreffs der Veränderung dieser Probleme zu formulieren. In diesem Zusammenhang kam der Wunsch auf, eine konkrete Hilfsaktion mit der Gruppe zu starten. Die Jugendlichen boten an einem der folgenden Samstage 15 Obdachlosen ein Mittagessen im Pfarrhaus an, das sie selbst organisiert hatten. Diese Aktion für die Obdachlosen bewirkte auch, dass die Jugendlichen erkannten: Ein Pfarrer hat eine Wohnung wie jeder andere Junggeselle, nur dass bei ihm so viele Bücher stehen, die von Gott und Kirche handeln. Es wurde beim Vorbereitungstreffen im März auch entschieden, gemeinsam ein Lied zu singen. Die Entscheidung fiel auf das Lied: „Wo Menschen sich vergessen". Es erzählt von der Nächstenliebe, die eine Erfahrung der Verbindung zwischen Himmel und Erde machen lässt.

Vier junge Leute hatten sich nach einem Vortrag am 11. März in einer Buchhandlung angemeldet. Am 23. März wurden sie auf die Feier durch die Bearbeitung der Unterlagen vorbereitet. Beim Treffen am 1. April wurden alle Texte zusammengetragen und miteinander abgestimmt. Die Generalprobe fand am 29. April zusammen mit den Eltern statt, da diese ja auch durch das Tuch an der Feier beteiligt waren.

Nach eingehender Beratung der Jugendlichen mit dem Pfarrer wurde als Termin für die „1. Feier der Lebenswende" der Samstag, 2. Mai 1998, 14.00 Uhr, bestimmt. Die Jugendlichen hatten an ihre Verwandten und Freunde Einladungen zu dieser christlichen Alternative einer Jugendweihe eingeladen. Die Stimmung im Vorfeld der Feier war gespannt: Wie wird es gelingen? Wie werden Eltern, Verwandte und auch die Gläubigen der Gemeinde auf dieses Projekt reagieren? – Das waren die Fragen der Jugendlichen und des Pfarrers. Bei der Generalprobe wurden die Plätze und die Aufgaben verteilt. Es war eine frohe und gute Stimmung, die darauf hindeutete, dass es gut geht. Fernsehen und Rundfunk hatten sich angesagt. Auch bei den Jugendlichen zu Hause wurde für eine Fernsehdokumentation gedreht. Die Jugendlichen ließen alles geduldig über sich ergehen. So manche Klärung der eigenen Meinung ergab sich durch die Fragen der Journalisten. „Warum machst du das mit dem Pfarrer?" – lautete eine Frage. Die Antwort des Jugendlichen lautete: „Es ist interessant, etwas aus der Kirche und vom Christentum zu erfahren, auch wenn man nicht zur Kirche gehört." Ein Mädchen erklärte: „Wir wollten keine Massenveranstaltung, sondern eine Feier, die wir vorbereiten und durchführen. Der Pfarrer hat dazu geholfen. Er hat uns nicht bedrängt mit Worten: ‚Kommt doch nun zur Kirche!' Es war keinesfalls bedrängend!"

Im Vorfeld wurde mit Mitarbeitern der Seelsorge über die religiöse Qualität des neuen Projektes gesprochen. Es stand die Frage im Raum: „Ist es ein Gottesdienst oder ist es kein Gottesdienst? Wenn es kein Gottesdienst ist, was ist es dann?" Es wurde entschieden: Da die Jugendlichen keine

Gottesverehrung wollen und können, ist es kein Gottesdienst. Es ist eine Feier im Raum der Kirche, bei der ein Pfarrer für die Jugendlichen um Gottes Segen bittet.

Diese Entscheidung hatte zur Folge, dass am Beginn der Feier nicht geläutet wurde, wie es sonst bei Gottesdiensten üblich ist. Daran hat niemand Anstoß genommen.Dennoch war Gottes Geist spürbar, der mit Sicherheit in den Herzen der jungen Menschen und ihrer Gäste gewirkt hat und die Offenheit für Kirche und Religion ermöglichte.

Der Einzug mit den Jugendlichen und dem Pfarrer eröffnete die Feier. Auf der unteren Ebene des Altarraums, d. h. im „Vorfeld des Allerheiligsten", standen rechts und links zwei große Leuchter und ein Ambo. Der Dom war mit ca. 200 Gästen gut gefüllt. Nach einem Orgelspiel wurden die Anwesenden durch den Pfarrer begrüßt, der die Kirche als „Ort der Lebenswende" bezeichnete, wenn Kinder durch die Taufe Christen werden, wenn Brautleute einander das Ja-Wort geben, wenn jungen Männer zu Priestern geweiht werden oder im Gottesdienst bei einem Requiem die Wende vom Leben zum Tod und vom Tod zum Leben gefeiert wird. Danach stellten sich die Jugendlichen vor und berichteten von markanten Ereignissen aus ihrem Leben. Dabei legten die Eltern ein Seidentuch aus – Symbol des Lebensweges –, auf dem Gegenstände platziert wurden, die das bisherige Leben der Jugendlichen prägten. Darauf spielten zwei Jugendliche aus der Domgemeinde mit Orgel und Geige ein modernes und meditatives Musikstück. Anschließend beschrieben die Jugendlichen ihre Zukunftsträume mit Berufswahl und Partnerwünschen. Dazu hatten sie eine Kerze entzündet. Die persönlichen Zukunftswünsche lauteten u. a.: „Ich wünsche mir, dass meine Freunde treu, zuverlässig und hilfsbereit sind." Oder: „Ich wünsche mir, dass ich immer jemanden habe, der mir zuhört." Nach einem Orgelstück trug ein Mädchen den Text von Antoine de Saint-Exupérey aus dem Buch „Der kleine Prinz" vor, in dem von der Freundschaft zwischen dem Fuchs und dem kleinen Prinzen die Rede ist. „Du bist verantwortlich für das, was du dir vertraut gemacht hast" – war die Botschaft des Textes. In der Ansprache des Pfarrers wurden verschiedene Beispiele für Freundschaft und Verantwortung füreinander beschrieben. Die Freundschaft zwischen Jonatan und David wurde als Beispiel für eine Beziehung genannt, wo die Zuwendung der Herzen wichtiger ist als der Gehorsam zum Vater. Die Freundschaft zwischen Jesus und den Apostels wurde als Beispiel genannt für die Gemeinschaft, die auf einem guten und hoffnungsvollen Wort – dem Evangelium - basiert. Der Lebenseinsatz von Pater Maximilian Kolbe für einen Häftling, der um sein Leben bangte, wurde als Beispiel für eine Freundschaft genannt, die auf dem Wort Jesu basiert: „Eine größere Liebe hat niemand, als wer sein Leben hingibt für seine Freunde." Letztlich wurde an die Freundschaft zwischen dem Fuchs und dem kleinen Prinzen erinnert, die durch das langsame Sichvertrautmachen wächst. Auch konnte vom Einsatz der Jugendlichen für Obdachlose berichtet werden, die am 18. April 1998 im Pfarrhaus stattfand. Die Jugendlichen der „Feier der Lebenswende" hatten für Obdachlose ein Mittagessen vorbereitet. 15 Obdachlose wurden satt. Die Ansprache endete mit einer Ermutigung der Jugendlichen zum Teilen, damit sie reicher werden an Freunden und an Freude.

Nach der Ansprache sangen Jugendliche, Eltern und Gäste das Lied „Wo Menschen sich vergessen". Es erzählt von der Selbstlosigkeit der Menschen, die zur Erfahrung führt, dass „sich Himmel und Erde berühren". Daraufhin wurden die Jugendlichen gebeten, ihre Wünsche für die Welt zu nennen, in der sie leben werden. Diese Wünsche beinhalteten auch den Vorsatz, sich für deren Erfüllung einzusetzen. Die Wünsche waren: Beendigung von Krieg und Gewalt gegen Kinder, von Raubbau im Regenwald, von Hass zwischen Religionen und Rassen, von unüberlegtem Umgang mit Tieren. Danach wurden die Jugendlichen, Eltern und Gäste durch den Pfarrer zum Segen eingeladen. Der Pfarrer kommentierte dazu: „Zum Abschluss dieser Feier möchte ich als Pfarrer dieser Gemeinde Gott um seinen Segen für die Jugendlichen, ihre Eltern und Verwandten bitten. Segen bedeutet: Gott hat ein Interesse an uns. Er spricht zu uns ein gutes Wort und lässt Taten folgen."

Das Gebet lautete:

„Guter Gott, junge Menschen haben heute von ihrem bisherigen Leben erzählt und ihre Pläne für sich und die Welt uns mitgeteilt.

Sie haben gezeigt, dass sie Interesse an den Ereignissen in der Welt haben und sich mit ihren Kräften für eine gute Veränderung einsetzen wollen.

Die Beispiele von Freundschaften ganz unterschiedlicher Art haben uns alle zur Offenheit füreinander ermutigt. Wir haben uns daran erinnert, dass wir durch Liebe und Freundschaft nicht ärmer werden.

Ich bitte dich heute für diese jungen Menschen und für alle, die sie auf ihrem Lebensweg begleitet haben und auch weiterhin begleiten werden:

Stärke sie im Guten, schenke ihnen Freude in der Freundschaft mit den Menschen, richte sie auf, wenn sie mutlos geworden sind und lass sie dir Früchte ihrer Mühe und ihres Fleißes sehen.

Dazu segne alle der gute Gott, der Vater, der Sohn und der Heilige Geist. Amen."

Zum Segen hatten die Jugendlichen die Tücher umgelegt, die ihren Lebensweg bezeichneten. Es war ein Symbol für die Annahme dessen, was bisher gewesen ist. In der Hand trugen sie die Kerze: das Symbol für die

Hoffnung auf einen guten und neuen Lebensabschnitt. Mit einem Orgelspiel zogen die Jugendlichen und der Pfarrer aus der Kirche aus.

Nach der Feier bedankten sich die Jugendlichen und deren Eltern auf das Herzlichste. Sie schlugen vor, eine Zusammenkunft der Eltern nach der Feier zu organisieren. Diese Zusammenkunft war am 5. Juni 1998 in einer Gaststätte am Stadtrand. Fast alle Eltern und Jugendliche waren anwesend. Die Eltern bedankten sich nochmals herzlich für die Feier. Sie übergaben ein Fotoalbum mit Fotos der Feier und der häuslichen Feste. Die Jugendlichen schrieben einen persönlichen Dank hinein. Durch den Pfarrer wurden die Eltern und Jugendlichen über die Reaktionen auf dieses neue Projekt im innerkirchlichen und außerkirchlichen Raum informiert. Der Pfarrer wurde durch die vorrangig positive Reaktion zur Weiterführung des Projektes ermutigt.

Die Berichte von der Feier bewirkten vielfach ein Nachdenken über kirchliche und außerkirchliche Jugendprojekte. Besonders nachdenklich stimmte, dass Jugendliche so engagiert auftreten und gestalten können. Die verwendeten Symbole des Tuches und der Kerze wurden als Anregung empfunden, die religiösen Symbole – z. B. auch bei der Spendung von Sakramenten – bewusster in den Blick zu nehmen und zu verwenden.

Die Frage, ob es ein Gottesdienst war oder nicht, wurde von den Beobachtern aus dem innerkirchlichen Raum unterschiedlich beantwortet. Wenn auch keine Verehrung Gottes angestrebt war, so ist doch außer Zweifel, dass Gott die Ehre gegeben wurde, weil junge Menschen ihr Leben bewusst in den Blick genommen haben und ein Segensgebet zuließen. Sie waren wie „stumme Zeugen des Schöpfers", den sie noch nicht kennen gelernt haben. War es damit nicht doch ein Gottesdienst?

3. Rückblick und Ausblick: Gedanken der „religiös sprachlosen" Jugendlichen

Bei der „Feier der Lebenswende 1998" im Erfurter Dom wurden die Gedanken von Jugendlichen geäußert, die keine religiöse Praxis haben, aber sich im Raum der Kirche auf die Reflexion ihres bisherigen und zukünftigen Lebens einließen. Offen wurde anhand von Fotos oder Gegenständen darüber berichtet, was sie auf ihrem bisherigen Lebensweg geprägt hat. Julia und andere berichteten, dass für sie ein Kuscheltier oder ein lebendiges Haustier ganz wichtig gewesen ist. Ob Kater Paul oder Henry, das Lieblingskuscheltier Molli oder der Hirschkäfer Karl: die Jugendlichen haben durch diese wirklich lebendigen oder nur in ihrer Fantasie lebendigen Tiere Geborgenheit und Zuwendung gespürt. Das war Ergänzung oder Ersatz der Zuwendung ihrer Eltern und Freunde. Für das bisherige Leben war aber auch das Hobby wichtig, das allein oder in der Gruppe ausgeübt wurde. Musik hören und selber machen gehört bei vielen Jugendlichen von Kindesbeinen an zum Leben. Musik schafft eine eigene Welt, die manchmal etwas aus der vorhandenen Welt hinausführt, die ein wenig Transzendenz spüren lässt und deshalb froh und frei macht. Die Erfahrung mit dem eigenen Körper im Sport oder beim Erklettern eines Berges ist bedeutsam für den Heranwachsenden. Der Jugendliche will wissen: Was kann ich und wo sind meine Grenzen. Was passiert, wenn ich an meine Grenzen gekommen bin? Fängt mich dann die starke Hand des Vaters oder Freundes auf, oder stehe ich blamiert da? Die Sehnsucht nach Geborgenheit trotz Schwachheit und Grenzerfahrung ist beim jungen Menschen zu spüren.

Aus diesen Erfahrungen wachsen die Wünsche für das eigene Leben und die ganze Gesellschaft, in der jeder der Jugendlichen einen Platz finden möchte. Neben dem Wunsch nach beruflichem Fortkommen und Erfolg tragen die Jugendlichen Wünsche nach Freiheit, Selbstbestimmung und Freundschaft vor. Menschen, die mit ihnen auf dem Weg sein wollen, sollen humorvoll, vertrauenswürdig, ehrlich, zuverlässig und interessant sein. In diesen Wünschen ist das Lebensgefühl junger Menschen erkennbar: Es soll bergauf gehen, aber nicht zu anstrengend sein. Es soll ein Leben in Gemeinschaft werden, in der ich sein kann, wie ich bin. Es ist die Spannung zwischen dem Wunsch nach Ordnung und Freiheit erkennbar.

Die Wünsche für die Gesellschaft, in der Jugendliche leben werden, erwachsen aus den Tagesnachrichten. Die Jugendlichen stellen fest: Menschen in der 3. Welt hungern und bei uns werden Nahrungsmittel vernichtet; Menschen missachten die Gesetze der Natur und zerstören damit ihre eigene Zukunft und die ihrer Zeitgenossen oder der nachfolgenden Generation; Tiere werden als Teil der Schöpfung verachtet und missbraucht; die Armut der Menschen ist vor unserer Haustür erkennbar; Diskriminierung von Menschen anderer Hautfarbe oder Religion geschieht anderswo und hier. Die Wünsche der Jugendlichen lauten folglich: Nachdenken darüber, dass Tiere auch Gefühle haben, dass die Unterschiedlichkeit der Menschen zu achten ist; dass die Schöpfung dem Menschen anvertraut ist und er auch an die künftigen Generationen denken muss.

Wer der Meinung ist, dass Jugendliche der 8. Klasse noch kein Gespür für die Realität der Welt haben, muss angesichts dieser Beispiele sein bisheriges Denken korrigieren. Die Jugendlichen sind sich bewusst: „Insgesamt sollte man erst einmal bei sich selbst anfangen" – so sagt Julia. Der Vorwurf, weltfremd zu entscheiden und zu leben, trifft nicht zu. Ich vermute, dass die Flucht in Musik, Freizeitangebote und auch Drogen damit zu tun hat, dass die Jugendlichen durchaus die Probleme wahrnehmen, aber nicht genügend in die Bewältigung der Probleme einbezogen werden oder ihnen die Fragen über den Kopf wachsen. Wir müssen die Fragen der Jugendlichen zulassen und helfen, wo Signale gesetzt werden, die Hilferufe sind. Überall da, wo sich Seelsorger den Fragen der Jugendlichen gestellt haben, gab es einen Fortschritt im Miteinander. Es wuchs die Ebene des Vertrauens. Auch aus der Seelsorge an Jugendlichen, die sich auf die Firmung vorbereiten, wird berichtet, dass überall dort, wo die Jugendlichen selbst zu Wort kommen können und ernst genommen werden, ein Erstarken der Gemeinschaft erkennbar ist.

Für mich ergab sich aus der Vorbereitung auf die „Feier der Lebenswende 1998" die Erkenntnis, dass dem Denken der Jugendlichen in die Vergangenheit und Zukunft bisher zu wenig Raum gegeben wird. Es braucht manchmal die Hilfestellung durch das Angebot von Begriffen und Deutungen. Im Kern und Keim ist so mancher Ansatz durchaus religiös, gerade dann, wenn er Beständigkeit, Sicherheit und Festigkeit anstrebt. Es fehlen die Worte und es fehlt die Zielvorstellung für ihre Wünsche. Wo finde ich in Vollkommenheit, was ich in dieser Welt nur als Fragment erkenne? Haben wir Christen eine verständliche Antwort darauf?

4. Jugendfeier: Konfirmation light?

Im Umfeld des Erfurter Projektes „Feier der Lebenswende" wurde seitens der evangelischen Kirche in der Zeitschrift „Die Kirche" über den Vorschlag des Konsistorialpräsidenten Hans-Joachim Kinderlein aus der Kirchenprovinz Sachsen diskutiert. Unter der Überschrift „Denkanstoß für neue Formen" schreibt Kinderlein:

„Die Konfirmation und der Unterricht dazu erreichen nur noch einen sehr kleinen Teil der Jugendlichen in unserem Land, die Nachfrage nach Begleitung und Feier beim Übergang in das Erwachsenendasein ist aber unverändert groß. .... Die Kirche ist frei, hier ein Angebot zu machen oder Interessierte in ihrem Umkreis dazu zu ermutigen. Die inzwischen kommerzialisierte, inhaltlich flache Jugendweihe neuen Stils verlangt geradezu nach einer solchen Alternative. ... Die Kirche sollte sich auch an die wenden, die nicht zu ihr gehören. Das ist ein biblischer Auftrag, aber auch die Erwartung von Staat und Gesellschaft."

In seinen weiteren Ausführungen gibt Hans-Joachim Kinderlein als Ziel einer solchen „Jugendfeier" an: Jungen Menschen an einer besonderen Stelle ihres Lebens ein Bewusstsein ethischer Entscheidungskompetenz aus christlichem Gedankengut vermitteln. Er lädt dazu ein, dass nicht nur die kirchlichen Mitarbeiter über die Frage nach dem Sinn einer solchen Feier sprechen sollten, sondern auch die Adressaten befragt werden müssten, d. h. die Jugendlichen und Eltern außerhalb der Kirche.

Unter diesen Ausführungen von Konsistorialpräsident Hans-Joachim Kinderlein werden Kommentare zum Vorschlag abgedruckt. U. a. wird das Ergebnis eines Diskussionsabends in Magdeburg veröffentlicht, zu dem auch der Initiator der Erfurter „Feier der Lebenswende" eingeladen war, um sein Projekt vorzustellen. Das Ergebnis lautete: „Jugendfeiern/ Jugendweihe von uns anzubieten, kann nicht unser Ansatz und unser Auftrag sein." Ein Gedankenexperiment folgt dieser Aussage: „In einem Dorf oder einer Kleinstadt unserer Kirchenprovinz wird Jugendlichen im Alter von 13 bis 14 Jahren neben der Konfirmandenarbeit ein Angebot gemacht, das nur ein bisschen christlich ist, aber auch ein bisschen nichtchristlich, möglicherweise sehr schön feierlich, vielleicht feierlicher als die Konfirmation, für ein halbes Jahr verbindlich, statt für zwei bis drei Jahre." Am Schluss steht ein „Klagepsalm": „Sollen wir unsere begrenzten Kräfte nicht konzentriert zur Stärkung unserer Kernkompetenz einsetzen, anstatt unkenntlich gemacht Niedrigschwellenangebote zu versuchen, die andere ohne halbchristliche Verlegenheit viel besser können?"

Viele Fragen werden in diesem Kommentar aus dem Amt für Kinder- und Jugendarbeit der Kirchenprovinz Sachsen sichtbar. Ich möchte sie in folgender Weise artikulieren:

1. Ist es wertlos, ein „bisschen christlich" zu sein? Wo beginnt das Christentum und wo hört es auf? Wenn wir in unsere Gemeinden schauen, dann entdecken wir die Vielfalt an Christentum. Da gibt es die alte Frau, die täglich den Rosenkranz betet und den Gottesdienst am Radio hört, aber mit der Nachbarin in jahrelanger Fehde liegt, weil diese ihre Fenster nicht ordentlich putzt. Da gibt es den Jugendlichen, der sagt: „Ich gehe nicht zur Firmung, weil ich mit dieser feierlichen Form nicht zurecht komme. Ich bin aber ein Christ und werde niemals an einer kommerzialisierten Jugendweihe teilnehmen." Da ist der Unternehmer, der lediglich durch die Zahlung der Kirchensteuer am Leben der Gemeinde teilnimmt. Er sagt: „Ich bin ein Christ, aber mit dem Pfarrer komme ich nicht zurecht. Darum gehe ich nur Weihnachten in die Kirche des Nachbarortes." Wenn ich die Nachfolge Christ anstrebe, dann muss sich im Alltag die Gemeinschaft mit Christus erkennen lassen. Diese Gemeinschaft wird in den Sakramenten gestiftet und im Alltag gelebt. Jeden Tag schenkt Gott uns neu die Chance, in der Nachfolge ein „bisschen" zu wachsen – und dieses Wachstum in kleinen Schritten ist sehr wertvoll – behaupte ich.

2. Können wir uns bei der derzeitigen „dünnen" Personaldecke solche Experimente leisten? Müssen wir nicht die „Kernkompetenz" stärken? Es ist richtig, dass die Sorge um die christliche Gemeinde nicht vernachlässigt werden darf, aber es zeigt die Erfahrung, dass derjenige, der hinaus gegangen ist, um Neues zu entdecken, immer bereichernd für diejenigen gewirkt hat, die zuhause geblieben sind. Es hat der Kirche gut getan, nicht in Jerusalem bleiben zu dürfen. Die Auseinandersetzung mit neuen Religionen und Sitten der Völker hat geholfen, das Wesentliche des Glaubens zu erkennen. Da die Menschen in unseren Gemeinden viele gemeinsame Gedanken und Erfahrungen mit den Menschen außerhalb unserer Gemeinden haben, kann der Blick nach außen uns vom Kern nicht wegbringen. Im Gegenteil: Der Blick von außen auf die Gemeinden schärft die Sicht für das Wesentliche und Wertvolle, das wir zu geben haben. Wer im „Schatzhaus des Evangeliums" sitzt, sieht nicht mehr dessen Glanz. Was das Evangelium wert ist, erfahren wir erst, wenn es uns ein anderer als sein „tägliches Brot" erklärt.

5. Ein neuer Versuch im Jahr 2000

Die Nachfrage von ungetauften Eltern und Jugendlichen veranlasste den Erfurter Dompfarrer zu einem neuerlichen Versuch einer „Feier der Lebenswende" am 15. Mai 1999. Nach der Feier von 1998 kamen einige Anmeldungen für das kommende Jahr. Im Oktober 1999 kamen 27 Jugendliche zusammen, um ihre Feier für das Jahr 2000 vorzubereiten. Die Anmeldungen aus dem katholischen Gymnasium spielen nun nicht mehr die Hauptrolle, wenn auch dem Leiter der Gruppe durch das Kennen der Jugendlichen die Arbeit erleichtert wird. Aufgrund der größeren Anzahl von Jugendlichen und aufgrund des Angebots der Jugendlichen der 1. Feier, sich bei der Vorbereitung der „Neuen" zu beteiligen, wurden einige Veränderungen bei den neuen Feiervorbereitungen vorgenommen. Die „Ehemaligen" wurden zusammen mit den „Neuen" im Advent zu einem Abend eingeladen, bei dem der Pfarrer über das christliche Brauchtum im Advent und zur Weihnachtszeit berichtete. Dass der Termin des Weihnachtsfestes mit dem Fest des römischen Sonnengottes zusammen hängt, dass der Weihnachtsmann ein profanierter Nikolaus ist und durch Martin Luther zum Weihnachtsfest kam, dass der Adventskranz ein Zeichen für Ewigkeit und eine Zählhilfe ist, war den Jugendlichen neu. Nach der Information über das Brauchtum erzählten die „Ehemaligen" von ihrer „Feier der Lebenswende", von der Vorbereitung, der Feier im Dom und der familiären Feier. Man fühlte den Stolz der „Ehemaligen", dass sie die Vorreiter waren und den „Neuen" den Weg bereiten konnten.

Als Thema für die „Feier der Lebenswende 1999" wählten sich die Jugendlichen in Erweiterung des Themas von 1998: Verantwortung für den Nächsten – den Freund und den Hilfebedürftigen. Es war sehr deutlich, dass die Jugendlichen die Not in der Welt wach aufnehmen und sich um eine Lösung der Probleme Gedanken machen. Besonders Arbeitslosigkeit und Obdachlosigkeit zeigte sich für die Jugendlichen als ein bedrängendes Problem. Teilung der Arbeitsplätze wurde als ideale Lösung zur Beschaffung von Arbeitsplätzen angesehen. Auch ergab sich eine interessante Diskussion zum Thema „Ausländer in Deutschland". Die durch einen Jugendlichen vorgetragene Lösung, ein rigoroses Einwanderungsverbot zu verhängen, wurde scharf kritisiert. Die Problematik von Reichtum hier und Armut dort wurde als Ursache des Problems erkannt und deshalb grundsätzliche und weitreichendere Lösungen besprochen. Leider reichte die Zeit nie für ein ausführliches Gespräch. Manche Problemlösungen konnten nur in Ansätzen vorgetragen werden.

Als literarischen Text wählten die Jugendlichen aus mehreren Angeboten ein schwedisches Märchen mit dem Titel: Das Leben ist vielfältig. Es erzählt in Form einer Fabel von der unterschiedlichen Lebensauffassung und Erfahrung der Pflanzen und Tiere. Am Schluss wird von der aufgehenden Morgenröte berichtet, die dazu sagt: „Wie die Morgenröte der Beginn des neuen Tages ist, so ist das Leben der Beginn der Ewigkeit." Es war verwunderlich, dass die Jugendlichen fast einstimmig diesen Text wählten, obwohl er doch den Begriff der „Ewigkeit" verwendet. Es könnte dies ein Hinweis darauf sein, dass die nichtchristlichen Jugendlichen durchaus ein Verständnis von Ewigkeit im Sinn von dauerhaftem Glück haben. Dieser Text war Ausgangspunkt für die Ansprache, in der zur Bereitschaft aufgefordert wurde, sich „die Hände schmutzig zu machen", um als Mensch mit „goldenen Händen" angesehen zu werden. Der Hinweis auf das Wirken Jesu Christi und Mariens konnte anhand von Kunstwerken im Umfeld des Feierortes diese Aussage verstärken.

Der Vorschlag, eine Aktion für Obdachlose im Pfarrhaus zu organisieren, fand große Zustimmung. Fast alle Jugendlichen kamen und brachten etwas zum Mittagessen mit, das an die Obdachlosen verteilt werden konnte, die sich täglich im Pfarrhaus einfinden. Was übrig war, wurde durch die Jugendlichen auf dem Domplatz kostenlos angeboten. Es gab unterschiedliche Reaktionen, jedoch mehrheitlich dankbar und erstaunt, dass Jugendliche auch freundlich und hilfsbereit sind.

Konstruktive Kritik der Feier von 1998 führte dazu, dass die Eigenbeteiligung der Jugendlichen besonders im Bereich der musikalischen Ausgestaltung der Feier verstärkt wurde. Mutig entschlossen sich zwei

Mädchen, ein Musikstück mit Gitarre und Flöte vorzutragen. Auch erklärte sich eine Mutter bereit, ein Cello-Solo darzubieten. Wegen der größeren Anzahl der Jugendlichen wurden die Wünsche für die Zukunft von zwei Mädchen zusammengefasst und im Wechsel vorgetragen. Danach erhielten alle Jugendlichen dieses Blatt mit dem „Vermächtnis der Jugendlichen 1999" bzw. „2000" zur Erinnerung mit nach Hause. Die Feier dauerte 60 Minuten. Ca. 300 (2000: 400) Gäste waren im Dom versammelt und folgten der Feier mit großem Interesse. Nach der Feier äußerten die Jugendlichen spontan den Wunsch, sich noch einmal zu treffen, um über die Vorbereitung und den Verlauf der Feier zu sprechen. Es wurde ein Termin verabredet, bei dem das Video der Feier gemeinsam angesehen werden soll und auch die Möglichkeit besteht, Fragen über „Gott und die Welt" zu stellen.

Eine Legende von Maurice Sendak mit dem Titel „Es muss im Leben mehr als alles geben" und dem Untertitel „Sehnsucht nach dem wirklichen Leben" stand im Mittelpunkt der Feier 2000 und war Ausgangspunkt für eine Ansprache des Dompfarrers. Musikalische Beiträge mit Posaune, Klarinette und Cello schufen eine Atmosphäre der Besinnlichkeit und Festtagsfreude. Ein Tuch in der Lieblingsfarbe der Jugendlichen, das die Eltern auf den Stufen des Altares ausbreiteten, beschrieben den bisherigen Lebensweg, der durch die Eltern und das Elternhaus geprägt wurde. Eine Kerze brachte die Hoffnung auf eine gute Zukunft zum Ausdruck, die mit Menschen gestaltet werden soll, die den Jugendlichen mit Liebe und Vertrauen zugetan sind. Ein christlicher Segen am Ende der Feier brachte den Wunsch des Pfarrers um Gottes Nähe zum Ausdruck. Wo sich so viel Offenheit für die Welt und auch für christliche Gedanken zeigt, kann Gott nicht fern sein.

6. Deutschland als Missionsland??

Missionare konnten dann mit Erfolg den Glauben weitergeben, wenn sie sich mit der Kultur, dem Denken und den Wünschen der Menschen auseinander gesetzt hatten. Was aber ist das Denken der Menschen heute in Deutschland? Kennen wir die Wünsche und Hoffnungen der Jugend in Ost und West? Sehen wir Anknüpfungspunkte für die christliche Botschaft? Die Arbeit mit den ungetauften Jugendlichen war möglich, weil sie spürten, dass sie selbst im Denken des Pfarrers vorkommen und sich mit ihren Ideen einbringen können – wenn es auch nicht immer professionell und theaterreif war. Sie haben die kleine Gruppe als vorteilhaft angesehen, in der sie persönliche Zuwendung erfahren haben. Die Möglichkeit, persönlich angesprochen zu werden und einen Segen für die eigene Lebenssituation zu empfangen, war den Jugendlichen und Eltern wichtig. Der

Vater von Julia, einer Teilnehmerin an der Feier 2000, schreibt in einem Dankesbrief:

„Wichtig ist die Vermittlung von prinzipieller Zuversicht und Hoffnung, auch bei ungewisser Zukunft und die Toleranz, die Zukunft anzunehmen, auch wenn es eben nicht so kommt, wie man es sich wünscht und plant. Wichtig ist, sich einer Segnung bewusst zu sein."

Wir haben in der christlichen Kirche eine Fülle an Heilszeichen, die persönlich zugesprochen werden können. Das ist das, was die Menschen suchen. Wir sollten unsere Schätze erklären und deren Wert erschließen. Dann steht die Kirche in Deutschland unter einem guten Stern. Hören wir dazu noch einmal den Vater von Julia:

„Wir denken, dass in vielen Gemeinden diese Form der Verkündigung gepflegt werden sollte, hoffentlich helfen die Fernsehbilder zu einer weiten Verbreitung. Wir empfinden diese Begegnung jedenfalls als Bestätigung und Ermutigung auf dem weiteren Weg (ich nenne es mal) hin zu einem guten Ende."

Anmerkungen

[1] Überarbeitete und aktualisierte Fassung des gleichnamigen Beitrages in: *Griese, Hartmut*, Übergangsrituale im Jugendalter, Jugendweihe, Konfirmation, Firmung und Alternativen.,Positionen und Perspektiven am "runden Tisch", Münster – Hamburg – London 2000, S.223 – 233.

[2] Vgl. zum Thema Jugendweihe: *Meier, Andreas*, Jugendweihe – JugendFEIER. Ein deutsches nostalgisches Fest vor und nach 1990, München 1998.

Verzeichnis der Autorinnen, Autoren und Herausgeber

Brunotte, Ulrike, PD Dr., Oberassistentin HU

geboren 1955 in Hannover; Studium der Religionswissenschaft, Literaturwissenschaften und Philosophie in Berlin; wissenschaftliche Mitarbeiterin an der FU, Stipendiatin der Ev. Studienstiftung Villigst; Forschungsaufenthalte in den USA; Promotion 1993, wissenschaftliche Dozentin im Erweiterungsstudiengang L-E-R in Postdam; DFG-Projekt zum Kultur- und Ritualbegriff (um 1900); Habilitation 2000; 2001 Vorlesungsprofessur in Bremen; ab Herbst 2001 Oberassistentin am Kulturwissenschaftlichen Seminar der Humboldt-Universität zu Berlin; aktuelles Forschungsprojekt zum Thema „Männerbund, Initiation und Erlebnis" (um 1900).

Ausgewählte Publikationen:
Hinab in den Maelstrom. Das Mysterium der Katastrophe im Werk Edgar Allan Poes, Stuttgart/Weimar 1993 / *Helden des Tötens. Rituale der Männlichkeit und die Faszination der Gewalt*; Dortmund 1995 (vergriffen) / *Puritanismus und Pioniergeist. Zur Faszination der Wildnis im frühen Neu-England*; Berlin/New York 2000 / *Das Ritual als Medium 'göttlicher Gemeinschaft'. Die Entdeckung des Sozialen bei Robertson Smith und Jane Ellen Harrison*; In: Fürscher-Lichte, Erika: Wahrnehmung und Medialität; Tübinden/Basel 2001.

Döhnert, Albrecht; Dr.

geboren 1967 in Leipzig; 1987-1994 Studium der evangelischen Theologie in Leipzig, Bern und Marburg; 1995-1998 Graduiertenstudium an der Universität Leipzig; 1997 Visiting Scholar am Graduate Theological Union in Berkeley (Calif.); 1997-1999 Vikariat und zweites theologisches Examen in der Evang.-luth. Landeskirche Sachsens; 1999 Promotion (Dr. theol.) an der Universität Leipzig, Institut für Praktische Theologie; seit 2000 tätig im Lektorat für Theologie, Religionswissenschaften und Judaistik im Verlag Walter de Gruyter Berlin/New York

Ausgewählte Publikationen:
Die Jugendweihe als Feld der SED-Kirchenpolitik. In: Dieter Vorsteher (Hg.), Parteiauftrag: Ein neues Deutschland. München/Berlin 1997, S. 274 – 286. / *Jugendweihe zwischen Familie, Politik und Religion*. Leipzig 2000 (Arbeiten zur Praktischen Theologie 19). / *Kirche als Problem(fall) für Jugendliche?* In: Wolfgang Ratzmann/Jürgen Ziemer (Hg.), Kirche unter Veränderungsdruck, Leipzig 2000, S. 80 – 90. / *Die Jugendweihe*. In: Hagen Schulze/Etienne François (Hg.), Deutsche Erinnerungsorte. Band 3, München 2001 S. 347 – 360.

Eschler, Stephan; Dipl. Sozialpädagoge (FH)

geboren 1964 in Jena; Berufsausbildung und Tätigkeit als Kellner (1981-1989); Studienleiter für Politische Jugendbildung an der Ev. Akademie Thüringen (1991-1997); Studium Sozialwesen an der FH Jena (1993-1998); Projektleiter beim Projektbüro JUGEND 2000 (1997-2000); Pädagogischer Mitarbeiter in der Europäischen Jugendbildungs- und Jugendbegegnungsstätte Weimar. Schwerpunkte: Demokratie- und Toleranzerziehung, Konfliktmanagment in der Schule, Schülermitverantwortung; ab 2002 Projektleiter „Schule und Ausbildung für Toleranz und Demokratie" (XENOS-Projekt) in der EJBW.

Ausgewählte Publikationen:
Seelsorge an Soldaten (Hg. zus.mit Töpfer, Ulrich; Körting, Matthias), Jena 1994 / *Vagabundierende Religiosität* (Hg.), Weimar 1995 / *Zähne hoch Kopf zusammenbeißen...* (zus. mit Koch, Uwe), Kückenshagen 1995 / *Jugendhilfe im gesellschaftlichen Umbruch* (Hg.), Jena 1995 / *Stillgestanden – Riiicht euch. Vormilitärische Erziehung in der DDR*, Jena 1998 / *Projektbüro Jugend 2000 ...* . In: IJAB, Forum Jugendarbeit International 1999/2000, Bonn 2000, S. 127 – 144.

Griese, Hartmut M.; Apl. Prof. Dr. phil. habil., M.A.

geboren 1944 in Prag; Hochschuldozent für Soziologie der Universität Hannover. Arbeits- und Forschungsschwerpunkte: Soziologische Theorie, Sozialisationsforschung, Jugendsoziologie, Erwachsenenbildung, Migrationssoziologie / Interkulturelle Pädagogik.

Ausgewählte Publikationen:
Sozialwissenschaftliche Jugendtheorien. (1977, 3. Auflage 1987) / *Sozialisationstheorie und Erwachse-*

nenbildung (1992) / Jugendweihen in Deutschland ... (zus. mit Bolz, Alexander und Fischer, Christina 1998) / Jugendkulturen und Gewalt (2000) / Übergangsrituale im Jugendalter (Hg. 2000) / Zur Kritik der „Interkulturellen Pädagogig" (2002).

Hauke, Reinhard; Dr., Domkapitular

geboren 1953 in Weimar; Abitur 1972 in Weimar; Diplom-Theologe 1977; Priesterweihe 1979; Promotion 1994 an der Universität Passau bei Prof. Dr. Karl Schlemmer; 1992 Dompfarrer; 1995 Domkapitular; Dompfarrer der katholischen Domgemeinde St. Marien in Erfurt; Rundfunkbeauftragter, Liturgiebeauftragter, Gehörlosenseelsorger des Bistums Erfurt, Lehrbeauftragter mit Liturgie im Pastoralseminar Erfurt;

Publikationen:
Die lobpreisende Memoria. Die ökumenische Dimension der Christusanamnese in doxologischer Gestalt. Paderborn, 1995, KKS LXI. / *Die Feier der Lebenswende – eine christliche Hilfe zur Sinnfindung für Ungetaufte.* In: Schlemmer, Karl (Hrsg.), Auf der Suche nach dem Menschen von heute. Vorüberlegungen für alternative Seelsorge und Feierformen, St. Ottilien, 1999 (Andechser Reihe, Band 3), S. 138 – 155. / *Das „Nächtliche Weihnachtslob im Erfurter Dom".* in:ebd. S. 156 – 160. / *Religionsunterricht für Ungetaufte.* in: Katechetische Blätter 2/2000, S. 96 – 98. / *Mittendrin und dennoch anders – Versuche, der Kirche ein freundliches Gesicht zu geben. „Feier der Lebenswende" im Erfurter Dom.* In: Der Prediger und Katechet 5/2000, Donauwörth, S. 646 – 654.

Dr. phil. Kauke-Keçeci, Wilma

geboren 1973 in Weimar ; Studium der Germanistik/Hispanistik an der Universität Leipzig und an der Universidad Complutense de Madrid (Spanien), Abschluss als Magistra Artium 1997; im Anschluss: Aufbaustudium Deutsch als Fremdsprache, abgeschlossen 1999 (Zertifikat); je ein Semester Lehrtätigkeit an den Universitäten Kopenhagen (Dänemark) (1998) und Leipzig (1999); Dissertation, an der Philologischen Fakultät der Universität Leipzig (magna cum laude), Titel: „Sinnsuche. Die semiotische Analyse eines komplexen Ritualtextes – am Beispiel der ostdeutschen Jugendweihe".

Publikationen:
Politische Rituale als Spiegelbild des Gesellschaftlichen. Die Kommunikationskonstellation des Rituals 'Jugendweihe" und seine Entwicklung nach der Wende. In: I. Barz/U. Fix (Hg.): Deutsch-deutsche Kommunikationserfahrungen im arbeitsweltlichen Alltag. Heidelberg 1997, S. 367 – 378. / *Ritualbeschreibung am Beispiel der Jugendweihe.* In: U. Fix (Hg.): Ritualität in der Kommunikation der DDR. Frankfurt/M. 1998, S. 101 – 214. / *Jugendweihe in Ostdeutschland. Ein Ritual im Umbruch.* In: P. Auer/H. Hausendorf (Hg.): Kommunikation in gesellschaftlichen Umbruchssituationen. Mikroanalytische Aspekte des sprachlichen und gesellschaftlichen Wandels. Tübingen 2000, S. 271 – 303. / *Kulturkonstitution durch Ritualtexte.* In: Florian Steger (Hg.): Kultur: Ein Netz von Bedeutungen. Analysen zur symbolischen Kulturanthropologie.Würzburg 2002, S. 207 – 225. / *Sinnsuche. Die semiotische Analyse eines komplexen Ritualtextes – am Beispiel der ostdeutschen Jugendweihe.* Frankfurt/M. 2002 (Dissertationsschrift, im Druck).

Liebertz, Charmaine; Dr.

geboren 1954 in Köln; Lehrerin für die Sek.1; arbeitete zehn Jahre als wissenschaftliche Mitarbeiterin an der Universität zu Köln im Bereich Heilpädagogik; war drei Jahre redaktionelle Mitarbeiterin bei der Deutschen Welle, Redaktion Bildung und Kultur. Seit 1996 leitet sie die Gesellschaft für ganzheitliches Lernen e.V. und hält europaweit Fortbildungen für Pädagogen.

Publikationen:
Das Schatzbuch ganzheitlichen Lernens (1999) / *Spiele zum ganzheitlichen Lernen* (2000)

Münch, Maria-Theresia; Erzieherin, Dipl. Pädagogin

geboren 1967 in Elgersburg; Berufsausbildung und Tätigkeit als Erzieherin und Ordensschwester (1984-1991); Studium der Erziehungswissenschaften an der Westfälischen Wilhelms-Universität Münster (1992-1998); Thema der Diplomarbeit „Die Jugendweihe als Instrument der politischen Erziehung in der DDR - am Beispiel der Zeitschrift 'Jugendweihe'"; Wiss. Mitarbeiterin am Institut für allgemeine und textile Marktwirtschaft (Projekt: „Bekleidungsverhalten kleinwüchsiger Menschen",

1998-1999); Mitarbeit am Pädagogischen Institut der WWU-Münster (Projekt: „Untersuchung zu Lebensbedingungen, Einstellungen und Verhütungsverhalten jugendlicher Schwangerer und Mütter", 1998-1999); Wiss. Mitarbeiterin am Institut für Christliche Sozialwissenschaften der WWU-Münster (Projekt: „Evaluierung christlicher Mittel- und Osteuropa-Solidaritätsgruppen", 1999-2001)

Publikationen:
Evaluierung christlicher Mittel- und Osteuropa-Solidaritätsgruppen (i. E.), in Zusammenarbeit mit Karl Gabriel, Christel Gärtner, Peter Schöhnhöffer

Pinhard, Inga; M. A.

geboren 1975 in Karlsruhe; Januar 2001 Magistra Artium (M. A.) im Fach Erziehungswissenschaft an der Ruprecht-Karls-Universität Heidelberg; seit Februar 2001 Doktorandin bei Prof. Dr. Micha Brumlik im Fachbereich Erziehungswissenschaft der J.W. Goethe Universität Frankfurt am Main und seit Dezember 2001 Promotionsstipendiatin im Graduiertenkolleg „Öffentlichkeiten und Geschlechterverhältnisse. Dimensionen von Erfahrung", J.W.Goethe Universität Frankfurt a.M./Universität, Gesamthochschule Kassel; Thema der Promotion: Jane Addams - Feministin, Soziologin und kritische Pragmatistin.

Publikationen:
Das Drama des begabten Kindes... und was das Buch zum Kultbuch macht. In: Infos und Akzente, 4/2001./ *Jugendweihe - Funktion und Perspektiven eines Übergangsrituals im Prozess des Aufwachsens*. In: Harth, Dietrich (Hg.): Riten und Rituale im Leben der Kulturen, voraussichtlich Mitte 2002.

Raithel, Jürgen H.; Wiss. Ass. Dr. phil.

geboren 1969; Studium der Erziehungswissenschaft, Psychologie, Soziologie und Sportwissenschaft in Bamberg, Innsbruck, Berlin und Bielefeld; Promotion an der Universität Bielefeld, Fakultät für Pädagogik; wissenschaftlicher Mitarbeiter an der Deutschen Sporthochschule Köln; Wissenschaftlicher Assistent an der Westfälischen Wilhelms-Universität Münster, Institut für Kriminalwissenschaften. Forschungsschwerpunkte: Jugendkriminalität/-gewalt, Jugendgesundheit, jugendliches Risikoverhalten, geschlechtsspezifische Sozialisation.

Ausgewählte Publikationen:
Unfallursache: Jugendliches Risikoverhalten. Verkehrsgefährdung Jugendlicher, psychosoziale Belastungen und Prävention (1999) / *Risikoverhaltensweisen Jugendlicher. Erklärungen, Formen und Prävention* (2001) / *Kriminalität und Gewalt im Jugendalter. Hell- und Dunkelfeldbefunde im Vergleich* (zus. mit Mansel, Jürgen 2002) / *Riskante Verhaltensweisen bei Jungen. Zum Erklärungshorizont risikoqualitativ differenter Verhaltensformen*; In: Altgeld, Thomas (2002, Hrsg.): Männergesundheit(en).

Sander, Uwe; Prof. Dr. habil.

geboren 1955 in Lippe; Hochschulprofessor für Pädagogik an der Universität Bielefeld. Arbeits- und Forschungsschwerpunkte: Kindheit, Jugend, Medien und Neue Medien, Biographieforschung

Ausgewählte Publikationen:
Zielgruppe Kind. Kindliche Lebenswelten und Werbeinszenierungen (zusammen mit: Baacke, Dieter und Vollbrecht, Ralf 1999) / *Die Bindung der Unverbindlichkeit. Mediatisierte Kommunikation in modernen Gesellschaften* (1999) / *Multimedia - Chancen für die Schule* (zusammen mit Meister, Dorothee 1999) / *Jugend im 20. Jahrhundert. Sichtweisen, Orientierungen, Risiken* (zusammen mit Vollbrecht, Ralf 2000) / *Zum Bildungswert des Internet* (zusammen mit: Marotzki, Winfried und Meister, Dorothee 2000)

Harald Uhlendorff / Hans Oswald (Hrsg.)

Wege zum Selbst

Soziale Herausforderungen für Kinder und Jugendliche

2002. VI/346 S., kt. € 26,- / sFr 45,60. ISBN 3-8282-0205-5

In diesem interdisziplinären Buch über Kinder und Jugendliche liegt der inhaltliche Schwerpunkt auf der Entwicklung der Identität. Die beteiligten Soziologen, Psychologen und Erziehungswissenschaftler betonen die Eigenaktivität der Heranwachsenden, die Eigenständigkeit der Kinderwelt und berücksichtigen gleichzeitig, daß diese in soziale Kontexte eingebettet sind und dadurch begrenzt werden. Dieses Paradigma wird oft "konstruktivistische Sozialisationsforschung" genannt.

Im Zentrum des auf das wissenschaftliche Lebenswerk von Lothar Krappmann bezogenen Buches stehen neun empirische Originalbeiträge, die in unterschiedlicher Akzentuierung den drei Gesichtspunkten Eigenaktivität, gemeinsamer Konstruktion und sozialer Kontextuierung verpflichtet sind. Eingeleitet werden diese empirischen Studien durch vier theoretische Beiträge - je einer aus soziologischer, psychologischer, pädagogischer und erkenntnistheoretischer Sicht -, die den die moderne Diskussion beherrschenden Gesichtspunkt des aktiven Individuums entfalten.

Abgeschlossen wird das Buch durch drei Beiträge zu pädagogischen und politischen Bezügen des Themas.

Aus dem Inhalt:

Peter Fauser: Verantwortung und Identität. Bemerkungen zu einem pädagogischen Problem

Matthias Grundmann: Sozialisation und die Genese von Handlungsbefähigung

Michael-Sebastian Honig: Konzeptuelle Emanzipation? Systematische Probleme der Kindheitssoziologie

Gerd E. Schäfer: Selbst-Bildung in der frühen Kindheit als Verkörperung von Erkenntnistheorie

Hans Oswald: Selbstdarstellung und Weinen in Interaktion mit Gleichaltrigen

Margarita Azmitia/Angela Ittel: Die Konstruktion von Freundschaft und Identität in der frühen Adoleszenz

Mara Brendgen/William M. Bukowski/ Brigitte Wanner: Problematische Gleichaltrigenbeziehungen und Selbstwahrnehmungen während Kindheit und Adoleszenz

Maria von Salisch/Caroline Oppl/Jens Vogelgesang: Am selbstwertdienlichsten ist es, über das zu reden, was ist. Ärger in der Freundschaft und Selbstwert-Entwicklung im Jugendalter

Rainer Benkmann: Hilfe unter Kindern mit und ohne besonderen Förderbedarf

Beate Schuster: Beziehungen zwischen Pubertät und Individuation in der Präadoleszenz

Harald Uhlendorf: Alleinsein als mehrdeutige Erfahrung für Kinder im Grundschulalter

James Youniss/Olaf Reis: Identitätsentwicklung und soziales Engagement bei amerikanischen Jugendlichen

Ludwig Liegle: Anfänge der (pädagogischen) Kinderforschung

Hans Rudolf Leu: Tageseinrichtungen für Kinder - Wege zur Institutionalisierung von Kindheit

Fritz Oser: Kinder haben keine Zukunft

Kurt Lüscher: Kinderpolitik: Mit Ambivalenzen verantwortungsbewußt umgehen

 *Stuttgart*

Andreas Lange / Wolfgang Lauterbach (Hrsg.)

Kinder in Familie und Gesellschaft
zu Beginn des 21sten Jahrhunderts

Mit Beiträgen zahlreicher Fachautoren.
2000. VI, 358 S., kt. € 31,- / sFr 55,10. (ISBN 3-8282-0136-9)
(Der Mensch als soziales und personales Wesen, Band 18)

Vieles im Leben von Kindern hat sich seit den 60er Jahren maßgeblich geändert: das Aufwachsen mit den Geschwistern und den Eltern, die Beziehungen zu den Großeltern, die Gestaltung des Alltags und die Entwicklung der Selbständigkeit und Identität. Thematisch findet der kulturelle, demographische und rechtliche Wandel seinen Niederschlag in zahlreichen pädagogischen, psychologischen und soziologischen Diskursen. So ist nicht verwunderlich, dass das Thema Kindheit wieder stärker in den Mittelpunkt wissenschaftlicher und öffentlicher Aufmerksamkeit rückt.

Die Analyse dieser Wandlungen sind Thema des Buches. Allerdings gehen wir davon aus, dass Kindsein heute nicht radikal anders ist als vor vierzig Jahren. Gegenwärtig ist das Aufwachsen von Kindern vielmehr geprägt durch ein Spannungsfeld von Kontinuität und Diskontinuität. Im vorliegenden Band wird dieses Spannungsfeld aus der Perspektive unterschiedlicher Fachdisziplinen beleuchtet.

Welches sind die grundlegenden Entwicklungs- und Sozialisationsprozesse heutigen Kindseins? In welchen Familienformen und sozialen Lebenswelten wachsen Kinder heute auf? Welche soziokulturellen Anforderungen haben Kinder zu bewältigen? Wie hat sich das gesellschaftliche Nachdenken über Kinder verändert? Die vorliegenden Beiträge geben differenzierte Antworten auf diese Fragen und zeichnen so ein facettenreiches Bild von den Chancen und Risiken des Aufwachsens zu Beginn des 21. Jahrhunderts.

Vieles hat sich im Leben von Kindern verbessert, manches jedoch gibt immer noch Anlass zu kritischem Nachdenken.

Aus dem Inhalt:

I EINFÜHRUNG
Wolfgang Lauterbach und Andreas Lange: Kinder, Kindheit und Kinderleben: Ein interdisziplinärer Orientierungsrahmen

II KONSTANTEN DES KINDSEINS
Urie Bronfenbrenner und Pamela A. Morris: Die Ökologie des Entwicklungsprozesses
Karl Pillemer und Phyllis Moen: Kinder nach der Kindheit: Beziehungen zwischen erwachsenen Kindern und ihren Eltern
Matthias Grundmann: Kindheit, Identitätsentwicklung und Generativität
Ludwig Liegle: Geschwisterbeziehungen und ihre erzieherische Bedeutung
Frank Lettke: Es bleibt alles anders. Zur prägenden Kraft der familialen Sozialisation auf die Generationenbeziehungen

**III KONSTANTEN KINDLICHER LEBENS-
    WELTEN UND LEBENSFORMEN**
Wolfgang Lauterbach: Kinder in ihren Familien. Lebensformen und Generationsgefüge im Wandel
Klaus A. Schneewind: Kinder und elterliche Erziehung
Andreas Lange: Aufwachsen in Zeiten der Unsicherheit. Kultur und Alltag im postmodernen Kinderleben
Margaret M. Mueller und Glen H. Elder, Jr.: Großeltern im Leben von amerikanischen Kindern

**IV WANDEL GESELLSCHAFTLICHER RAH-
    MENBEDINGUNGEN**
Michael-Sebastian Honig: Muss Kinderpolitik advokatorisch sein? Aspekte generationaler Ordnung
Ingo Richter: Das Recht der Kindheit in der Entwicklung
Hans J. Hoch: Kindheitsrisiken und Antworten des Rechts

V NACHGEDANKEN
Lothar Krappmann: Chancen und Risiken der Kinder im 21sten Jahrhundert

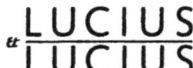 Stuttgart

Bei Fragen zur Produktsicherheit wenden Sie sich bitte an:
If you have any questions regarding product safety,
please contact:

Walter de Gruyter GmbH
Genthiner Straße 13
10785 Berlin
productsafety@degruyterbrill.com